ΣBEST シグマベスト

高校 これでわかる

古文・漢文

桑原 聡
柳田 縁 編著

文英堂

基礎からわかる！

成績が上がるグラフィック参考書。

1 ワイドな紙面で，わかりやすさバツグン

2 カラフルな図と斬新レイアウト

3 イラストも満載，面白さ満杯

4 教科書にもしっかり対応

- 古文・漢文ともに，それぞれ押さえておきたい学習事項を，講義形式で解説。
- 教科書（国語総合）の例文が中心なので，テストに役立つ。
- 「試験のポイント」で，テストに出やすいポイントが一目でわかる。
- 「Tea Time」で学習の幅を広げ，楽しく学べる。

5 練習問題でテスト対策も万全！

もくじ

1章 古文学習の基本―文法・文学史

2章 古文学習の基本Ⅰ古文常識

1 古文の世界を知ろう

3章 古文学習の基本Ⅱ読解の方法

1 主語をおさえよう

4章 頻出古文の対策

6章 頻出漢文の対策

1章

古文学習の基本

―文法・文学史

1 古文の仮名遣い

歴史的仮名遣いのルール

古文と現代文を比べてまず違うのが、仮名遣いです。古文の仮名遣いを**歴史的仮名遣い**といいます。**読み方が現在とは異なります**ので注意しましょう。

主な読み方には、次のようなルールがありますので、覚えておきましょう。

ルール1 **「は・ひ・ふ・へ・ほ」は「ワ・イ・ウ・エ・オ」と発音する。**

例 いはば→「イワバ」と発音する。

ただし、語の頭にきたときはそのまま「ハ・ヒ・フ・ヘ・ホ」と発音する。

例 ふみ（文）→フミ　＊「文」は手紙のこと。

ルール2 **「ゐ・ゑ・を」は「イ・エ・オ」と発音する。**

例 ゐなか（田舎）→「イナカ」と発音する。

ルール3 **助動詞「む」や係助詞「なむ」の「む」は「ン」と発音する。**

例 なむ→「ナン」と発音する。

実際に「なん」と表記されることもある。

ルール4 **母音が重なる場合や母音が「ふ」につながる場合は長音で発音する。**

例 やうやう（yauyau）→「ヨーヨー」と発音する。

読み方ルール

ルール4を細かく分類すると、次のようになります。

- **ア段音＋「う・ふ」→「オー」**と発音する。…例「やうやう」
- **イ段音＋「う・ふ」→「ユー」**と発音する。…例「しう」
- **エ段音＋「う・ふ」→「ヨー」**と発音する。…例「けふ」
- **オ段音＋「う・ふ」→「オー」**と発音する。…例「ほふ」

しう(siu)→「シュー」と発音する。
けふ(kefu)→「キョー」と発音する。
ほふ(hofu)→「ホー」と発音する。

ルール5 「くわ・ぐわ」は「カ・ガ」と発音する。

例 くわし(菓子)→「カシ」
ぐわん(願)→「ガン」

注意すべき行

古文では、特に次の三行を注意しましょう。

ア行　あいうえお
ヤ行　やいゆえよ
ワ行　わゐうゑを

ア行の「い・え」は、ヤ行の「い・え」と同じですし、またア行の「う」とワ行の「う」も同じですので、動詞の活用などを考えるときに迷う要因となります。

動詞の活用については、P．16～にくわしい説明があるよ

P．16～

プラスα　古文の文章

古文にはよく「〇〇物語」というのがありますね。「〇〇物語」というのは、実際に語られる形で楽しまれたものです。したがって、話し言葉に近いため、なかなか文が切れません。それをくずし字などで書き表したのが、古文の原文というわけです。原文には、段落もなく、句点「。」や読点「、」すらありませんでした。

しかし、そのままではやはり読みにくいものです。そこで、読みやすくするために後世の人が原文に手を加えて、句読点を打ち、段落もきちんと分けました。それが今、君たちが教科書や参考書などで目にしている「古文」の文章なのです。

▲『伊勢物語』の写本

2 文法の説明

1 文法用語について

古文の勉強で切り離せないのが文法。文法を学ぶときによく出てくる言葉を整理しておきましょう。

体言と用言

ふつう名詞のことを体言といいます。

動詞・形容詞・形容動詞のことをまとめて用言といいます。

これらはすべて自立語ですが、用言は活用します。

活用する（活用がある）

「活用する」とは、下に付く語などによって、語の形が変わることです。

例えば、形容詞「うつくし」は、「花」が下に付くと「うつくしき」と形が変わります。

用言以外では、助動詞も活用します。

語幹と活用語尾

動詞「咲く」の下に打消（うちけし）の助動詞「ず」が付くと「咲かず」となります。

「く」の部分は「か」となりますが、「咲」の部分に変化はありません。

どんな品詞があったか、確認しておきましょう。

動詞・形容詞・形容動詞・名詞・副詞・連体詞・接続詞・感動詞	自立語　単独で文節になれる語
助動詞・助詞	付属語　単独では文節になれない語

この中で活用する語は用言（動詞・形容詞・形容動詞）と助動詞だけです。

このように活用するとき、変化する部分を活用語尾といい、変化しない部分を語幹といいます。

ポイント

語幹 活用語尾
咲 く ＋ず＝咲かず
（かず←語の形が変わる＝活用する）

活用形と活用の種類

未然形や連用形など、活用によって変化した形のことを活用形といいます。
カ行四段活用やナ行変格活用など、活用のしかたのことを活用の種類といいます。

活用形の働き

活用形は全部で六通り。それぞれが次のような用い方をします。

未然形の用法 …単独で出てくることはありません。

① 下に打消の助動詞「ず」や推量の助動詞「む」などが付きます。

例 行かず 行かむ

② 接続助詞「ば」が付いて、順接の仮定条件を表します。

例 雨、降らば、行かず。

訳 雨が降ったら、行かない。

連用形の用法

① 連用修飾語になります。また、用言を重ねます。

例 うつくしく咲く。（連用修飾）

プラスα 語幹も変化？

例えば動詞「来(く)(現代語の「来る」)」に打消の助動詞「ず」を付けると「こず」となります。
このように語幹と活用語尾の区別がなく、語全体が活用する語もありますので、注意しましょう。

プラスα 本来の「活用の種類」

本来、四段活用などを活用の種類といってました。しかし、行までいわないと区別ができないもの（例えばナ行変格活用とサ行変格活用）があるので、活用の種類を答えるときには行を付けていうのが一般的になりました。

活用の種類については、P．16にくわしい説明があるよ。

② そこでいったん内容を切り、下に係っていきません。（中止法）

例 鳥は飛び、花は散る。

③ 連用形に接続する助動詞・助詞が付きます。

■ 終止形の用法

① 文がそこで終わります。

例 花、散る。

② 終止形に接続する助動詞・助詞が付きます。

■ 連体形の用法

① 連体修飾語になります。（連体法）

例 咲く 花を見る。
　　└→連体修飾

② 体言（名詞）とほとんど同じような意味になります。（準体法）

例 日の暮るるを見る。

訳 日が暮れるのを見る。

「暮るる」という連体形で「暮れるの」すなわち「暮れること」という意味になっているのです。

③ 係助詞「ぞ・なむ・や・か・やは・かは」などや疑問の副詞が文中にあると、文の結び（終わりの形）になります。（連体終止法）（→P.75）

例 日なむ暮るる。

例 誰か来る。

また、そのような語がなくても、余韻を残すために連体形で文を止める場合もあります。（連体形止め）

終止形は「基本形」ともいうよ。

連用修飾語と連体修飾語の働きの違いを確認しておきましょう。

> 連用修飾語→用言（動詞・形容詞・形容動詞）を修飾する。
> 連体修飾語→体言（名詞）を修飾する。

「連用」の「用」は用言のこと、「連体」の「体」は体言のこと。そこに注目しよう。

■已然形の用法

①接続助詞の「ば」が付いて、順接の確定条件を表します。

例 雨、降れば、行かず。

②係助詞「こそ」が文中にあると、文の結びになります。（→P.75）

訳 雨が降ったので、行かない。

例 花 こそ 咲け。

■命令形の用法

①命令するときに使います。

音便

音便とは、発音する際に言いやすいように音が変わることをいいます。音便は次の四種類です。

■イ音便…搔（か）きて→搔いて

■ウ音便…思ひて→思うて

■撥音（はつおん）便…読みて→読んで

■促音（そくおん）便…取りて→取つて

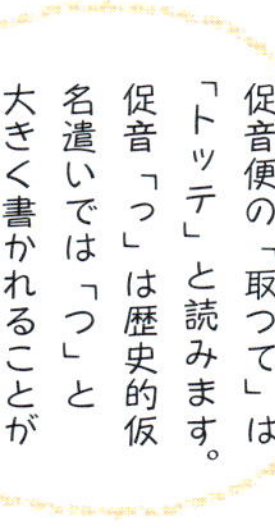

「ん」のことを撥音といいます。

促音便の「取つて」は「トッテ」と読みます。促音「っ」は歴史的仮名遣いでは「つ」と大きく書かれることが多いので注意。

活用形の名前の意味を覚えておくと、働きがより理解しやすくなります。

未然形→「未（いま）だ然（しか）らざる形」＝まだそうなっていないことを表す形という意味です。

連用形→用言に連なる形という意味です。

終止形→文を終止する形という意味です。

連体形→体言に連なる形という意味です。

已然形→「已（すで）に然（しか）る形」＝すでにそうなっていることを表す形という意味です。確定したことを表します。

命令形→命令の意味で文を言い切る形という意味です。

2 動詞

活用の種類

動詞の活用の種類は次の九つです。

活用の種類	基本形	語幹	未然形	連用形	終止形	連体形	已然形	命令形
四段活用	読む	読	ま -a	み -i	む -u	む -u	め -e	め -e
上一段活用	見る		み -i	み -i	みる -iる	みる -iる	みれ -iれ	みよ -iよ
下一段活用	蹴(け)る		け -e	け -e	ける -eる	ける -eる	けれ -eれ	けよ -eよ
上二段活用	恨む	恨	み -i	み -i	む -u	むる -uる	むれ -uれ	みよ -iよ
下二段活用	覚ゆ	覚	え -e	え -e	ゆ -u	ゆる -uる	ゆれ -uれ	えよ -eよ
カ行変格活用	来(く)		こ -o	き -i	く -u	くる -uる	くれ -uれ	こ -o (こよ) -oよ
サ行変格活用	す		せ -e	し -i	す -u	する -uる	すれ -uれ	せよ -eよ
ナ行変格活用	死ぬ	死	な -a	に -i	ぬ -u	ぬる -uる	ぬれ -uれ	ね -e
ラ行変格活用	あり	あ	ら -a	り -i	り -i	る -u	れ -e	れ -e
下に続く主な語			ず	たり	言い切る	とき	ども	命令して言い切る

四段・上一段・上二段・下二段には、ア行・カ行など、さまざまな行の活用があるので、五十音図の母音の段でそのパターンを覚えておきましょう。

それ以外の活用は？

活用する行が決まっているから、上に挙げた表の形のまま覚えてしまって大丈夫。

覚えておく動詞

上一段活用・下一段活用・カ行変格活用・サ行変格活用・ナ行変格活用・ラ行変格活用は、所属する動詞が決まっています。すべて覚えておきましょう。

活用の種類	覚えておきたい所属語
上一段活用	着る・似る・煮(に)る・干(ひ)る・見る・射(い)る・鋳(い)る・居(ゐ)る・率(ゐ)る
下一段活用	蹴(け)る
カ行変格活用	来(く)
サ行変格活用	す・おはす
ナ行変格活用	死ぬ・往(い)ぬ(去(い)ぬ)
ラ行変格活用	あり・居(を)り・侍(はべ)り・いまそがり(いますがりなど)

四段活用、上二段活用、下二段活用の動詞の見分け方

四段活用、上二段活用、下二段活用の動詞の場合は、未然形を作って見分けることができます。未然形を作るには、**打消(うちけし)の助動詞「ず」を下に付けてみます。**

次の「ポイント」のように、四段活用ならア段の音が、上二段活用ならイ段の音が、下二段活用ならエ段の音が出ます。

上一段活用には、ヤ行の「い゙る」とワ行の「ゐ゙る」があるので、注意しましょう。

「ず」？

「〜ない」と訳すことができる、打消の意味をもつ助動詞よ。
慣れないうちは、ピンと来ないかもね。
でも、口語文法の見分け方と同じよ。

ポイント

読む＋ず→読まず（ア段）→四段活用
過ぐ＋ず→過ぎず（イ段）→上二段活用
覚ゆ＋ず→覚えず（エ段）→下二段活用

行の見分け方

例えば「老いて」となっていた場合、この「老い」が何行なのか迷います。ア行にもヤ行にも「い」があるからです。行を見分けるときに、まず知っておかなければならないことは、

ポイント

ア行に活用する動詞は「得」一語だけ

ということです。ア行に活用する動詞は「得」一語だけだということを知っておけば、先ほどの「老い」は**ヤ行の動詞**だとわかります。

「心得」「所得」といった「得」の複合動詞ももちろんア行です。

プラスα 行の見分け方

細かく見ていくと次のようになります。

- **四段活用**→ア行とワ行はなし。「ウ」と発音する語はすべてハ行。
- **上一段活用**→ア行はなし。ヤ行は「射る」「鋳る」のみ。残りはすべてワ行。
- **上二段活用**→ア行とワ行はなし。ヤ行は「老ゆ」「悔ゆ」「報ゆ」のみ。それ以外の「イ」と発音する語はすべてハ行。
- **下二段活用**→ア行は「得（心得）」、ワ行は「植う」「飢う」「据う」のみ。それ以外の「エ」と発音する語はハ行かヤ行。

3 形容詞・形容動詞

活用の種類

形容詞は現代語と違い、基本形が「うつくしい」ではなく**「うつくし」**です。
形容動詞も現代語と違い、基本形が「静かだ」ではなく**「静かなり」**です。
形容詞も形容動詞も**二つの活用の種類**があります。

■形容詞の活用の種類

活用の種類	基本形	語幹	未然形	連用形	終止形	連体形	已然形	命令形
ク活用	高し	高	く	く	し	き	けれ	○
			から	かり	○	かる	○	かれ
シク活用	うつくし	うつく	しく	しく	し	しき	しけれ	○
			しから	しかり	○	しかる	○	しかれ

■形容動詞の活用の種類

活用の種類	基本形	語幹	未然形	連用形	終止形	連体形	已然形	命令形
ナリ活用	静かなり	静か	なら	なり	なり	なる	なれ	なれ
			○	に	○	○	○	○
タリ活用	堂々たり	堂々	たら	たり	たり	たる	たれ	たれ
			○	と	○	○	○	○

プラスα 形容詞の活用

ク活用かシク活用かを見分けるには、「なる」を付けて連用形を作ってみましょう。

- 高し＋なる→高**く**なる→**ク活用**
- うつくし＋なる→うつく**しく**なる→**シク活用**

プラスα 形容動詞タリ活用

タリ活用の形容動詞は主として漢文系の文章で用いられるので、あまり出てきません。

語幹の用法

形容詞・形容動詞の語幹は、活用語尾なしで用いられます。

① 感動詞＋語幹

例 あら（感動詞） **たふと**（形容詞「たふとし」の語幹）

訳 ああ尊い

② 語幹＋助詞「の」

例 **とみ**（形容動詞「とみなり」の語幹） の（助詞）

訳 急ぎの

③ 名詞＋助詞「を」＋語幹＋接尾語「み」の形で「…が…ので」と訳す。

例 瀬（名詞） を（助詞） **はや**（形容詞「はやし」の語幹） み（接尾語）

訳 流れがはやいので

「山深み」のように「を」を省略した形もあります。

ちなみに、「いみじ」「すさまじ」のように活用語尾が「じ」でもシク活用だよ。

4 助動詞

助動詞の覚えるポイント

活用

助動詞は活用するので、どの活用形で出てきても、それとわからないといけません。まず**活用をしっかりと頭に入れましょう**。

例えば、過去の助動詞「き」は、連体形の時は「し」と形を変えます。「き」と「し」では似ても似つかないので、きちんと活用を覚えていないと、「し」を見て、過去の助動詞の「き」だとはわかりません。

接続

助動詞は**特定の活用形にしか接続しません**。その接続のしかたを知らないと見分けがつかない場合が出てきます。

例えば「なり」という助動詞は断定の助動詞「なり」と伝聞推定の助動詞「なり」があります。この二つは、成り立ちも意味も異なりますが、見た目には同じです。この二つの「なり」は接続が異なります。**断定の助動詞「なり」は体言や連体形に接続**します。一方、**伝聞推定の助動詞「なり」は終止形に接続**します。

意味

助動詞の**意味は一つとはかぎりません**。

例えば「す・さす」には、使役と尊敬という二つの意味があります。どちらか一方の意味を覚えればよいということにはなりません。**すべての意味を覚える必要があります**。

チェックテスト 1

問 ――線部の助動詞「なり」の意味を答えよ。

① 死ぬるなり

② 死ぬなり

解説 ①＝動詞「死ぬ」の連体形に接続しているので、断定。

②＝動詞「死ぬ」の終止形に接続しているので、伝聞推定。

解答 ①＝断定

②＝伝聞推定

助動詞の活用・意味・接続

種類	基本形	未然形	連用形	終止形	連体形	已然形	命令形	活用の型	主な意味・訳語	主な接続	
受身・尊敬・自発・可能	る	れ	れ	る	るる	るれ	れよ	下二段型	受身〔〜レル・〜ラレル〕 尊敬〔〜ナサル・オ〜ニナル・〜レル・〜ラレル〕 自発〔(自然ト)〜レル・〜ラレル〕 可能〔〜コトガデキル・〜レル・〜ラレル〕	四段・ナ変・ラ変動詞	未然形接続
	らる	られ	られ	らる	らるる	らるれ	られよ	下二段型		右以外の動詞 助動詞「す」「さす」「しむ」	
使役・尊敬	す	せ	せ	す	する	すれ	せよ	下二段型	使役〔〜セル・〜サセル〕 尊敬〔〜ナサル・オ〜ニナル〕 受身〔〜レル・〜ラレル〕…「す」「さす」のみ	四段・ナ変・ラ変動詞	
	さす	させ	させ	さす	さする	さすれ	させよ	下二段型		右以外の動詞	
	しむ	しめ	しめ	しむ	しむる	しむれ	しめよ	下二段型		活用語	
打消	ず	ず	ず	ず	○	○	○	無変化型	打消〔〜ナイ〕	活用語	
		○	○	○	ぬ	ね	○	四段型			
		ざら	ざり	○	ざる	ざれ	ざれ	ラ変型			
推量	む(ん)	ま	○	む	む	め	○	四段型	推量〔〜ダロウ〕 意志〔〜ウ・〜ヨウ・〜ツモリダ〕 適当・勧誘〔〜ノガヨイ〕 仮定・婉曲〔〜タラ・〜ヨウナ〕		
	むず(んず)	○	○	むず	むずる	むずれ	○	サ変型			
	まし	ませ	○	○	○	○	○	特殊型	反実仮想〔(モシ)…トシタラ〜ダロウ(ニ)〕 希望〔〜タラヨイノニ・〜タラヨカッタノニ〕 ためらいの意志〔〜(ヨ)ウカ・〜タモノダロウカ〕		
		ましか	○	まし	まし	ましか	○				
打消の推量	じ	○	○	じ	じ	じ	○	特殊型	打消の推量〔〜マイ・〜ナイダロウ〕 打消の意志〔〜マイ・〜ナイツモリダ〕		
希望(願望)	まほし	まほしく	まほしく	まほし	まほしき	まほしけれ	○	シク活用形容詞型	希望(願望)〔〜タイ・〜テホシイ〕	動詞 助動詞	
		まほしから	まほしかり	○	まほしかる	○	○				
	たし	たく	たく	たし	たき	たけれ	○	ク活用形容詞型		動詞 助動詞	形接続
		たから	たかり	○	たかる	○	○				
過去	き	せ	○	き	し	しか	○	特殊型	過去〔〜タ〕	活用語(カ変・サ変動詞は特殊)	
	けり	けら	○	けり	ける	けれ	○	ラ変型	過去〔〜タ(トサ・ソウナ)〕 詠嘆〔〜ダッタ・〜タナア・〜コトヨ〕	活用語	

推量	けむ（けん）	○	○	けむ	けむ	けめ	○	四段型	過去推量〔〜タ（ノ）ダロウ〕 過去の原因推量〔（…ノタメニ・ドウシテ）〜タノダロウ〕 過去の婉曲・伝聞〔〜タヨウナ・〜タトカイウ〕	活用語	連用
完了	つ	て	て	つ	つる	つれ	てよ	下二段型	完了〔〜タ・〜テシマウ・〜テシマッタ〕 強意〔キット〜・確カニ〜〕 並列〔〜タリ〜タリ〕		
	ぬ	な	に	ぬ	ぬる	ぬれ	ね	ナ変型			
	たり	たら	たり	たり	たる	たれ	たれ	ラ変型	完了〔〜タ・〜テシマウ・〜テシマッタ〕 存続〔〜テイル・〜テアル〕		
	り	ら	り	り	る	れ	れ	ラ変型		四段動詞の已然（命令）形 サ変動詞の未然形	特殊
推量	らむ（らん）	○	○	らむ	らむ	らめ	○	四段型	現在推量〔（今ゴロハ）〜テイルダロウ〕 現在の原因推量〔（…ノタメニ・ドウシテ）〜テイルノダロウ〕 婉曲・伝聞〔〜ヨウナ・〜トカイウ〕	活用語（ラ変型は連体形）	終止形（ラ変型の場合は連体形）接続
	べし	べく べから	べく べかり	べし ○	べき べかる	べけれ ○	○ ○	ク活用形容詞型	推量〔〜ダロウ・〜ソウダ〕 意志〔〜ウ・〜ヨウ・〜タイ〕 当然・適当〔〜ベキダ・〜ハズダ・〜ノガヨイ〕 可能〔〜コトガデキル〕 命令〔〜ナサイ〕		
	らし	○	○	らし	らし	らし	○	特殊型	推定〔〜ラシイ〕		
	めり	○	めり	めり	める	めれ	○	ラ変型	推定〔〜ヨウダ・〜ラシイ〕 婉曲〔〜ヨウダ〕		
	なり	○	なり	なり	なる	なれ	○	ラ変型	伝聞〔〜ソウダ・〜トイウコトダ〕 推定〔〜ヨウダ・〜ラシイ〕		
打消の推量	まじ	まじく まじから	まじく まじかり	まじ ○	まじき まじかる	まじけれ ○	○ ○	シク活用形容詞型	打消の推量〔〜マイ・〜ナイダロウ〕 打消の意志〔〜マイ・〜ナイツモリダ〕 打消の当然・不適当〔〜ベキデナイ・〜ナイノガヨイ〕 不可能〔〜コトガデキナイ〕 禁止〔〜ナ・〜テハナラナイ〕		
断定	なり	なら ○	なり に	なり ○	なる ○	なれ ○	なれ ○	ナリ活用形容動詞型	断定〔〜ダ・〜デアル〕 存在〔〜ニアル・〜ニイル〕	体言 助詞 副詞 活用語	体言・連体形接続
	たり	たら ○	たり と	たり ○	たる ○	たれ ○	たれ ○	タリ活用形容動詞型	断定〔〜ダ・〜デアル〕	体言	
比況（ひきょう）	ごとし	ごとく	ごとく	ごとし	ごとき	○	○	ク活用形容詞型	比況〔（マルデ）〜ヨウダ〕 例示〔〜（ノ）ヨウダ・〜ナド〕	格助詞「の」「が」 体言 活用語	

5 助詞

助詞の覚えるポイント

■接続

助詞は接続がキーになる場合があります。例えば、「なむ」という助詞は、係助詞「なむ」と終助詞「なむ」の二種類あります。見た目では見分けがつきません。係助詞「なむ」は主として体言に付き、終助詞「なむ」は未然形に接続します。

■意味

現代語と異なる意味の助詞をしっかりと覚えましょう。例えば、副助詞「さへ」は現代語では「さえ」ですが、古文では「…までも」と訳します。

現代語の「さえ」にあたるのは古文では「すら」や「だに」です。

間違いやすい用法の意味と訳語

■格助詞の「に」と接続助詞の「に」

まず、体言に「に」が付いている場合は、その「に」は格助詞です。

体言＋に→格助詞「に」

問題は連体形に「に」が付いている場合です。この場合は訳してみるしかありません。

プラスα 助詞のいろいろ

助詞には、格助詞・接続助詞・係助詞・副助詞・終助詞・間投助詞の六種類があります。格助詞以外の五つは、名前からその働きを推測することができます。

● **接続助詞**→文節と文節を接続します。

● **係助詞**→係り結びをします。

● **副助詞**→いろいろな語に付いて、さまざまな意味を副（そ）えます。

● **終助詞**→文の終わりに付いて、さまざまな意味を表します。

● **間投助詞**→文節と文節の間に投げ入れられて、感動の気持ちなどを表します。

これらに比べて、格助詞は名前だけを見ても働きがよくわかりません。少しくわしく説明しておきましょう。

● **格助詞**

「格」は「関係」という意味で、上の語が下の語にどのような関係でつながるかを示すのが、格助詞の働きです。ですから、格助詞がなければ、語のつながり

連体形＋に

「ときに」という訳が適切→格助詞「に」
「…ところ」「…ので」「…が」「…うえに」という訳が適切→接続助詞「に」

反復の接続助詞「つつ」

「つつ」は、現代語では同時並行の意味で用いられることがほとんどですが、古文では反復の意味で用いられることがあります。

例 竹を取りつつ、よろづのことに使ひけり。

訳 竹を取っては、いろいろなことに使っていた。

この場合は竹を取ることを反復して行っていたということを意味しています。

終助詞「なむ」

終助詞の「なむ」は、自分以外のものに対して「…してほしい」と願うときに用いられる助詞です。例えば「いつしか梅咲かなむ」といえば、梅に対して早く咲いてほしいと願う気持ちを表現しています。自分の希望をいいたい場合は「ばや」を用います。

終助詞「こそ」

「こそ」には、係助詞の「こそ」と終助詞の「こそ」があります。終助詞の「こそ」は例えば「少納言こそ」という形で、「少納言さん」と呼びかける場合に用います。

がまったくわかりません。例えば、「彼女□、彼□、好きだ。」という文では、□に入るべき格助詞がないので、「彼女が彼を好き」なのか、「彼女を彼が好き」なのかが不明になってしまうのです。

「格」には、主に次のようなものがあります。

主格＝主語として関係していく。
連体格＝下の体言を修飾する。
連用格＝下の用言を修飾する。

チェックテスト 2

問 ――線部の助動詞「なむ」の意味を答えよ。

① 梅なむ咲く。
② 梅咲かなむ。

解説 ①＝体言に接続しているので、係助詞。
②＝動詞「咲く」の未然形に接続しているので、終助詞。

解答 ①＝係助詞
②＝終助詞

6 敬語

敬語とは

文章の書き手や会話文の話し手が、話に登場する人物や聞き手に対して**敬う気持ちを示す言葉**を**敬語**といいます。敬語には、**尊敬語**と**謙譲語**と**丁寧語**があります。また、動詞・補助動詞・助動詞・名詞などが敬語として用いられます。

敬語の種類と主な敬語の一覧

■**尊敬語**…その動作をしている人を敬う語です。

品詞	敬語動詞	現代語訳	対応する普通の動詞
動詞	おはす・おはします	いらっしゃる・おいでになる	あり・居(を)り・行く・来(く)
	仰(おほ)す・仰せらる のたまふ・のたまはす	おっしゃる	言ふ
	思(おぼ)す・思(おぼ)し召(め)す	お思いになる	思ふ
	聞こす・聞こし召す	お聞きになる・召し上がる	聞く・食ふ・飲む
	給(たま)ふ・賜(たま)ふ	お与えになる	与ふ
	大殿籠(おほとのごも)る	お休みになる・お眠りになる	寝(ぬ)
補助動詞	給ふ	～なさる・お～になる	

■**謙譲語**…動作の受け手を敬う語です。

敬語の別の呼び名

動作をしている人のことを「為手(して)」といいます。そこから、動作を表す尊敬語を、**為手尊敬**ともいいます。

謙譲語のことを、**受け手尊敬**ともいいます。

丁寧語のことは、**聞き手尊敬**ともいいます。

プラスα 尊敬語と謙譲語があると…

書き手や話し手が尊敬したい人に対して必ず敬意を示すことができます。その人自身が動作をしているときには尊敬語を用いればいいですし、逆にその尊敬したい人が相手から何かをされているときは謙譲語で敬意を示せばよいのです。その人が何もしていないし、何もされていないときにはその人のことが文章の中に現れることはないので、当然敬語も必要とされません。

品詞	敬語動詞	現代語訳	対応する普通の動詞
動詞	申す・聞こゆ 聞こえさす	申し上げる	言ふ
	参(まゐ)る・詣(まう)づ	参上する・参詣(さんけい)する	行く
	まかる・まかづ	退出する	
	奉(たてまつ)る	差し上げる	与ふ
	候(さうら)ふ・仕(つか)うまつる	お仕えする	仕ふ
	賜(たま)はる	いただく	受く
	奏(そう)す・啓(けい)す	申し上げる	言ふ
補助動詞	～申す・～聞こゆ ～聞こえさす ～参る・～奉る	～し申し上げる	

■**丁寧語**…会話文の話し手が聞き手に対して敬意を示す語です。会話文でなくても、語っているような感じで書かれている文章にも現れます。その場合は読み手に対する敬意を示しています。

品詞	敬語動詞	現代語訳	対応する普通の動詞
動詞	侍(はべ)り・候(さうら)ふ	おります・あります ございます	あり・居(を)り
補助動詞	～侍り・～候ふ	～です・～ます ～ございます	

謙譲語というとへりくだるというイメージがありますが、古文では単に動作の受け手に対する敬意を表す語と理解しておいたほうがいいでしょう。

Tea Time

昔の世界へタイムスリップ！
…「今は昔」の訳し方

『今昔物語集』などの説話の多くは「今は昔、……」から物語がはじまります。これは以前、

――今となっては昔のことだが、……

と訳されていました。でも、よく考えれば不思議な訳ですね。説話となって残っている物語がすべて昔のことであるのは自明なのに、わざわざそれを前置きするなんて。

▲親切なおばあさんに雀が恩返しをする物語（『宇治拾遺物語絵巻』雀報恩の事）

昔のことだというのを明確にしたいから「今は昔」という言葉ではじめるのだ、と考える説もあります。実際、「中頃、……」というはじまり方をする物語があります。「中頃」というのは、「今と昔の間」であり、「あまり遠くない昔」ということです。また「昔、……」とはじまる物語もあります。これらの言葉には、そう遠くない昔か、かなり昔かを区別する意味もあるのかもしれません。

しかし、たとえそうであるにしても、「中頃、……」「昔、……」ではじめればよいわけで、「今は」という表現が無駄に思えます。

＊＊＊

では、「今は昔」という言葉にはどういう意味があるのでしょうか？

近年、「物語」というものに対する研究が進みました。その研究の中で、物語は基本的に語られるものであったということが明らかになりました。「今は昔」という言葉は、物語が語られたものであることの痕跡なのです。

物語は、だれかが語り、それを何人かで聞くというのが本来のあり方でした。一人の語り手とそれを聞く何人かの人々がいる場面を想像してください。語り手は聞き手にまず宣言します。「さあ、今はもう昔なんですよ。昔に行ったつもりになって聞いてく

ださいね」。この言葉とともに聞き手は瞬間的に昔にタイムスリップします。そして、昔に起こった出来事を、今、目の前で起こっている出来事として、ハラハラドキドキしながら聞いていきます。

そう、「今は昔」は、「さあ、今は昔なんだよ」と物語の語り手が皆に宣言し、はるか昔の物語の世界へ一緒に旅立つための言葉だったのです。

かなり前のことですが、『まんが日本昔話』というアニメーションのテレビ番組がありました。二人の俳優がアニメに合わせて昔話を語っていくという形をとっていて、話の冒頭は決まって「むかーし、むかーしのことじゃった……」でした。語り手が上手だったせいもあるのでしょうが、この言葉とともに、視聴者はスーッと昔話の世界に入っていけました。

このアニメの冒頭の決まり文句も、「今は昔」という言葉と同じように、語り手が視聴者を昔話の世界に引き込んでゆく、そのための言葉なのですね。

＊　＊　＊

「今は昔」は、「今となっては昔のことだが」というふうに、「今」とは全然関係のない話だけどね」と物語の世界を今・現在から切り離して語るための言葉ではありません。

古文に「今は昔、……」と出てきたら、

――今は昔、……

と訳すのが正しいと考えられます。そのままのようなこの訳が、近年の研究の成果にもとづいた解釈なのです。「今となっては昔のことだが、……」と訳すのは時代遅れと言えるでしょう。

「今は昔」という言葉ではじまる物語に出会った時、読み手である私たちは、その言葉とともに物語の昔の時代にタイムスリップしていきましょう。

▲「こぶとりじいさん」の物語（『今昔物語絵巻』鬼に瘤（こぶ）とらるる事）

3 文学史基礎知識

1 散文

古文の世界には、さまざまな作品があります。ここでは、各ジャンルの代表的な作品を挙げてみました。まず、これらの作品をきちんと覚えておきましょう。

説話

説話には**世俗説話**(せぞくせつわ)と**仏教説話**があります。

世俗説話→ある人物に関するちょっとしたエピソードや伝奇的な話など。

仏教説話→仏教を広めるための短いお話で、阿弥陀如来(あみだにょらい)に救われた話や出家(しゅっけ)した話など、とにかく読めば仏教を信じたくなるようなお話。

そうした説話を集めたものが説話集で、平安時代から鎌倉時代によく編まれました。

中古	● **日本霊異記**(にほんりょういき)…九世紀初めに成立。編者は景戒(きょうかい)(けいかい)。日本最古の仏教説話集。正しくは『日本国現報善悪霊異記(にほんこくげんぽうぜんあくりょういき)』。 ● **今昔物語集**(こんじゃくものがたりしゅう)…十二世紀前半の成立。編者未詳。千余話の説話を収録。
中世	● **発心集**(ほっしんしゅう)…一二一三年ごろ成立。編者は鴨長明(かものちょうめい)。約百話の仏教説話を収録。 ● **宇治拾遺物語**(うじしゅういものがたり)…一二二一年ごろ成立。編者未詳。約二百話の説話を収録。

文学史でよく出てくる「中古」とか「中世」といわれる時代はいつのころを指すのでしょうか。大体、次のような区分になっています。

上代→大和～奈良時代
中古→平安時代
中世→鎌倉・室町時代
近世→江戸時代

その他の説話集

● **古本説話集**(こほんせつわしゅう)…平安末期から鎌倉初期ごろ成立。編者未詳。

● **十訓抄**(じっきんしょう)…一二五二年成立。編者は六波羅二臈左衛門入道(ろくはらじろうざえもんにゅうどう)といわれるが未詳。教訓的な目的で作られた説話集。

● **古今著聞集**(ここんちょもんじゅう)…一二五四年成立。編者は橘成季(たちばなのなりすえ)。

物語

物語は〝作り物語〟ともいわれ、虚構のお話のことです。平安時代に多く書かれました。かぐや姫の物語として有名な『竹取物語』は「物語の出できはじめの祖」と『源氏物語』に記されています。いわゆるシンデレラのお話である『落窪物語』などを経て、『源氏物語』という、この当時としては世界でも類を見ない超大作の恋愛物語が書かれることになります。

中古

- **竹取物語**…十世紀中ごろまでに成立。作者未詳。
- **宇津保物語**…十世紀後半ごろ成立。作者未詳。琴の秘曲伝授を中心とした長編物語。
- **落窪物語**…十世紀末ごろ成立。作者未詳。
- **源氏物語**…十一世紀初めに成立。作者は紫式部。

歌物語

和歌の詞書が長くなった形で、物語として読めるようになったのが歌物語です。代表作である『伊勢物語』は在原業平が主人公とされ、彼のエピソードが歌を伴って書かれています。

中古

- **伊勢物語**…十世紀の初めごろ原型が成立。作者未詳。
- **大和物語**…十世紀中ごろ成立。作者未詳。民間伝承を含んだ歌物語。
- **平中物語**…十世紀中ごろ成立。作者未詳。平中(平貞文)を主人公とする恋愛譚。

プラスα その他の物語

- **浜松中納言物語**…十一世紀中ごろ成立。作者は菅原孝標女か。
- **夜の寝覚**…十一世紀中ごろ成立。作者は菅原孝標女か。『夜半の寝覚』ともいう。
- **狭衣物語**…十一世紀後半成立。作者は源頼国女か。
- **とりかへばや物語**…十一世紀末ごろ成立。作者未詳。

これらの作品は、『源氏物語』の影響を強く受けています。

随筆

日本三大随筆と呼ばれるものがあります。**清少納言の『枕草子』**・**鴨長明の『方丈記』**・**兼好法師の『徒然草』**がそれです。目にとまった季節の推移などを文章にするといったような随筆は我が国独特のものといってよく、現在の日本の随筆文化の基礎を築いたのが、これら三大随筆といってよいでしょう。

中古	● **枕草子**…一〇〇一年ごろ成立。作者は清少納言。
中世	● **方丈記**…一二一二年成立。作者は鴨長明。 ● **徒然草**…一三三一年ごろ成立。作者は兼好法師。

日記

日記文学は**紀貫之**によって幕が開けられました。紀貫之の**『土佐日記』**は、彼が女性になりきって、当時女性が用いていた**仮名文字を使って書いたもの**です。これ以降、本物の女性たちが**仮名日記**を書き、自分たちの内面を語り始めました。

中古	● **土佐日記**…九三五年ごろ成立。作者は紀貫之。 ● **蜻蛉日記**…九七四年以後成立。作者は藤原道綱母。最初の女流日記。 ● **紫式部日記**…一〇一〇年ごろ成立。作者は紫式部。 ● **更級日記**…一〇六〇年ごろ成立。作者は菅原孝標女。
中世	● **十六夜日記**…一二八〇年ごろ一部成立。作者は阿仏尼。

プラスα その他の日記

- **和泉式部日記**…一〇〇七年ごろ成立。作者は和泉式部。
- **讃岐典侍日記**…一一〇八年以後成立。作者は讃岐典侍（藤原長子）。
- **とはずがたり**…一三一三年までに成立。作者は後深草院二条。

歴史

上代に元明天皇の命を受けて太安万侶が編纂した『古事記』が歴史書の始まりで、その後『日本書紀』が正史として編まれました。中古になると、正史よりも『大鏡』のように歴史物語が多く書かれるようになりました。

上代	●古事記…七一二年成立。撰録は太安万侶（稗田阿礼誦習）。 ●日本書紀…七二〇年成立。舎人親王・太安万侶などが編纂。
中古	●大鏡…十二世紀初めごろまでに成立。作者未詳。紀伝体の形式で記される。 ●栄花物語…正編は十一世紀前半、続編は十一世紀末の成立か。正編は赤染衛門、続編は出羽弁作とする説が有力。 ●今鏡…一一七〇年ごろ成立か。作者は藤原為経。
中世	●水鏡…鎌倉初期成立か。作者未詳。 ●増鏡…一三七六年以前の成立。作者未詳。

その他に史論書（＝歴史に関する評論書）には、『愚管抄』と『神皇正統記』があります。

中世	●愚管抄…一二二〇年ごろ成立か。作者は慈円。 ●神皇正統記…一三四三年成立か。作者は北畠親房。

軍記物語

中世は動乱の時代といわれ、さまざまな戦いが行われます。それを記したのが**軍記物語**です。その代表作である『**平家物語**（へいけものがたり）』には一時は栄華を極めた平家が源氏に追いつめられ、滅んでいく姿が**和漢混交文**（わかんこんこうぶん）で描かれています。中古にも『**将門記**（しょうもんき）』といった作品がありますが、軍記物語が脚光を浴びるのはやはり中世に入ってからだといえます。

中世

- **保元物語**（ほうげんものがたり）…十三世紀半ばごろには原型成立か。作者未詳。
- **平治物語**（へいじものがたり）…十三世紀半ばごろには原型成立か。作者未詳。
- **平家物語**…十三世紀半ばごろには原型成立か。作者は信濃前司行長（しなののぜんじゆきなが）か。
- **太平記**（たいへいき）…十四世紀半ばごろには原型成立か。作者未詳。

近世の小説

江戸時代になると貸本屋などができ、一般の人々が気軽に物語を楽しむことができるようになりました。一六八二年に**井原西鶴**（いはらさいかく）が『**好色一代男**（こうしょくいちだいおとこ）』を出版し、大人気となりました。

近世

- **好色一代男**…一六八二年刊。作者は井原西鶴。
- **世間胸算用**（せけんむねさんよう）…一六九二年刊。作者は井原西鶴。
- **雨月物語**（うげつものがたり）…一七七六年刊。作者は上田秋成（うえだあきなり）。九編の怪異小説からなる短編集。

プラスα　その他の軍記物語

- **曽我物語**（そがものがたり）…室町初期までに成立。作者未詳。
- **義経記**（ぎけいき）…室町初～中期に成立か。作者未詳。

その他の小説

- **東海道中膝栗毛**（とうかいどうちゅうひざくりげ）…一八〇二～一八二二年刊。作者は十返舎一九（じっぺんしゃいっく）。
- **南総里見八犬伝**（なんそうさとみはっけんでん）…一八一四～一八四二年刊。作者は曲亭馬琴（きょくていばきん）。
- **偐紫田舎源氏**（にせむらさきいなかげんじ）…一八二九～一八四二年刊。作者は柳亭種彦（りゅうていたねひこ）。

芸能

平安時代から猿楽（申楽）はありましたが、それはお笑い的な要素が強いものでした。しかし、中世に観阿弥とその子世阿弥によって、高度な芸術性を持つものに磨きあげられます。

中世

- **風姿花伝**…一四二〇年ごろ成立。作者は世阿弥。能楽書。

江戸時代には浄瑠璃の天才脚本家として近松門左衛門が登場します。

近世

- **曾根崎心中**…一七〇三年初演。作者は近松門左衛門。世話物（心中物）の代表作。
- **国性爺合戦**…一七一五年初演。作者は近松門左衛門。時代物の代表作。

プラスα その他の浄瑠璃作品

- **義経千本桜**…一七四七年初演。二代目竹田出雲・三好松洛・並木千柳の合作。
- **仮名手本忠臣蔵**…一七四八年初演。二代目竹田出雲・三好松洛・並木千柳の合作。

プラスα 主な歌舞伎作品

- **東海道四谷怪談**…一八二五年初演。作者は鶴屋南北。
- **青砥稿花紅彩画**…一八六二年初演。作者は河竹黙阿弥。

2 韻文

和歌について

和歌とは、古くから日本語（大和言葉）で作られ、詠み交わされ、歌われていた詩です。古代においてはさまざまなスタイルのものがありましたが、平安時代に入ると、短歌と呼ばれていた「五・七・五・七・七」のスタイルのものがほとんどになり、これを和歌（あるいは「やまとうた」）と呼ぶようになりました。

勅撰和歌集

勅撰和歌集とは、**天皇や上皇の命により編集された歌集**のことをいいます。**『古今和歌集』**（九〇五年ごろ成立）に始まり、『新続古今和歌集』（一四三九年成立）までの約五百三十年間で二十一の勅撰和歌集が編まれました。

『古今和歌集』から**『新古今和歌集』**までの約三百年間に、**『後撰和歌集』『拾遺和歌集』『後拾遺和歌集』『金葉和歌集』『詞花和歌集』『千載和歌集』**の六つの勅撰和歌集が編まれますが、これらに『古今和歌集』と『新古今和歌集』を加えて、**八代集**といいます。

主な和歌集

勅撰和歌集の中でも特に重要なのは『古今和歌集』と『新古今和歌集』です。また、**『万葉集』**は勅撰和歌集ではありませんが、**現存する日本最古の歌集**であり、約四千五百首もの歌を集めた、奈良時代までの歌の集大成ともいえる歌集です。

プラスα　さまざまな歌の形式

- **片歌** → 五・七・七のみの、最も単純な形式。
- **旋頭歌** → 五・七・七、五・七・七と、片歌を二度繰り返した形式。
- **長歌** → 五・七・五・七…と繰り返され、最後に…五・七・七と止める形式。

歌合

歌合とは、歌人を**左右二組に分け、それぞれが詠んだ歌を一番ごとに比べて優劣を争うという貴族たちの遊び**です。審判役を判者といい、判定の詞を判詞といいます。

俳諧について

室町時代に**俳諧連歌(俳諧)**が流行します。連歌は和歌を「五七五」と「七七」に分けて二人で詠むというのが始まりでした。それを何回か続けるのですが、最初の「五七五」を**発句**と呼び、これだけを独立させて詠むことが行われました。この発句を、明治時代の正岡子規は**俳句**と名づけています。

江戸時代になると俳諧は、町人たちの娯楽として広く試みられるようになりました。その俳諧を高度な芸術にまで高めたのが、**松尾芭蕉**です。

三大俳人

松尾芭蕉(一六四四年～一六九四年)

江戸時代初期の俳諧師。人生や自然について深く追究した句を詠み、**蕉風俳諧**を確立しました。「わび」「さび」から始まり、「しをり」から「軽み」へと、次々と新たな理念を打ち出し、それまでの理念を越えていくというように、最後まで俳諧を極めようとする姿勢を崩しませんでした。

また、しばしば旅に出て、**『野ざらし紀行』『笈の小文』『奥の細道』**などの紀行文を残しました。

芭蕉の弟子には、**榎本其角**・**服部嵐雪**・**森川許六**・**向井去来**などがいます。

プラスα 合わせもの(物合)

平安時代の貴族たちは「合わせもの(物合)」という遊びをよくやっていました。

同じ種類のものを持ち寄って、左右に分かれ、優劣を競う遊びです。「歌合」はもちろんのこと、「絵合」「扇合」「貝合」(→P.46)「前栽合」「小鳥合」「菊合」「鴨合」などが行われていました。平安時代を過ぎるとこれらの合わせものはあまりされなくなりましたが、「歌合」だけは、それぞれの和歌の流派が競う場として残りました。

▲天徳内裏歌合(想像図)

与謝蕪村（一七一六年～一七八三年）

江戸中期の俳諧師。画家でもあったがゆえに、写実的で絵画的な句を得意としました。芭蕉を尊敬し、「蕉風回帰（＝芭蕉に帰れ）」と主張しました。芭蕉の死後、平俗になっていた俳諧を芸術に引き戻し、江戸俳諧中興の祖といわれています。

代表作としては、俳文集『新花摘』があります。

小林一茶（一七六三年～一八二七年）

三歳の時に生母を亡くし、八歳の時に継母を迎えるがなじめず、十四歳で江戸に奉公に出ます。俳人になるも、その人生の多くを放浪の旅の中に送りました。つらい幼少期を過ごした経験から、弱いものの視点から句を詠みました。

代表作に、父の最期を看取った経験を記した『父の終焉日記』や句集『おらが春』などがあります。

季語と切れ字

発句には季語と切れ字を入れるのがルールでした。そのため現在の俳句でも基本的には季語が入ります。

季語とは特定の季節を表す語です。しかし、季節の区分の感覚が現在と異なりますので、注意しましょう。

春（一月～三月）／夏（四月～六月）
秋（七月～九月）／冬（十月～十二月）

切れ字とは句をそこで切るために使われる言葉です。「かな」「や」「けり」がその代表です。

プラスα　三大俳人の句

松尾芭蕉

荒海や佐渡によこたふ天の河　（奥の細道）

初時雨猿も小蓑をほしげなり　（猿蓑）

旅に病んで夢は枯れ野をかけ廻る　（笈日記）

与謝蕪村

菜の花や月は東に日は西に　（蕪村句集）

牡丹散りて打ち重なりぬ二三片　（蕪村句集）

五月雨や大河の前に家二軒　（蕪村句集）

小林一茶

我と来て遊べや親のない雀　（おらが春）

痩せ蛙負けるな一茶これに有り　（七番日記）

これがまあつひの栖か雪五尺　（七番日記）

2章

古文学習の基本

―古文常識

1 古文の世界を知ろう

1 身分について

天皇家の人々

● **親王**(しんのう)…天皇の兄弟や男の子どもをいいます。

● **内親王**(ないしんのう)…天皇の姉妹や女の子どもをいいます。

皇太子は親王の中から選ばれるのが普通で、皇位継承の第一順位にある人のことです。「ひつぎのみこ」「もうけのきみ」とも呼ばれました。江戸時代以前は、東宮、春宮とも表記され、「とうぐう」「はるのみや」と読まれました。

● **上皇**(じょうこう)…正式には太上天皇(だいじょうてんのう)といい、皇位を後継者に譲った天皇のことをいいます。院と呼ばれることもあります。出家した場合は法皇(ほうおう)といいます。

● **源氏**(げんじ)…臣籍降下(しんせきこうか)した（＝臣下に下ること）皇族のことをいいます。皇族は姓をもたないので、臣籍降下の際に「源(みなもと)」「平(たいら)」「在原(ありわら)」などの姓をもらいます。

貴族の位

● **官職（官）**…左大臣(さだいじん)や中納言(ちゅうなごん)や近衛中将(このえのちゅうじょう)といった身分の名称のことを指します。

● **位階**(いかい)**（位）**…従三位(じゅさんみ)とか正五位(しょうごい)といった位の総称です。

位階をもっていると、それに相当する官職が与えられるというのが基本です。そして、

天皇を表す言葉

古文の作品の中では、天皇自身を表す、さまざまな言葉があります。
「内(うち)（内裏）」「上」「帝(みかど)」「おほやけ」「君」「主上(しゅしょう)」など。

いくつか例を見てみましょう。

例 **うち**にも聞こしめし嘆くこと限りなし。（源氏物語）

訳 **天皇**もお聞きになって嘆くことこの上ない。

例 **上**も御涙のひまなく流れおはしますを、（源氏物語）

訳 **天皇**も御涙が絶え間なく流れていらっしゃるのを、

例 **主上**、御不予(ふよ)の御事と聞こえさせたまひし。（平家物語）

訳 **天皇**が、ご病気のこととお噂(うわさ)された。

朝廷からその官位に見合った給与がさまざまな形で支給されます。

●**公卿**…大臣（太政大臣・左大臣・右大臣・内大臣）と大納言・中納言と参議および三位以上の人をいいます。

●**上達部**…公卿と同じですが、「大臣、上達部」といった表記の場合は大臣を除いています。

●**殿上人**…宮中の中、天皇の日常生活の場である清涼殿の殿上の間への昇殿が許された人のことをいいます。これが許されるのは五位以上の者と六位の蔵人に限られていました。

后の位

天皇の后にはいくつかの位があります。

●**中宮**…最も高い位の后です。もともとは皇后の別称でした。平安時代中期以降は、二人の皇后がたつ時に、先にたった人物を皇后、後にたった人物を中宮と、それぞれ呼び分けるようになりました。

●**女御**…中宮の下に位置します。中宮になるにはまず女御になるのが普通でした。

●**更衣**…女御の下に位置します。もともとは天皇の着替えを手伝う女官のことをいいました。

その他に、后に準じる地位として、御息所や、御匣殿、尚侍などがありました。

プラスα 呼び名の意味

御息所とは、もとは「御息所（天皇が休息する所）」に仕える女官の役職名でした。同じように、御匣殿は「御匣殿（天皇の衣類を裁縫する所）」に仕える女官のことです。尚侍は、天皇の文書などを管理する女官をいいました。

2 平安貴族の結婚

結婚形態

結婚は親同士が決める場合と、男性から女性に手紙を送り、女性の元に通う場合があったようです。物語などでは後者の場合が多く描かれています。

男性は三日連続して女性の元に通い、三日目の夜に**「三日の餅（もちい）」の儀式**と**「露顕（ところあらわし）（今でいう披露宴（ひろうえん））」**を行って、正式に結婚が認められるというのが一般的でした。

男性は夫として妻の家に通い、そこで衣服などさまざまな面倒をみてもらうというのが**通い婚**（招請婚（しょうせいこん）・妻問婚（つまどいこん））と呼ばれる結婚のスタイルです。上流貴族になると複数の妻の所へ通っていくというのが普通でした。

もちろん、妻を夫の屋敷に引き取るという結婚形態もありました。

結婚年齢

年齢でいえば男性は十五歳以上、女性は十三歳以上でなければならないという決まりがありました。しかし、罰則規定などはなかったので、双方の合意があれば年齢は問われなかったようです。

ただし、男子は**初冠（ういこうぶり）**・**初元結（はつもとゆい）**という**元服（げんぷく）の儀式**（＝成人式）を挙げるのが、だいたい十一歳から十五歳ごろで、女子は**裳着（もぎ）**という元服の儀式を行うのが十三歳から十五歳ごろですので、それらの儀式を済ましてから結婚ということになる場合がほとんどでした。

「見る」とは

その1 「のぞき」は許されていた?

平安時代などでは、お姫様といわれるような身分の高い女性は、身内以外の男性の前に出ることがほとんどありませんでした。ですから、どこそこのお姫様がたいそう美人であるといううわさは流れてきても、実際のところはわからなかったのです。

でも、見てみたい、そして本当に美しい人なら結婚したいというのは、男なら自然な気持ちでしょう。そこで、いきおい、のぞき見るということになります。

「のぞき」といえば悪いイメージがあるかもしれませんが、男性が気になる女性の姿を見るにはそれしか方法がなかったので、「のぞき」はそれとなく認められている行為でした。

古文には**「垣間見る（かいまみる）」**という言葉で出てきます。「物のすきまからのぞき見る」という意味です。

その2 「見る」は深い関係?

「その1」で述べたように、平安時代などでは、身分の高い女性が身内以外の男性の前に出ることは、ほとんどありま

3 平安時代の信仰

平安時代の日本は、仏教が深く浸透していました。中でも浄土思想が広く信仰されていました。真面目に信仰していれば来世には阿弥陀如来のいる西方十万億土にある極楽浄土に生まれ変わることができるという思想です。

往生と出家

浄土に生まれ変わる、すなわち往生するには、仏に祈ったりお経を読んだりすることが必要です。自分のためばかりでなく、死んだ人のために仏に祈ったりお経を読んだりすることもあります。これを「後世をとぶらふ」といいます。

往生のための最もよい方法は出家〔＝僧形に身を変え、仏門に入ること〕することですが、出家すれば現世におけるあらゆる関係を絶たねばならないので、したくても後ろ髪をひかれてなかなか踏み切れないということが多くありました。

末法思想

釈迦の入滅後千年（五百年とする説もある）の時代を正法、次の千年を像法、その後千年を末法といいます。末法の世になると、**釈迦の教えが及ばなくなり、仏法が衰退して正しく行われなくなり、世の中も乱れるという考え**が末法思想です。

日本では、一〇五二年から末法の世に入ると考えられていました。末法の世でも何とか往生できるように、以前よりももっと仏道修行をしなければならないと当時の人々は考えていたようです。

せんでした。そんな状況ですから、身内でもない男女が会って、お互いに「見る」ということは、すべてを許し合う関係になるということを意味します。したがって、古文に出てくる「見る」は、「結婚する」とか「深い契りをかわす」とかいうふうに訳します。

▶男性が小柴垣から女性を垣間見る（『扇面古写経』）

4 平安時代の習俗

物の怪と加持祈禱

物の怪（もののけ）とは、日本の古典や民間信仰において、**人間に取りついて苦しめたり、病気にさせたり、死に至らせたりするといわれる怨霊**（おんりょう）**、死霊**（しりょう）**、生霊**（いきりょう）**など**のことをいいます。平安時代も中期になると個人の死、病気、苦痛などのすべてが物の怪によるものと見なされるようになりました。

皇室から庶民に至るまで、こうしたさまざまな厄災を**加持祈禱**（かじきとう）（＝物の怪を追い出したり調伏（ちょうぶく）させたりすること）によって解決しようとしました。加持祈禱を行うのは、大寺院の高僧や、修験者や山伏といわれる修行僧などです。

物忌み・方違え

物忌み（ものいみ）は、不吉な夢を見たり、悪い前兆とされるできごとが起きたりした場合や陰陽師（おんみょうじ）の占いによって凶事が予知された場合に行われます。**一定期間、外出を控え、どんなことが起こっても大声を出さず、門を閉じてよその人と面会することなく、ひっそりと暮らして災いを避けます。**

方違え（かたたがえ）とは、陰陽道の説により平安時代以降行われた風習です。外出する際に、目的地が禁忌の方角にあたる場合、例えば**前夜に別の方角に行って泊まり、方角を変えてから目的地に向かう**といったことをしました。主に寺院などに宿泊したようですが、知り合いの家に泊めてもらうこともあったようです。

加持祈禱のしかた

例えば、重い病気の場合は、加持祈禱をしてもらい、物の怪を「よりまし」と呼ばれる別の者（主に女性や子どもなど）に一時的に乗り移らせることで、物の怪を調伏して病気を回復させるといったことが行われていました。

陰陽師とは

本来は陰陽道に携わる者のことをいいます。陰陽道というのは、中務省（なかつかさしょう）の下に設置された陰陽寮で教えられていた天文道、暦道（れきどう）といったものの一つです。平安時代になると、陰陽道は占術（せんじゅつ）と呪術（じゅじゅつ）をもって厄災を回避する方法を示し、天皇や公家（くげ）の私的生活に影響を与える指針となりました。

5 平安時代の遊び

平安時代で単に「遊び」といえば、管弦(かんげん)の遊びのことをいいました。物語には横笛をはじめ、笙(しょう)や篳篥(ひちりき)、箏(そう)〔＝現在の琴〕などがよく出てきます。

その他にも、人々はいろいろなゲームを楽しみました。

碁

奈良時代から盛んに打たれていたようです。平安時代になると碁(ご)は**貴族のたしなみとして好まれ**、『枕草子(まくらのそうし)』『源氏物語(げんじものがたり)』など、この時代の代表的な文学作品にもしばしば碁の描写が登場します。清少納言(せいしょうなごん)や紫式部(むらさきしきぶ)なども碁を打ったと考えられています。

双六

日本に入ってきたのがかなり古く、奈良時代以前に中国から伝わったといわれています。賭け事として行われることが多かったらしく、『日本書紀』の持統(じとう)三年（六八九）十二月八日に「双六を禁止した」という記述があります。

平安時代でも双六(すごろく)は盛んに行われています。当時の双六は、現在のバックギャモンというゲームに近く、**お正月に遊ぶ双六とは異なります**。**現在行われている双六は、絵双六というもので、江戸時代くらいから流行し始めました。**

◀双六を楽しむ人々（『石山寺縁起絵巻』）

貝合

貝合は、元々は貝殻の色合いや形の美しさ、珍しさを競ったり、その貝を題材にした歌を詠んでその優劣を競い合ったりする貴族たちの遊びでした。

しかし、平安時代の後期になると、**貝の内側に大和絵や花鳥を彩色して描き、ばらばらに置いた一対の貝殻を当てる**、「貝覆い」といわれていた遊びが貝合と呼ばれるようになりました。

蹴鞠

蹴鞠は、平安時代に流行した競技の一つで、**鹿皮製の鞠を一定の高さで蹴り続け、その回数を競います**。

球技といっても、相手が蹴りやすいように鞠を渡していくことが重要で、勝敗はありません。平安時代においては、蹴鞠は宮廷競技として貴族の間で広く親しまれていました。

▲ 蹴鞠を行う人々
（『年中行事絵巻』）

「貝合（貝覆い）」は、今でいう、トランプゲームの神経衰弱のような遊びね。

蹴鞠は、現代風にいうなら、サッカーのリフティングを何人かで行うといった感じかな。

6 暦・時間・方位・月の異名

旧暦とは

古文の世界の暦は、**月の満ち欠け**（新月→上弦の月→満月→下弦の月→新月）を基に作られています。月が地球を一周する周期は二九・五日で、〇・五日という日はないため、一ヶ月を三十日（大の月）か二十九日（小の月）としました。

これですと、一年がほぼ三百五十四日になるので、太陽暦と比べると一年で十一日、三年たつと一ヶ月以上季節がずれてしまいます。そのため、**閏月**を設けて調整しました。閏月が入る年は一年が十三ヶ月になります。

しかし、これでは農作業をするうえで季節が合わなくなって困りますので、季節の目印として、太陽の運行を基にした**二十四節気**を取り入れました。

月の周期を基にした太陰暦と、太陽の周期を基にした太陽暦をあわせたところから、この暦のことを**太陰太陽暦**または**旧暦**といいます。

時間の表し方

平安時代では、**一日二十四時間を十二に分けて、それぞれを十二支で言い表しました。**午後十一時から午前一時までの二時間を子の刻、午前一時から午前三時までを丑の刻というように数えていきました。

江戸時代では、**夜明けと日暮れ時をそれぞれ昼と夜の分岐点と考え、そこから昼を六等分に、夜も六等分にしました。**

呼びかたは夜中を九つとし、順に八つ、七つ、六つ、五つ、四つとなり、ここで九つ

日本の暦

日本では、中国より暦がもたらされ、正式に使用を決定したのは持統天皇四年（六九〇）のころだとされています。

閏月

閏月は、当初は三年に一回、のちには十九年に七回の割りで設置されました。

二十四節気とは

二十四節気は、一年を二十四等分し、それぞれに季節の特徴を示す名前をつけたものです。今でも私たちの生活の中でも使われており、有名なものでは、**立春**、**夏至**、**立秋**、**冬至**などがあります。

に戻り、また八つ、七つ…と進んでいきます。

これですと、同じ名前の時間が二つあることになりますが、それぞれを、例えば明け六つ、暮れ六つというように区別して呼んでいました。

方位

方位に関しても、北＝子（ね）、南＝午（うま）というように十二支をあてて呼んでいました。

また、北東は丑（うし）と寅（とら）の中間にあたるので丑寅（うしとら）と呼ばれました。「艮」と表記され、この方角は鬼門とされていました。

月の異名

月の異名は次の通りです。

一月	睦月（むつき）	七月	文月（ふづき）
二月	如月（きさらぎ）	八月	葉月（はづき）
三月	弥生（やよい）	九月	長月（ながつき）
四月	卯月（うづき）	十月	神無月（かんなづき）
五月	皐月（さつき）	十一月	霜月（しもつき）
六月	水無月（みなづき）	十二月	師走（しわす）

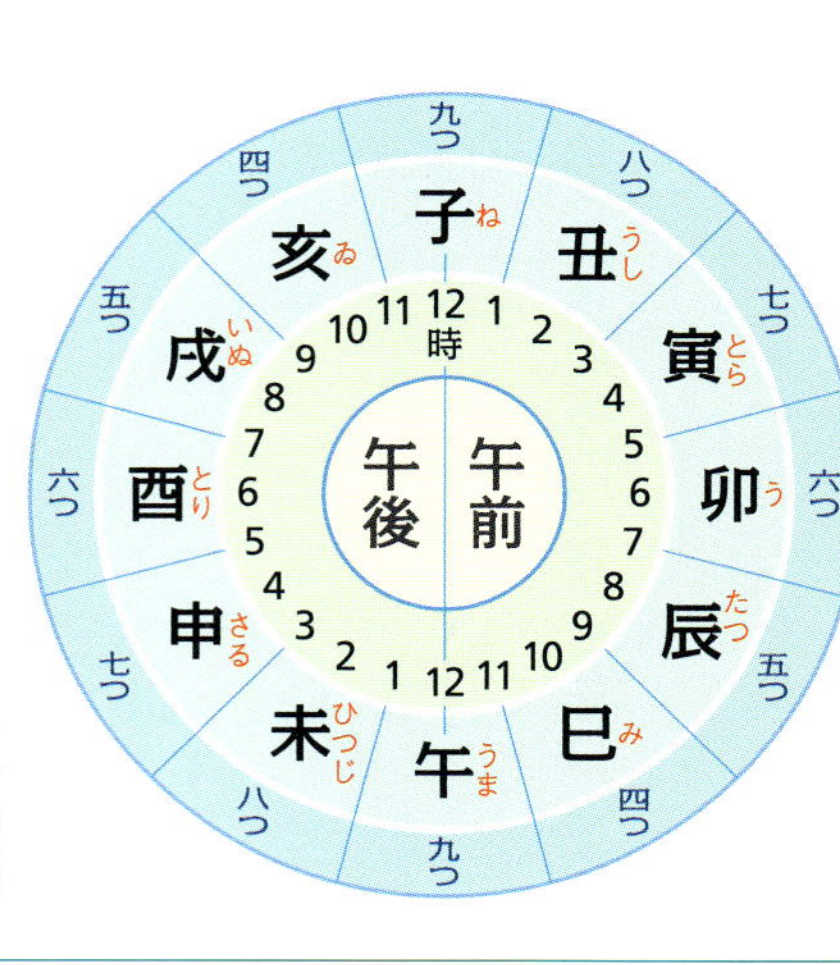

▶古時刻

▶古方位

プラスα　現在の暦

現在、わたしたちが使っている暦は太陽の運行を基にしたものです。こうした暦を太陽暦（グレゴリオ暦）あるいは新暦といいます。

日本では明治五年（一八七二）十二月三日に、この日を明治六年一月一日とした太陽暦に切り替えられました。

3章

古文学習の基本

―読解の方法

1 主語をおさえよう

 文中の主語の見つけ方

古文を読んでいてつまずいてしまうのは、そのほぼ五十パーセントが、主語がわからなくなった時です。いったい**だれの動作**なのか？　いったい**だれの発言**なのか？　一つわからなくなってくると、次々にわからなくなってきます。

逆に言えば、知らない単語が多少あっても、**主語さえわかれば、話の流れからどういう意味かおおよその推測はつく**のです。したがって、主語をおさえることが、古文を読むうえで何よりも大事なことになります。

読点「、」に注目

現代語では、主語は「が」や「は」などが付いているので、比較的簡単におさえられます。しかし、古文ではそうなっていないことが多いのです。例えば「風が吹く。」ではなく、「風、吹く。」と表現されるのが普通です。つまり、古文では**「が」や「は」が付かずに、読点「、」が付く**ことが多いのです。

ただし、例えば「風吹く。」のように、**「が」や「は」がないうえに、読点「、」もない**こともあるので気をつけましょう。主語はもちろん「風」です。

チェックテスト 3

問　――線部の主語を答えよ。

県居翁（あがたゐ）、江戸へ①下られてより、復古の学、これがために②一新し、『冠辞考（くわんじかう）』を③刊布せられて、時の人、はじめて古言の学といふ事を④わきまへり。（泊洦（ささなみ）筆話）

解説　名詞の後に付いている読点「、」に注意すれば、主語を見つけやすい。

解答　①＝県居翁　②＝復古の学　③＝県居翁　④＝時の人

訳　県居翁（＝賀茂真淵（かものまぶち））が、江戸へ下ってこられてから、復古の学は、このために一新し、（県居翁が）『冠辞考』を刊行されて、当時の人々は、初めて古語に関する学問というものを理解した。

格助詞「の」は要注意

主語をおさえるのに際して注意が必要なのは、**格助詞「の」**です。格助詞「の」には、次のような用法があります。

①**連体格〔〜ノ〕**
例 桜**の**花。
訳 桜**の**花。

②**主格〔〜ガ〕**
例 雪**の**おもしろう降りたりし朝（あした）、
訳 雪**が**趣深く降っていた朝、

③**準体格〔〜ノモノ〕**
例 いにしへ**の**は、あはれなること多かり。
訳 昔**のもの**は、しみじみとさせることが多い。

④**同格〔〜デ〕**
例 柑子（かうじ）の木**の**、枝もたわわになりたるが周りを
訳 みかんの木**で**、枝もたわわになっている木の周りを

⑤**連用格（比喩（ひゆ））〔〜ノヨウニ〕**
例 滝川**の**われても
訳 滝川**のように**分かれても

このうち、特に、連体修飾語であることを示す①の**連体格**と、主語であることを示

チェックテスト 4

問 ——線部「の」の中から、主格を表すものをすべて選べ。

(1) 手①の わろき人②の、はばからず文（ふみ）書き散らすはよし。（徒然草（つれづれぐさ））

(2) ひぐらし③の鳴く山里④の夕暮れは風よりほかに訪（と）ふ人もなし（古今集（こきんしゅう））

解説 ①・②・③は「〜ガ」と訳す主格。④は「〜ノ」と訳す連体格。

解答 ①・②・③

訳 (1)＝字が下手な人が、気にせずに手紙を書き散らすことはよい。
(2)＝ひぐらしが鳴く山里の夕暮れは、風以外に訪れる人はいない。

す②の主格の区別が難しいのです。次の文を見てください。

▼花園大臣（はなぞののおとど）の御許（もと）に、はじめて参りたる侍（さぶらひ）[A]の名簿（みやうぶ）のはし書きに、能は歌よみと書きたりけり。（十訓抄（じっきんしょう））

花園大臣の　御もとに、　初めて　参上した　侍【A】名簿の　はし書きに、　特技は歌を詠（よ）むことと書いていた。

「侍の」の「の」は「～ノ」と訳して「侍の名簿のはし書きに」と解釈すべきなのか、それとも「～ガ」と訳して「侍が」を主語と解釈すべきなのか、迷います。

文末に注目してみましょう。「書きたりけり（＝書いていた）」となっていますね。そこで、「侍が→書いていた」だと判断できます。もし「侍の名簿のはし書きに」と解釈するなら、文末は「書かれたり（＝書かれていた）」と受身（うけみ）になっていなくてはならないからです。

そこで、

A＝「～ガ」

となります。

ポイント

① 名詞の後ろに読点「、」が付いていれば、主語ではないかと疑ってみる。

② 格助詞「の」が連体格か主格かを判断する。

「名簿」とは、現在の履歴書みたいなものです。

2 書かれない主語

わかりきった主語

現代語でもそうですが、古文ではわかりきった主語は省かれます。英語のように必ずIやYOUなどを示すということはありません。特に**日記**などは、自分にさえわかればいいという建て前なので、いちいち**わかりきった主語を書くようなことはない**のです。

次の文は**藤原道綱母**が書いた『**蜻蛉日記**』の一節です。

▼九月ばかりになりて、出でにたるほどに、箱のあるを手まさぐりに開けて見れば、人のもとにやらむとしける文あり。（蜻蛉日記）

九月ごろになって、【Aが】外出している間に、置いてある箱を何となく【Bが】開けて見ると、他の女のもとに送ろうとした手紙がある。

普通、**日記は自分のことを書く**ものです。もちろん、見聞きしたことを日記に記す場合もありますが、女流日記では自分のことを書く場合が圧倒的に多いのです。

例文には主語らしきものが見当たりません。日記なので、**作者が主語**であると考えるのが普通です。「出でにたるほどに」と「開けて見れば」の主語は作者の藤原道綱母であると、とりあえずはみなしておきましょう。そうすると、作者は外に出て箱を開けたことになります。

けれども、何か変だと思いませんか。当時、身分の高い女性が外出するのは、そんなに簡単なことではありません。外出して箱を開けるなんてことは、めったにないのです。

そこで、外出したのが別の人物だと考えれば、つじつまが合います。その人物が外出し

蜻蛉日記

『**蜻蛉日記**』の作者は、**藤原道綱母**と呼ばれた女性です。中流貴族である藤原倫寧の娘で、時の最高権力者である**藤原兼家**と結婚し、道綱を生みました。

『蜻蛉日記』には、天暦八年（九五四）の求婚から天延二年（九七四）に至る二十一年間の結婚生活が書かれています。

当時の上流貴族には、何人もの妻がいて普通でした。当然、兼家にも複数の妻がいました。プライドの高い彼女にはそれが許せなかったらしく、兼家が他の女性のところへ行くたびに傷つき、夫婦仲もギクシャクしていきます。『蜻蛉日記』からは、彼女のそんな姿がうかがえます。

なお、この作品とよく混同される『**更級日記**』の作者の**菅原孝標女**は、彼女の姪にあたります。

ている間に、**作者**が箱を開けたという解釈なら、自然です。

では、その別の人物とはだれでしょうか。どうしてだれがと示されていないのでしょうか。それは、その人物が作者の**夫である藤原兼家**（ふじわらのかねいえ）だからです。作者は兼家のことばかり考えていました。『蜻蛉（かげろう）日記』では、だれと明示していなくて、作者以外の人物であるならば、ほとんどの場合が兼家のことなのです。

そこで、

A＝夫の藤原兼家　B＝作者の藤原道綱母（みちつなのはは）

ということになります。

身分の低い人

『蜻蛉日記』では、作者か夫の兼家以外で主語が省かれるのは、**作者に仕えている者**など、**身分の低い人**です。

次の文を見てください。

▼つとめて、ここに縫ふ物ども取りがてら（C）、「昨日の前渡りは、日の暮れにし

翌朝、ここに縫い物などを【Cが】取りがてら、「昨日の家の前の素通りは、日が暮れてしまったから」

などあり。いと返り事せま憂（う）けれど、「なほ、年の初めに腹立ちなそめそ」

などと（いう夫からの手紙が）ある。（私は）とても返事を書きたくないのだけれど、「やはり、年の初めから腹を立てはじめなさいますな」

などいへば（D）、少しはくねりて書きつ。（蜻蛉日記）

などと【Dが】言うので、（私は）少し皮肉混じりに書いた。

第二文「いと返り事……書きつ。」に返事を書いたと述べられているので、「昨日の前

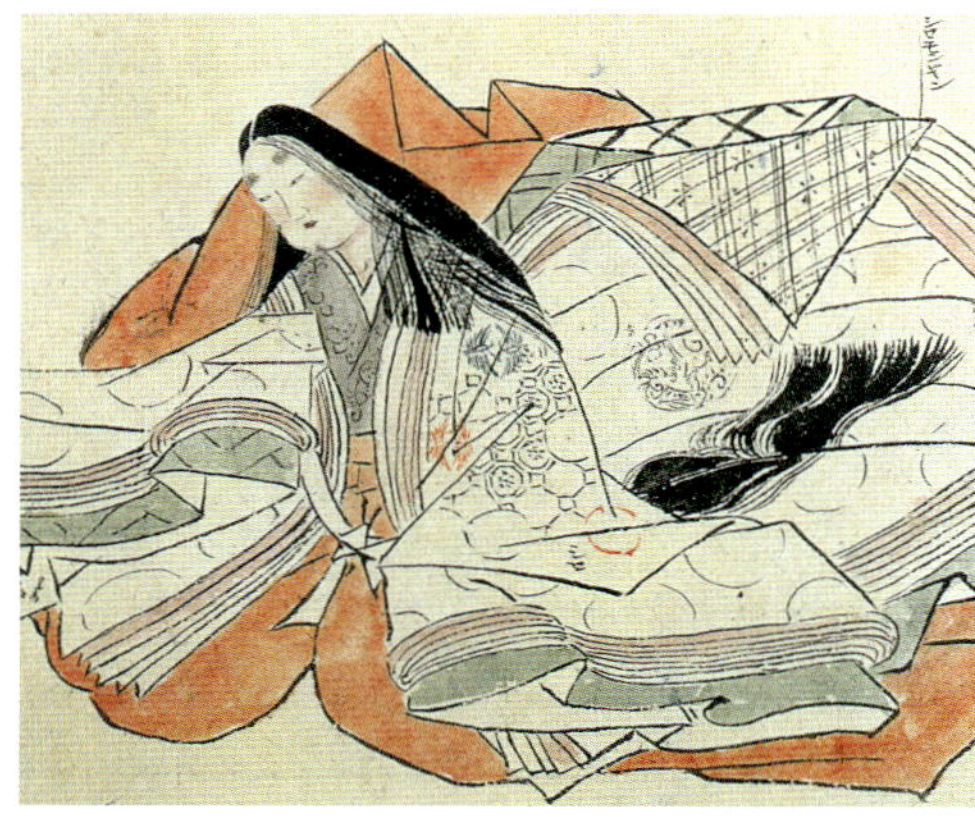

◀ 藤原道綱母（狩野探幽筆）

藤原道綱母は「本朝三美人の一人」と称されるくらいの美人であったうえに、歌人としても一流でした。和歌を作るのが上手な女性も、当時の男性にとって魅力的であったので、彼女は最高権力者の兼家から求婚されることになったのでしょう。

渡りは、日の暮れにし」はもらった手紙の内容だとわかります。だれからの手紙でしょうか。だれと示されていないので、逆に夫の兼家からだとわかります。

では、「縫ふ物ども取り」に来たのはだれでしょうか。兼家本人が自分で縫い物を取りに来たり手紙を持って来たりはしません。兼家の使いとして、兼家の家来が来たのです。けれども、作者にとって、家来が来たことは問題ではないので、問題外の家来は主語として示されません。

「いと返り事せま憂けれど（＝とても返事を書きたくないのだけれど）」と思ったのは作者です。にもかかわらず、返事を「少しはくねりて書きつ（＝少し皮肉混じりに書いた）」のも作者です。

それでは、作者に対して「なほ、年の初めに腹立ちなそめそ（＝やはり、年の初めから腹を立てはじめなさいますな）」と言ったのはだれでしょうか。書かれていませんが、作者に仕えている女房だと推測されます。女房とは、世話係であると同時に相談役でもある侍女です。返事をしないとまずいと思って忠告したのでしょう。

そこで、

C＝兼家の家来　D＝作者に仕えている女房

となります。

身分の高い人の周りには、必ず家来や侍女が仕えていて、雑用をこなすものだと覚えておきましょう。

ポイント

① わかりきった主語は提示されない。
② 家来や侍女など、身分の低い人は、主語として提示されない。

読まれることを前提に

たまにある主語省略の例も挙げておきましょう。次の文を見てください。

▼日の経るままに、いと弱げにのみならせたまへば、このたびはさなめり、

(堀河天皇が)日が経つにつれて、たいそう弱々しくなる一方でいらっしゃるので、このたびはそう(=寿命)であるようだ、

と見まゐらする悲しさ、ただ、思ひやるべし。（讃岐典侍日記）

と(私が)見申し上げる悲しさを、ぜひ、【Eは】察してほしい。

これは『讃岐典侍日記』の一節で、作者の**讃岐典侍**が、危篤状態にある堀河天皇を看病している場面です。作者と堀河天皇とは恋人関係にあります。

問題は、「思ひやる」のはだれかということです。病床にあって死にかけている天皇に対して、察してほしいというわけがありません。作者に仕えている人に対して、察してほしいというのも変です。実は、**E＝読者**なのです。

愛する者が死んでいく、その悲しみは筆舌に尽くしがたく、くわしく書くことができないから、読者のほうで察してほしいと作者は述べているのです。**他人に読まれることを前提にして、日記が書かれている**わけです。

作品によっては、こういう言い回しが随所に出てきます。こういう表現のあり方があることを、覚えておきましょう。

読者が主語になることもある。

プラスα 文脈に応じて省略される

日記でなくても、主語は省略されます。**前の文からの続きで主語が明らかにわかる**場合です。次の文を見てください。

例 人のもとに宮仕へしてある**生侍**ありけり。することのなきままに、清水に人真似して、千度詣で二度ぞしたりける。（古本説話集）

訳 ある人のもとに宮仕えしていた**身分の低い若侍**がいた。(その若侍は)することがないので、清水寺に人の真似をして、千度詣でを二度した。

第一文「人のもとに……」で、この話の主人公が「生侍」であることが示されています。第二文「することの……」には主語はありません。示さなくても「生侍」のことだとわかるからです。

3 敬語で主語がわかる

三種類の人がいる

古文を読んでいると、三種類の人がいることに気づきます。

① かなり高いレベルの敬語が用いられている人
② 普通レベルの敬語が用いられている人
③ 敬語がまったく用いられていない人

古文ではよく主語が省かれますが、**敬語を見れば、それがだれの動作なのかがわかる**のです。

ポイント
敬語に着目して主語をおさえる。

それでは、次ページから実際に作品を取りあげて、敬語に着目しながら読んでいきます。それぞれの主語を確認してみましょう。

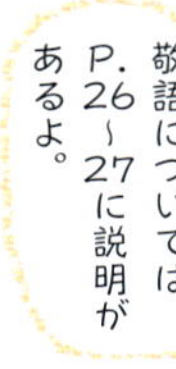

敬語については、
P.26～27に説明が
あるよ。

現代に生きる私たちでもそれは同じで、私たちの周りには、

① かなり改まった言葉遣いをしなければならない人
② 丁寧な言葉遣いをしなければならない人
③ 敬語をまったく用いなくていい人

という三種類の人がいます。

『枕草子』ではこうなる

次の文章は『枕草子(まくらのそうし)』の一節です。登場人物は、作者の清少納言(せいしょうなごん)と、彼女が女房として仕えていた中宮定子(ちゅうぐうていし)、それに中宮定子の弟である中納言藤原隆家(ちゅうなごんふじわらのたかいえ)の三人です。

▼中納言参りたまひ[A]て、御扇奉(たてまつ)らせたまふ[B]に、「隆家こそいみじき骨は得てはべれ。

中納言が参上なさって、御扇を（中宮様に）差し上げなさる時に、「隆家はたいそうおもしろい（扇の）骨を手に入れました。

それを、張らせて参らせむとするに、おぼろけの紙はえ張るまじければ、求めはべるなり」と申したまふ[C]。「いかやうにかある」と問ひきこえさせたまへ[D]ば、

それを、（紙を）張らせて差し上げようと思うのですが、ありきたりの紙は張れませんので、探し求めているのです」と申し上げなさる。「どのようなものか」と【Dが】尋ね申し上げなさると、

「すべていみじうはべり。『さらにまだ見ぬ骨のさまなり』となむ人々申す。まことにかばかりのは見えざりつ」と言(こと)高くのたまへ[E]ば、「さては扇のにはあらで、

「たいそうすばらしゅうございます。『今まで一度も見たことのない骨の様子だ』と人々が申します。本当にこれほどのは見たことがありません」と得意げに【Eが】おっしゃるので、「それでは扇のではなくて、

くらげのなり」と聞こゆれ[F]ば、「これは隆家が言にしてむ」とて、笑ひたまふ[G]。

くらげの（骨）なのでしょう」と【Fが】申し上げると、「この言葉は隆家の言葉にしてしまおう」と言って、【Gは】お笑いになる。

（枕草子）

注　奉らす・参らす＝動詞の「奉る」「参る」に、使役の助動詞「す」が付いて、一語化した動詞。謙譲語。「奉らせ」「参らせ」はその未然・連用形。

チェックテスト 5

問　——線部の主語を答えよ。

昔、空也上人(くうやしょうにん)、山の中におはしけるが、常には、「あなものさわがしや」とのたまひければ、あまたありける弟子たちも、慎みてぞはべりける。たびたびかくありて、ある時、かき消つやうに、①失(う)せたまひにけり。心の及ぶほど②尋ねけれども、さらにえ会ふこともなくて、月ごろになりぬ。

（閑居友(かんきょのとも)）

解説　「山の中におはし」の「おはす」、「『……さわがしや』とのたまひ」の「のたまふ」は、すべて空也上人の動作で、尊敬語が用いられています。一方、弟子たちは「慎みてぞはべりける」と、「はべり」という丁寧語だけで、尊敬語は用いられていません。

つまり、空也上人は「②普通レベルの敬語が用いられている人」で、弟子たちは「③敬語がまったく用いられていない人」ということになります。

したがって、「かき消つやうに、失せ」なさったのは空也上人で、「心の及ぶほど尋ね」たのは弟子たちとなります。

三人の登場人物の中でいちばん位が高いのが、天皇の后である中宮定子です。その次が中納言藤原隆家で、いちばん位が低いのが清少納言です。よって、先の分類で言えば、中宮定子は「①かなり高いレベルの敬語が用いられている人」、中納言は「②普通レベルの敬語が用いられている人」に相当します。作者の清少納言が自分に対して敬意を表すのはおかしいので、清少納言は「③敬語がまったく用いられていない人」になります。

まず、「させたまへ」（基本形は「させたまふ」）という尊敬語に注目。「させ」も「たまへ」も尊敬語で、**二重尊敬**になっています。二重尊敬は**かなりレベルの高い尊敬語**なので、「いかやうにかある」と尋ねたのは**中宮定子**だとわかります。

次に、「たまひ・たまふ」「のたまへ」（基本形は「たまふ」「のたまふ」）という**普通レベルの尊敬語**が用いられているところの主語は**中納言**です。

最後の「聞こゆれば」には尊敬語が用いられていません。したがって、「さては……くらげのななり」という発言をしたのは**清少納言**だとわかります。

そこで、A〜Gの主語は次のようになります。

D＝中宮定子
A・B・C・E・G＝中納言
F＝清少納言

解答 ①＝空也上人
②＝弟子

訳 昔、空也上人が、山の中にいらっしゃったが、いつも、「ああなんとなくさわがしいことよ」とおっしゃったので、たくさんいた弟子たちも、かしこまっていました。

たびたびこのようなことがあって、ある時、かき消すように、空也上人はいなくなりなさった。

思いつく限り弟子たちは捜したけれども、いっこうに会うこともできなくて、何か月もたってしまった。

4 「て」「ば」は主語のヒント

ある部分で主語がわかっていても、読んでいくうちにわからなくなっては意味がありません。主語をおさえながら読む時の助けになるのが、**接続助詞**（→P.24）**の「て」と「ば」**です。

接続助詞「て」

接続助詞「て」は、活用語の連用形や副詞、格助詞「と」に付いて、単純な接続を表す語です。

次の古文を見てみましょう。

▼あやしがり**て**寄り**て**見るに、筒の中光りたり。（竹取物語）

(竹取の翁が)不思議に思って寄って見ると、筒の中が光っている。

例文で「あやしが」っているのも、「寄」って行くのも、「見」るのも、すべて竹取の翁です。「て」の前後で主語はかわっていません。

つまり、**「て」でつながっている動作は、途中で主語がかわらない**のです。例外はありますが、基本的には次のように言えます。

ポイント

「て」の前後では主語がかわらない。……原則

例外は次の文のような場合です。

▼さはることあり**て**、上らず。（土佐日記）

差し支えることがある**ので**、(我々は川を)上らない。

プラスα 現代語の「て」①

接続助詞「て」は現代語でも使っています。

例 彼女は、昨日、デパートに行って、買い物をして、それから友達と会って、一緒にピザを食べて、帰って寝た。

この「て」です。例文の主語は「彼女」（正確には「彼女は」）です。デパートに行ったのも、買い物をしたのも、友達と会ったのも、その友達と一緒にピザを食べたのも、帰ったのも、寝たのも、すべて「彼女」です。

例文の前半の主語は「さはること」ですが、後半の主語は我々です。この「て」は「ので」と言い換えられる「て」で、「て」の前が「て」の後の〈原因・理由〉になっているので、「て」の前後で主語がかわっています。

ポイント
〈原因・理由〉＋て→〈結果〉の場合は、「て」の前後で主語がかわる。……例外

プラスα 現代語の「て」②

現代語でも例外はあります。

例 雨が降って、運動会は中止になった。

例文の前半の主語は「雨」（正確には「雨が」）ですが、後半の主語は「運動会」（正確には「運動会は」）です。そして、この「て」は「ので」と言い換えられる「て」です。つまり、「て」の前が「て」の後の〈原因・理由〉になっていれば、「て」の前後でも主語がかわるのです。

接続助詞「ば」

「て」と違って、「ば」は前後で主語がかわるのが普通です。接続助詞「ば」について、基本的なことを説明しておきましょう。接続助詞「ば」には二種類の接続のしかたがあります。

① 未然形（みぜんけい）に接続する場合……仮定条件〈（モシ）〜ナラバ〉

例 その事果てなば、とく帰るべし。（徒然草（つれづれぐさ））

訳 その用事が済んでしまったならば、すぐ帰るのがよい。

② 已然形（いぜんけい）に接続する場合……確定条件〈〜ノデ・〜トコロ〉

例 いと幼ければ、籠（こ）に入れて養ふ。（竹取物語）

訳 とても幼いので、籠（かご）に入れて育てる。

このうち、①の未然形に付く「ば」が出てくる割合は少なく、多くは②の已然形に付く「ば」です。已然形に付く「ば」は、前後で主語がかわるという特徴があります。②の例文でも主語がかわっています。主語を補うとこうなります。

（かぐや姫が）いと幼ければ、（竹取（たけとり）の翁は）籠に入れて養ふ。

前半の主語はかぐや姫ですが、後半の主語は竹取の翁です。

ポイント
「ば」の前後では主語がかわることが多い。

プラスα 例外の「ば」

上で説明したように、基本的には「ば」の前後で主語がかわりますが、もちろん例外もあります。「ば」の前後で主語がかわらないのは、次のような場合です。

例 風も身にしみて、いともの心細くなりにければ、
　おほかたは月をもめでじこれぞこの
　　つもれば人の老いとなるもの
とよみて、（鈴屋集（すずのやしゅう））

訳 風も身にしみて、たいそう心細くなってしまったので、
大体のところ月をほめることはしないつもりだ。月（を眺めること）が積み重なれば、人の老い（の原因）となるものだから。
と詠（よ）んで、

「心細くな」ったのも、歌を詠んだのも、同じ人物です。主語は「ば」の前後で変化していません。自分自身の中に〈原因・理由〉がある場合は、「ば」の前後で主語がかわらないのです。

もちろん例外も少なからずありますが、主語がかわる割合が圧倒的に高いのです。特に会話が続く文章では、「ば」で主語が入れ替わっていきます。次の文などがその典型です。男とその西隣の部屋にいる妻との会話の場面です。

▼壁をへだてたる男、「聞きたまふや、西こそ」と言ひければ、「何事」といらへければ、「この鹿の鳴くは聞きたうぶや」と言ひければ、「さ聞きはべり」といらへけり。（大和物語）

壁をへだてたところにいる男が、「聞いていらっしゃいますか、西隣さん」と言ったので、（妻が）「何事ですか」と返事したところ、（男が）「この鹿が鳴くのは聞いていらっしゃいますか」と言ったので、（妻が）「おっしゃるように聞いています」と返事した。

「ば」を挟んで主語がどんどんと入れ替わっています。最初の主語は「男」です。次の主語は明示されていませんが、その妻です。その次の主語も明示されていませんが、男です。最後の主語はまたまた明示されていませんが、妻です。要するに、

男「……」と言ひければ、妻「……」といらへければ、男「……」と言ひければ、妻「……」といらへけり。

という形になっているのです。

最初の部分にだけ「男」という主語が示されていますが、「何事」以下の部分では主語が明示されていません。それでも、「ば」の特質さえ知っていれば、容易に主語が確定できるのです。

Tea Time

いちばんステキな時はいつ？
…「春はあけぼの」の訳し方

「春はあけぼの。」は、清少納言が書いた『枕草子』の中の有名な一節です。きっと君も一度は読んだことがあるでしょう。

これは以前、

——春はあけぼのがよい。

あるいは、

——春はあけぼのが最も趣深い。

▶中宮定子のサロン（松岡映丘模写『枕草子絵詞』）

画面奥が中宮定子。障子に手をかけているのが清少納言。

と訳されていました。「春はあけぼの」の後に「をかし」や「いとをかし」などが省略されていると考えられていたからです。

しかし、研究が進んだ現在では、そうは訳さず、

——春は、あけぼの。

と訳します。

清少納言は、女房とよばれる上級の侍女として、天皇の后である中宮定子に仕えていました。中宮定子のサロンには、清少納言の他にも才気あふれた女房たちが何人もいました。そこでの普段の会話や出来事が『枕草子』のベースになっている、と今日では考えられています。

おそらく、四季について、それぞれどの時間帯がいちばんその季節らしくてステキなのか、みんなでワイワイとおしゃべりしていた時、「それでは、春は？」という問いに清少納言の出した答えが「あけぼの！」というものだったのでしょう。

そんなやりとりがベースにあると考えて、「春はあけぼの。」をちょっと大胆に解釈してみると、

——春は？　あけぼの！

といった感じになりますね。

4章 頻出古文の対策

1 児（ちご）のそら寝（ね）…『宇治拾遺物語（うぢしふゐものがたり）』

❶これも今は昔、比叡（ひえ）の山に児（ちご）ありけり。❷僧たち、宵のつれづれに、「いざ、かいもちひせむ。[1]」と言ひけるを、この児、心寄せに聞きけり。❸さりとて、しいださむを待ちて寝ざらむもわろかりなむ[2]と思ひて、片方（かたかた）に寄りて、寝たるよしにて、いでくるを待ちけるに、すでにしいだしたるさまにて、ひしめき合ひたり。

❹この児、[A]さだめておどろかさむずらむと待ちゐたるに、僧の、「もの申しさぶらはむ。おどろかせたまへ。」と言ふを、うれしとは思へども、ただ一度に[B]いらへむも、[C]待ちけるかともぞ思ふとて、いま一声（ひとこゑ）呼ばれていらへむ[3]と、[D]念（ねん）じて寝たるほどに、「や、[E]な起こしたてまつりそ。幼き人は寝入（ねい）りたまひにけり。」と言ふ声のしければ、[F]あなわびしと思ひて、[G]いま一度

現代語訳

❶これも今は昔、比叡山延暦寺（ひえいざんえんりゃくじ）に児（ちご）がいた。❷僧たちが、宵の退屈な時に、「さあ、ぼたもちを作ろう。」と言ったのを、この児は、期待して聞いた。❸そうかといって、作り上げるのを待って寝ないのもきっとみっともないだろうと（児は）思って、片隅に寄って、寝ているふりをして、でき上がるのを待っていたところ、もう作り上げた様子で、（僧たちが）騒ぎ合っている。

❹この児は、（だれかが自分を）きっと起こそうとするだろうと待っていたところ、僧が、「もしもし。目をお覚ましください。」と言うのを、（児は）うれしいとは思うけれども、ただ一度で返事するのも、待っていたのかと（僧たちが）思うと困ると（児は）思って、もう一度呼ばれてから返事しようと、我慢して寝ているうちに、「おい、起こし申し上げるな。幼い人は寝入ってしまいなさったのだよ。」と言う声がしたので、（児は）ああ困ったと思って、もう一度起こしてくれよと思いながら寝て聞いていると、むしゃむしゃとひたすら食べる音がしたので、どう

起こせかしと思ひ寝に聞けば、ひしひしとただ食ひに食ふ音のしければ、すべなくて、無期ののちに、「えい。」といらへたりければ、僧たち笑ふことかぎりなし。

注

＊今は昔＝説話や物語の冒頭に置かれる慣用表現。（→P.28）

＊比叡の山＝比叡山延暦寺。七八八年に最澄が創建した、天台宗の総本山。

＊児＝貴族や武士の子弟で、学問や行儀見習いのために寺に預けられた少年。

＊宵＝日が暮れてから夜中になるまでの時間。

＊かいもちひ＝「ぼたもち」の類。「掻餅」の変化した言葉。

＊ひしひしと＝むしゃむしゃと。盛んにものを食べるさま。

＊無期＝果てしなく長い時間。

＊えい＝はい。返事の言葉。

しようもなくて、長い時間がたってから、「はい。」と返事したものだから、僧たちが笑うことはこの上ない。

ひとくち鑑賞

「ぼたもちを食べたい」「でも物欲しげに思われたくない」という二つの気持ちの間で揺れ動く児の様子がよく伝わってきますね。幼いながらも周囲の人の目を気にして寝たふりをしたところや、とうとう我慢ができなくなって変なタイミングで返事をしてしまったところなど、だれにでも思い当たる日常生活の一コマを見るようではありませんか。周囲の僧たちも、そんな児の様子を、大笑いしながらも温かく見守っているのでしょう。

出典解説　宇治拾遺物語

鎌倉時代の説話集。貴族・歌人・僧侶・民衆など、さまざまな人々にまつわるエピソードが、平明な文体でいきいきと描かれている。とりわけ、日常性の中で生活する人間をおおらかに見つめ、親しみをこめて描き上げている点が特徴である。他の説話集と重複する話も多い。

試験のポイント

❷ **つれづれ** 「何もすることがなく退屈なこと」という意味。

❸ **しいだすむ** 「しいだす」は「す」と「いだす」から成る複合動詞で、「作り上げる」という意味。「む」は仮定・婉曲の助動詞。（➡特別講座）

❸ **わろかりなむ** 「なむ」は、強意の助動詞「ぬ」の未然形「な」＋推量の助動詞「む」の終止形で、「きっと〜だろう」という意味。

❸ **寝たるよしにて** 「由」は物事の関係を広く表す名詞で、「理由・手段・方法・事情・様子・情趣・由緒・縁故」など、文意に応じて訳す。ここでは「寝たるよしにて」で、「寝ている様子で・寝ているふりをして」という意味。

❹ **さだめておどろかさむずらむ** 児の心中部分。「さだめて」は「きっと」という意味の副詞。「おどろかさむずらむ」は、サ行四段動詞「おどろかす」の未然形「おどろかさ」＋推量の助動詞「むず」の終止形＋現在推量の助動詞「らむ」の終止形。「おどろかす」は「(〜を)目覚めさせる・起こす」という意味。

❹ **待ちゐたる** 「ゐ」はワ行上一段動詞「居る」の連用形。

❹ **もの申しさぶらはむ** 一語ずつ直訳すると「もの(を)／申し上げ／ましょ／う」であるが、ひとまとまりで「もしもし」という意味の丁寧な呼びかけの言葉となる。

❹ **おどろかせたまへ** 「おどろく」は「目を覚ます・起きる」という意味の動詞。「おどろかす」との違いに注意。「せたまふ」は、尊敬の助動詞「す」の連用形「せ」＋尊敬の補助動詞「たまふ」で、二重尊敬。会話文では、本来の身分や立場にかかわらず、会話の相手に対して高い敬意を表す敬語を用いて、表現を丁寧にすることがよくある。

❹ **いらへむ** 「いらふ」は「返事する・答える」という意味の動詞。「む」は仮定・婉曲の助動詞。（➡特別講座）

❹ **待ちけるかともぞ思ふ** 「もぞ」は懸念を表し、「〜(する)と困る」という意味。

❹ **念じて** 「念ず」は心に強く思う状態を表す動詞。「我慢する」という意味に注意。

❹ **な起こしたてまつりそ** 「な〜そ」は禁止を表し、「〜(する)な・〜てくれるな」という意味。（➡特別講座）

❹ **あなわびし** 「あな」は「ああ」という意味の感動詞。「わびし」は「がっかりする・つらい」という意味の形容詞。

❹ **起こせかし** 「かし」は念押しを表す終助詞で、「〜よ」という意味。

❹ **すべなくて** 「すべなし」は「どうしようもない」という意味の形容詞。「術」は「手段・方法」という意味。

じっくり！特別講座

引用を表す「と」「とて」

格助詞「と」や、「と」に接続助詞「て」の付いた「とて」には、**会話や心の中で思っていることの内容などを引用して示す**用法があります。つまり、

▼「いざ、かいもちひせむ。」と言ひけるを、（2行目）
▼「もの申しさぶらはむ。おどろかせたまへ。」と言ふを、（8行目）
▼「や、な起こしたてまつりそ。幼き人は寝入りたまひにけり。」と言ふ声の（11行目）
▼「えい。」といらへたりければ、（14行目）

のように、**「と」「とて」の前には引用部「　」がくる**のです。

ところが、古文では、必ずしもすべての会話や思いに「　」が付いているわけではありません。そこで、古文を読む際には、「と」「とて」の引用の働きに注意して、**自分で「　」を付けながら内容を整理**していきましょう。例えば、本文中では、

▼「さりとて、しいだささむを待ちて寝ざらむもわろかりなむ」と思ひて、（3行目）
▼「さだめておどろかさむずらむ」と待ちゐたるに、（7行目）
▼「うれし」とは思へども、（9行目）
▼「いま一声呼ばれていらへむ」と、念じて（10行目）
▼「あなわびし」と思ひて、（12行目）
▼「いま一度起こせかし」と思ひ寝に聞けば、（12行目）

というふうに「　」を付けてみれば、とてもわかりやすくなります。「　」内はすべて、児の心の中の思いです。

それでは、

▼ただ一度にいらへむも、待ちけるかともぞ思ふとて、（9行目）

はどうでしょうか。「ただ一度にいらへむも、待ちけるかともぞ思ふ」は、児の思い。さらにその中の「待ちけるか」は、児が想像している僧たちの思い。二重の構造になっているのです。そこで、「　」を付けて、

▼「ただ一度にいらへむも、『待ちけるか』ともぞ思ふ」とて、

訳「ただ一度で返事するのも、『待っていたのか』と（僧たちが）思うと困る」と（児は）思って、

とすれば、わかりやすいというわけです。

「とて」の場合は、「と」と「て」の間に「思ふ」「言ふ」などの語が省略されています。訳す時は省略された語を補うとよいでしょう。

助動詞「む」

助動詞「む」には、大きく分けて次の四つの意味用法があります。

1 推量〔～ダロウ〕

2 意志〔～(ヨ)ウ・～ツモリダ〕

……自分自身の動作について言う場合が多い。

3 適当・勧誘〔～ノガヨイ〕

……相手の動作について言う場合が多い。

4 仮定・婉曲（えんきょく）〔～タラ・～ヨウナ〕

……「む」が文の途中にある。

本文中のいくつかを例にとって、意味の識別を考えてみましょう。

▼いざ、かいもちひせむ。（2行目）

これは僧たちが「さあ、(私たちは)ぼたもちを作ろう。」と言っているところですから、意志の用法。

▼しいださむを待ちて寝ざらむも（3行目）

これらの「む」はともに文の途中にあり、仮定・婉曲の用法。「作り上げるようなのを待って寝ないとしたら、それも」という意味。「作り上げるようなのを待って寝ないとしたら、それも」という意味。この用法の「む」は特に訳し出す必要はありません。「作り上げるのを待って寝ないのも」ということがわかればよいのです。

▼わろかりなむと思ひて、（4行目）

ここでは、「作り上げるのを待って寝ない」ことについて、「みっともないだろう」と推し量って述べているので、推量の用法。

▼もの申しさぶらはむ。（8行目）

これは僧が児（ちご）に対して「(私は)ものを申し上げましょう。」と言っているところですから、意志の用法。

▼ただ一度にいらへむも、（9行目）

「ただ一度で返事するとしたら、それも、」という意味。仮定・婉曲の用法。

▼いま一声（ひとこゑ）呼ばれていらへむと、（10行目）

これは児が心の中で自分の行動について考えているところですから、意志の用法。

▶僧と児（『洛中洛外図屏風』舟木本）

「な〜そ」

「な」は副詞、「そ」は終助詞で、**「な〜そ」**の形で**「〜(する)な・〜(し)てはならない」**という**禁止**を表します。「〜」の部分には**動詞の連用形**が入ります。例えば、

な言ひ**そ**。……「言ひ」は四段動詞「言ふ」の連用形。

となって「言うな・言ってはならない」という意味になります。

ただし、「な」と「そ」の間の「〜」の部分にくるのが**カ変動詞・サ変動詞の場合は未然形**が入ります。例えば、

な来(こ)**そ**。……「来(こ)」はカ変動詞「来(く)」の未然形。

なせ**そ**。……「せ」はサ変動詞「す」の未然形。

となりますから注意しましょう。

練習問題

解答→p.292

問一 児(ちご)が心の中で思っている内容を表す部分を、本文中からすべて抜き出せ。

問二 ═線部1〜3「む」の意味用法をそれぞれ答えよ。

問三 ──線部A「さだめておどろかさむずらむ」を品詞分解せよ。

問四 ──線部B「いらふ」、D「念(ねん)ず」、H「すべなし」の意味をそれぞれ答えよ。

問五 ──線部C「待ちけるかともぞ思ふ」、E「な起こしたてまつりそ」、F「あなわびし」、G「いま一度起こせかし」をそれぞれ現代語訳せよ。

絵仏師良秀…『宇治拾遺物語』

①これも今は昔、*絵仏師良秀といふありけり。②家の隣より、火出で来て、風おしおほひて、せめければ、逃げ出でて、大路へ出でにけり。③人の書かする仏[1]もおはしけり。④また、衣着ぬ[2]妻子なども、[A]さながら内にありけり。⑤それも知らず、ただ逃げ出でたるをことにして、向かひのつらに立てり。

⑥見れば、すでに我が家に移りて、煙、炎くゆりけるまで、おほかた、向かひのつらに立ちて眺めければ、「[B]あさましきこと。」とて、人ども、来とぶらひけれど、騒がず。⑦「いかに。」と人言ひければ、向かひに立ちて、家の焼くるを見て、[C]うちうなづきて、時々笑ひけり。⑧「あはれ、しつるせうとく*かな。年ごろは、わろく書きけるものかな。」と言ふ時に、とぶらひに来たる者ども、「こはいかに、かくては立ちたまへる[3]ぞ。あ

現代語訳

①これも今は昔、絵仏師良秀という者がいた。②(良秀の)家の隣から、火が起こって、風がおおいかぶさるように、迫ってきたので、(良秀は)逃げ出して、大通りに出た。③(家の中には)人が(良秀に注文して)書かせている仏(の絵)もおありになった。④また、着物も着ていない妻子なども、そっくりそのまま中にいた。⑤(良秀は)それも気にせず、ただ逃げ出したのをよいことにして、向かい側に立っていた。

⑥見ると、(火が)もう我が家に(燃え)移って、煙や、炎が立ちのぼるまで、ひととおり、向かい側に立って眺めていたところ、「たいへんなことだ。」と言って、人々が、来て見舞ったが、(良秀は)騒がない。⑦「どうしたのか。」と人が言ったところ、(良秀は)向かいに立って、家が焼けるのを見て、うなずいて、時々笑っていた。⑧(良秀が)「ああ、たいへんなもうけものをしたなあ。長年、下手に書いていたことだなあ。」と言う時、見舞いに来た者たちが、「これはどうして、このように立っていなさるのか。

さましきことかな。物のつきたまへるか。」と言ひければ、「なんでふ、物のつくべきぞ。年ごろ、不動尊の火炎を悪しく書けるなり。今見れば、かうこそ燃えけれと、心得つるなり。これこそ、せうとくよ。この道を立てて世にあらんには、仏だによく書きたてまつらば、百千の家も出で来なん。わたうたちこそ、させる能もおはせねば、物をも惜しみたまへ。」と言ひて、あざ笑ひてこそ立てりけれ。

9 その後にや、良秀がよぢり不動とて、今に人々めで合へり。

注
＊絵仏師＝仏の絵を描くことを職業とする者。
＊せうとく＝もうけもの。うまくしたこと。「所得」か。
＊不動尊＝不動明王。大日如来の命令によって、悪魔や煩悩を滅ぼすために現れたとされる。
＊わたうたち＝おまえたち。
＊よぢり不動＝火炎の曲線がよじれるように生き生きと描かれている不動尊。

あきれたことだなあ。何かがとりつきなさったのか。」と言ったところ、（良秀は）「どうして、何かがとりつくだろうか、いや何もとりつくはずがない。長年、（私は）不動尊の火炎を下手に書いていたのだ。今見ると、このように燃えるのだなあと、わかったのだ。これこそ、もうけものだよ。この（仏画の）道を本業にして世に生きていくには、仏さえうまく書き申し上げるならば、百千の家もきっと建つというものだろう。おまえたちこそ、たいした才能もおありにならないので、物を惜しみなさるのだ。」と言って、あざ笑って立っていた。

9 その後であろうか、良秀のよじり不動といって、今でも人々が（絵を）賞賛し合っている。

ひとくち鑑賞

火事で自分の家や妻子が焼けてしまいそうな様子を、笑いながら見ていただなんて！　一見、非常識とも思われる良秀の行動ですが、その理由を聞くと、ある意味で「なるほど」と思わされるところがありますね。仏の絵を見事に描くという仕事に誇りを持ち、とことん追究しようとした姿勢とその作品は、末尾の一文からもうかがえるように、人々にも受け入れられたようです。この説話をもとにして、芥川龍之介は『地獄変』という小説を書いています。

試験のポイント

3 人の書かする仏 「する」は使役の助動詞**「す」**の連体形。全体で「人が（良秀に注文して）書かせる仏（の絵）」という意味。

4 さながら 「そっくりそのまま」という意味の副詞。

6・8 あさましきこと **「あさまし」**は「驚きあきれるばかりだ」という意味の形容詞。初めに出てくる7行目では火事に対する驚きを表し、次に出てくる12行目では良秀に対する非難の気持ちを表す。

8 あはれ 「ああ」という意味の感動詞。

8 しつるせうとくかな **「しつる」**は、サ変動詞「す」の連用形「し」＋完了の助動詞「つ」の連体形「つる」で、直訳すると「した」となるが、思いがけないことや重大なことができた時の感じを表す。全体で「たいへんなもうけものをしたなあ」などと訳すとよい。

8 なんでふ 「なにといふ」がつまったもので、「どうして」という意味の副詞。ここでは反語の用法で、「どうして〜か、いや〜ない」という意味。

8 仏だによく書きたてまつらば **「だに」**は類推を表す副助詞で、「〜さえ」という意味。**「たてまつる」**は謙譲語で、ここでは仏への敬意を表している。**「ば」**は接続助詞で、未然形に接続している場合は「〜ならば・〜たら」という仮定条件を表す。

8 させる 「たいした・さほどの」という意味の連体詞。多く、後に打消表現を伴う。

8 おはせねば サ変動詞「おはす」の未然形「おはせ」＋打消の助動詞「ず」の已然形「ね」＋接続助詞「ば」。**「おはす」**は尊敬語で、ここでは「おありになる・お持ちである」という意味。**「ば」**は、已然形に接続している場合は「〜ので」という確定条件を表す。

じっくり！特別講座

係り結びの法則

通常、平叙文の末尾の語は終止形です。ところが、**文中に係助詞があると、それを受ける文末の活用語を、終止形ではない特定の活用形で結ぶ**ことがあります。これを**係り結びの法則**といいます。

1 係助詞「ぞ」「なむ」「や」「か」が文中にある時
→文末は連体形

2 係助詞「こそ」が文中にある時
→文末は已然形

「ぞ」「なむ」「こそ」＝強意……特に訳し出さなくてよい。
「や」「か」＝｛疑問〔～カ〕……問いかけや疑いを表す。
反語〔～カ、イヤ～ナイ〕……結果的には反対の意味を表す。｝

注 疑問・反語の識別は文脈から判断する。

本文中の係り結びを確かめてみましょう。

▼わたうたちこそ、させる能もおはせねば、物をも惜しみたまへ。（17行目）

ここでは、「こそ」の影響で文末の補助動詞「たまふ」が已然形「たまへ」になり、係り結びが成立しています。この「たまへ」は命令形ではないので注意しましょう。

▼あざ笑ひてこそ立てりけれ。（19行目）

ここでも、「こそ」の影響で文末の助動詞「けり」が已然形「けれ」になっています。

▼かうこそ燃えけれと、心得つるなり。（15行目）

では、これはどうでしょうか。文中に「こそ」があるにもかかわらず、文末の助動詞「なり」は終止形です。係り結びの法則に合っていない？　そこで、「と、心得つるなり。」の「と」に注目してください。「と」は会話や心中の思いなどを引用して示す働きがある（→P.69）ので、「　」を付けて、

▼「かうこそ燃えけれ。」と、心得つるなり。

と整理することができます。すると、「こそ」を受ける助動詞「けり」が已然形「けれ」となっていて、係り結びの法則がきちんと成立していることがわかります。

▼これこそ、せうとくよ。（15行目）

ここには「こそ」が用いられていますが、それを受ける文末の「せうとくよ」には活用語が見当たりません。「これこそ、もうけものだよ。」という文の「だ」にあたる言葉が省略されているためです。

「なむ(なん)」の識別

「なむ(なん)」の文法的説明には、次の四パターンがあります。

1 ナ変動詞の未然形活用語尾「な」＋助動詞「む」

……「死な／む」「往な(去な)／む」に限られる。

2 助動詞「ぬ」の未然形「な」＋助動詞「む」

……助動詞「ぬ」が連用形接続であることから、「なむ」の直前は連用形。助動詞「ぬ」は完了・強意の用法、助動詞「む」は推量・意志・適当・勧誘・仮定・婉曲のいずれかの用法(→P.70)なので、「なむ」で「きっと〜だろう・きっと〜つもりだ・きっと〜ほうがよい・きっと〜ような」という意味。

3 終助詞「なむ」

……直前は未然形。他への願望(あつらえ)を表し、「〜てほしい」という意味。

4 係助詞「なむ」

……後に述語の成分があり、係り結びの法則により、文末を連体形で結ぶ。(結びが省略されることもあるが、その場合も何らかの活用語を補うことができる。)

本文中の

▼百千の家も出で来なん。(17行目)

の「なん」について考えてみましょう。1ではないことは明らかです。また、ここでは「出で来」自体がこの文の述語になっているので、4もあてはまりません。とすれば2か3で、その判定は「出で来」の活用形がカギになります。ところが、カ行変格活用は、漢字で書かれた場合、未然形と連用形の区別がつかないため、意味で考えるしかありません。直前の「仏さえうまく書き申し上げるならば」につながる意味として、

2 きっとできる(＝建つ)だろう

3 でき(＝建っ)てほしい

のどちらがふさわしいでしょうか。そう、2のパターンで解釈し、「来」は連用形と考えて「き」と読むのです。

練習問題

解答→p.292

問一 ══線部1「する」、2「ぬ」、3「る」の基本形と意味用法をそれぞれ答えよ。

問二 ──線部A「さながら」、B「あさまし」、E「年ごろ」の意味をそれぞれ答えよ。

問三 ──線部C「うちうなづきて、時々笑ひけり」という動作をした理由を、本文中から二十字以内(句読点を含む)で抜き出せ。

問四 ──線部D「なんでふ、物のつくべきぞ」、G「わたうたちこそ、させる能もおはせねば、物をも惜しみたまへ」をそれぞれ現代語訳せよ。ただし、Dの「物のつく」は、「何かがとりつく」、Gの「わたうたち」は「おまえたち」と訳すこと。

問五 ──線部F「この道を立てて世にあらん」とは、具体的にどうすることか。二十五字以内(句読点を含む)で説明せよ。

▲不動明王

3 かぐや姫の生ひ立ち…『竹取(たけとり)物語』

①今は昔、竹取(たけとり)の翁(おきな)といふ者ありけり[1]。②野山にまじりて竹を取りつつ、よろづのことに使ひけり。③名をば、さぬきの造(みやつこ)となむいひける。④その竹の中に、もと光る竹なむ一筋ありける。⑤あやしがりて寄りて見るに[2]、筒の中光りたり。⑥それを見れば、三寸*ばかりなる人[A]、いとうつくしうてゐたり[3]。⑦翁言ふやう、「われ朝ごと夕ごとに見る竹の中におはするにて、知りぬ。子になり[B]たまふべき人なめり[C]。」とて、手にうち入れて、家へ持ちて来(き)ぬ[4]。⑧妻(め)の嫗(おうな)に預けて養はす。⑨うつくしきこと[D]限りなし。⑩いと幼ければ、籠(こ)に入れて養ふ。

⑪竹取の翁、竹を取るに、この子を見つけてのちに竹取るに、節を隔てて、よごとに*、黄金(こがね)ある竹を見つくること重なりぬ。⑫かくて、翁やうやう[E]豊かになりゆく。

現代語訳

①今は昔、竹取(たけとり)の翁(おきな)という者がいた。②(翁は)野山に分け入って竹を取っては、いろいろのことに使っていた。③(翁は)名を、さぬきの造(みやつこ)といった。④その竹の中に、根元の光る竹が一本あった。⑤(翁が)不思議に思って寄って見ると、筒の中が光っている。⑥それを見ると、三寸ほどの人が、たいそうかわいらしい様子で座っている。⑦翁が言うことには、「私が毎朝毎晩見る竹の中にいらっしゃるので、(そうと)わかった。(私の)子におなりになる運命の人であるようだ。」と言って、手に入れて、家へ持って帰ってきた。⑧妻の嫗(おうな)に預けて育てさせる。⑨(この子の)かわいらしいことはこの上もない。⑩たいそう幼いので、かごに入れて育てる。

⑪竹取の翁が、竹を取る時に、この子を見つけてからのちに竹を取ると、節を隔てて、節と節との間にある空洞一つ一つに、黄金の入った竹を見つけることが度重なった。⑫こうして、翁は次第に裕福になっていく。

⑬この児、養ふほどに、すくすくと大きになりまさる。⑭三月ばかりになるほどに、よきほどなる人になりぬれば、髪上げなどとかくして髪上げさせ、裳着す。⑮帳の内よりも出ださず、いつき養ふ。⑯この児のかたちのきよらなること世になく、屋の内は暗き所なく光満ちたり。⑰翁、心地あしく苦しき時も、この子を見れば、苦しきこともやみぬ。⑱腹立たしきことも慰みけり。

⑲翁、竹を取ること、久しくなりぬ。⑳勢ひ猛の者になりにけり。㉑この子いと大きになりぬれば、名を、御室戸斎部の秋田を呼びてつけさす。㉒秋田、なよ竹のかぐや姫とつけつ。㉓このほど三日、うちあげ遊ぶ。㉔よろづの遊びをぞしける。㉕男はうけきらはず呼びつどへて、いとかしこく遊ぶ。㉖世界の男、貴なるも賤しきも、いかでこのかぐや姫を得てしがな、見てしがなと、音に聞き、めでて惑ふ。

⑬この子は、育てるうちに、すくすくと大きく成長していく。⑭三か月ほどになるころに、ほぼ一人前になったので、(翁は)髪上げの儀式などあれこれ手配して髪を上げさせ、裳を着せる。⑮(翁はこの子を)とばりの中からも出さず、大切に育てる。⑯この子の顔かたちが清らかで美しいことは世にたぐいなく、屋敷の中は暗い所もなく光が満ちている。⑰翁は、気分が悪く苦しい時も、この子を見ると、苦しいことも治ってしまう。⑱腹立たしいこともまぎれるのであった。

⑲翁は、(黄金の入った)竹を取ることが、長く続いた。⑳(それで)財力盛んな者になった。㉑この子がたいへん大きくなったので、名を、御室戸斎部の秋田を呼んでつけさせる。㉒秋田は、なよ竹のかぐや姫とつけた。㉓この時三日間にわたって、宴を開いて管弦の遊びをする。㉔いろいろの遊びをした。㉕男はだれでもかまわず招き集めて、たいそう盛大に宴を催す。㉖世間の男は、身分が高い者も低い者も、どうにかしてこのかぐや姫を我がものにしたい、結婚したいと、うわさに聞き、心ひかれて思い乱れる。

＊三寸＝約九センチメートル。「寸」は長さの単位で、一寸は約三センチメートル。

＊よ＝竹や葦などの節と節との間にある空洞。

＊髪上げ＝髪型を大人の女性のさまに改めること。女子の成人式にあたる。

＊とかくして＝あれこれ手配して。

＊裳＝成人女性が正装の時、袴の上に重ね、腰の後ろに長く垂らした衣服。

＊帳＝几帳〔＝室内の隔てとして、台に立てた柱に横木を渡して布を掛けた道具〕。または、帳台〔＝室内に一段高く台を設けて、周囲に垂れぎぬを下げた、高貴な人の座〕。

＊いつき養ふ＝大切に育てる。

＊なよ竹のかぐや姫＝「しなやかな竹から生まれた輝くように美しい姫」という意味をこめる。

竹取の翁と小さな女の子
（『竹取翁并かぐや姫絵巻物』）

ひとくち鑑賞

本文として取り上げたのは、物語の冒頭部分です。光る竹の筒や、その中に入っていた三寸ほど〔＝約九センチメートル〕の子供など、不思議なものが次々に出てきて心ひかれますね。美しく成長したかぐや姫は、多くの男性をとりこにしますが、やはり並の人間ではなく、実は月世界の人であったということが、この後の物語の展開につれて、次第に明かされていきます。

出典解説 竹取物語

平安時代前期の伝奇物語。竹取の翁が竹の中に見つけた女の子が、月の世界に帰って行くまでを描く。仮名文字で書かれた最初の物語で、のちに『源氏物語』の中で「物語の出で来はじめの祖」と称されるなど、以降の物語文学に大きな影響を与えた。

試験のポイント

1 翁 「年を取った男・おじいさん」のこと。

2 よろづ 「万」と書く。「いろいろ・さまざま」という意味の名詞。

5 あやしがりて 「あやしがる」は「不思議に思う」という意味の動詞。(→特別講座)

6 いとうつくしうて 「いと」は「たいそう・とても」という意味の副詞。「うつくしう」は形容詞「うつくし」の連用形「うつくしく」にウ音便が生じたもの。(→特別講座)「うつくし」は「かわいらしい」という意味。

7 なめり 断定の助動詞「なり」の連体形「なる」＋推定の助動詞「めり」の終止形。「なるめり」に撥音便が生じて「なんめり」となり、その「ん」が表記されていない形。(→特別講座)

8 嫗 「年を取った女・おばあさん」のこと。

12 やうやう 「次第に・だんだん」という意味の副詞。

16 きよらなる 「きよらなり」は「清らかで美しい」という意味の形容動詞。

23 遊ぶ 24 遊び 特に「管弦の遊び」を指す。

25 呼びつどへて 「つどふ」は動詞で、四段活用なら「集まる」、下二段活用なら「集める」という意味になるので注意。ここでは下に接続助詞「て」が付くため、「つどへ」は連用形であることがわかり、下二段活用のほうだと判断できる。

25 かしこく遊ぶ 「かしこし」は形容詞だが、ここでは連用形「かしこく」で副詞的に「遊ぶ」に係り、並外れた様子を表す。

26 いかでこのかぐや姫を得てしがな、見てしがな 「てしがな」は願望を表す終助詞で、「～たい」という意味。「いかで」は疑問を表す副詞で、「どうして」という意味だが、願望表現と呼応して「どうにかして(～たい)」という意味になることがあるので注意。

26 音に聞き 「音に聞く」は、「うわさに聞く」という意味の連語。

▲貴公子たちの求婚(『竹取物語絵巻』)

じっくり！特別講座

あやし

形容詞**「あやし」**は重要古語の一つ。「あやしい〔＝疑わしい〕やつ」などという現代語の用法とは少々異なるので注意しましょう。古文では、

1 変だ・不思議だ
2 身分が低い・粗末だ

という意味が重要です。

本文中の「あやしがり」〔4行目〕では、1の意味の「あやし」に、「〜と思う」という意味の動詞をつくる接尾語「がる」が付き、「あやしがる」という動詞として用いられています。

音便

「音便（おんびん）」とは、**発音するのに便利なように、単語の中の音が一部変わる**ことです。音便の生じた形を**音便形**といいます。

15ページでも解説しましたが、音便には、次の四種類があることを、もう一度確認しておきましょう。

1 イ音便……「い」に変わる。 例 取りつきて→取りついて
2 ウ音便……「う」に変わる。 例 うつくしくて→うつくしうて
3 撥（はつ）音便……「ん」に変わる。 例 あるめり→あんめり
4 促（そく）音便……「つ」に変わる。 例 持ちて→持つて

音便が生じる前の形がどうであったかについては、活用と接続のルールから考えましょう。例えば、本文中の、

▼**うつくしう**てゐたり。〔5行目〕

なら、接続助詞「て」が連用形に接続することから、「うつくしう」のもとの形は、形容詞「うつくし」の連用形「うつくしく」であったと考えることができます。

ところで、本文中には厄介な音便形があります。

▼子になりたまふべき人なめり。（7行目）

「なめり」って？　まず、この「めり」は推定の助動詞で、ラ変型の活用語には連体形に接続します。次に「な」ですが、これは、断定の助動詞「なり」の連体形「なる」が撥音便化して「なん」となり、その「ん」が書かれていない形なのです。ですから、

▼子になりたまふべき人なるめり。

これが本来の形。すると、「（私の）子におなりになる運命の人であるようだ。」と訳すことができますね。

尊敬語「おはす」「たまふ」

本文中の、竹取（たけとり）の翁（おきな）の会話部分、

▼「われ朝ごと夕ごとに見る竹の中におはするにて、知りぬ。子になりたまふべき人なめり。」（6行目）

には、尊敬語が二つ用いられています。一つは「おはす」（文中では連体形「おはする」）。これは「あり」「をり」の尊敬語で、「いらっしゃる」と訳します。もう一つは「たまふ」。これは尊敬の補助動詞として、「〜なさる・お〜になる」と訳すものです。いずれも、翁が、のちに成長してかぐや姫となる「三寸ばかりなる人」に対して用いています。光り輝く竹から見つけた子供だということで、敬意を払っているのでしょう。

練習問題

解答→p.292

問一　＝線部1〜7の動詞について、活用の行と種類、基本形、活用形をそれぞれ答えよ。

問二　――線部A「なる」、B「なり」をそれぞれ文法的に説明せよ。

問三　――線部C「なめり」の、音便の生じていないもとの形を答えよ。

問四　――線部D「うつくし」、E「やうやう」、F「かたち」の意味をそれぞれ答えよ。

問五　――線部G「いかでこのかぐや姫を得てしがな」を現代語訳せよ。

4 芥川(あくたがは)…『伊勢(いせ)物語』

① 昔、男ありけり。② 女の[1]え得(う)まじかりけるを、年を経て[A]よばひわたりけるを、からうじて盗み出(い)でて、いと暗きに来(き)けり。③ 芥川(あくたがは)といふ川を率(ゐ)て行きければ、草の上に置き[2]たりける露を、「[B]かれは何(なに)ぞ。」となむ[3]男に問ひける。④ 行く先多く、夜もふけにければ、鬼ある所とも知らで、神さへいといみじう鳴り、雨もいたう降りければ、あばらなる蔵に、女をば奥に押し入れて、男、弓・胡籙(やなぐひ)*を負ひて戸口にをり。⑤ はや夜も明けなむ[4]と思ひつつゐたりけるに、鬼はや一口に食ひてけり。⑥ 「あなや。」と言ひけれど、神鳴る騒ぎに、[C]え聞かざりけり。⑦ やうやう夜も明けゆくに、見れば率て来(こ)し女もなし。⑧ 足ずりをして泣けどもかひなし。

⑨ 白玉か何ぞと人の[5]問ひしとき

現代語訳

① 昔、男がいた。② (この男は)自分の妻にすることができそうになかった女を、何年にもわたって求婚し続けていたが、やっとのことで盗み出して、たいそう暗い時に(逃げて)来た。③ 芥川(あくたがわ)という川(のあたり)を(女を)連れて行ったところ、草の上に置いていた露を、(女が)「あれは何ですか。」と男に尋ねた。④ 行き先は遠く、夜もふけてしまったので、鬼がいる所とも知らずに、雷までもたいそうひどく鳴り、雨も激しく降ったので、荒れた蔵に、女を奥に押し入れて、男は、弓・胡籙(やなぐい)を背負って戸口にいる。⑤ (男が)早く夜も明けてほしいと思いながら座っていたところ、鬼がたちまち(女を)一口で食ってしまった。⑥ (女は)「あれまあ。」と言ったけれども、雷の鳴る騒がしさで、(男は)聞くことができなかった。⑦ だんだん夜も明けていくので、(男が)見ると連れて来た女もいない。⑧ (男は)地だんだを踏んで泣くがどうしようもない。

⑨ 「(あの葉の上にあるのは)白玉かしら、何か

露と答へて消えなましものを

注

＊胡籙＝矢を入れて背中に負う道具。

◀芥川（伝俵屋宗達筆『伊勢物語図色紙』）

しら。」とあの人が尋ねた時に、「露ですよ」と答えて、（私もそのはかない露のように）消えてしまえばよかったのになあ。

ひとくち鑑賞

草の上に置いた露を見て「あれは何？」と尋ねた女は、外にもあまり出たことがないほどの深窓の姫君だったのでしょう。尋ねられた男は、よほど先を急いでいたのか、答えもせず進み続け、泊まったあばら家で女を鬼に食われてしまいます。男は、女を盗み出すという無謀を働きはしましたが、女を純粋に愛していたのでしょうね。女を守りきれなかったむなしさが、歌によく表れています。

出典解説 **伊勢物語**

平安時代前期の歌物語。在原業平が主人公のモデルかとされている。各段が「昔、男ありけり」（あるいはそれに近い形）で書き起こされ、在原業平と目される「男」の一代記のような体裁をとっている。二百首余りの歌が、恋愛や友情などのエピソードとともに収録されている。

試験のポイント

❷ **女のえ得まじりかける** 「**の**」は格助詞で、同格の用法。「**え**」は打消（うちけし）表現と呼応して不可能を表す副詞。全体で「女で手に入れる（＝自分の妻にする）ことができそうになかった（女）」という意味。（↓特別講座）「**得**（う）」はア行下二段動詞。ア行で活用する下二段動詞は、この「得」と、「心得（こころう）」など「得」の付く語に限られる。（↓P.18）

❷ **よばひわたりける** 「**よばふ**」は動詞で、「**求婚する**」という意味に注意。

❸ **率て** 「率（ゐ）」はワ行上一段動詞「率る」の連用形。「**引き連れる**」という意味。

❸ **かれ** 「**あれ**」という意味の指示代名詞。広く用いられる。

❹ **知らで** 「**で**」は打消を表す接続助詞。未然形に接続する。

❹ **神さへ** 「**神**」はここでは「**雷**」のこと。「**さへ**」は添加を表す副助詞で、「**〜までも**」という意味。現代語の「さえ」とは異なるので注意。

❺ **明けなむ** 「**なむ**」は他への願望（あつらえ）を表す終助詞で、「**〜てほしい**」という意味。未然形に接続する。（↓P.76）

❻ **え聞かざりけり** 「聞くことができなかった」という意味。（↓特別講座）

❼ **やうやう** 「**だんだん・次第に**」という意味の副詞。

❽ **かひなし** 「甲斐（かひ）無し」と書き、「**かいがない・無駄だ・どうしようもない**」という意味の形容詞。

❾ **問ひしとき** 「**し**」は過去の助動詞「**き**」の連体形。

❾ **消えなましものを** ヤ行下二段動詞「消ゆ」の連用形「消え」＋完了の助動詞「ぬ」の未然形「な」＋反実仮想の助動詞「まし」の連体形「まし」＋詠嘆の終助詞「ものを」。「消えてしまえばよかったのになあ」という意味。

じっくり！特別講座

格助詞「の」の同格用法

格助詞「の」には、次の用法があります。

1 連体格〔〜ノ〕
2 主格〔〜ガ〕
3 準体格〔〜ノモノ〕
4 同格〔〜デ〕
5 連用格（比喩）〔〜ノヨウニ〕

このうち、特に注意したいのが4の**同格**の用法。これは、**「の」の前後に、同じ事物についての内容が並べられる**ものです。例えば、本文中の、

▼女のえ得まじかりけるを、（1行目）

の「の」は、前に「女」とあり、後の「え得まじかりける」がその「女」についての説明になっています。

同格の「の」が出てきた時は、**「の」の後の部分にある連体形の下に、「の」の前の部分にある体言と同じものを補う**ようにすると、スムーズに解釈できます。

女 の え得まじかりける（連体形） 女 を、 訳 女で自分の妻にすることができそうになかった女を、

（同じ体言を補う）

ただし、「女で自分の妻にすることができそうになかった女を」と訳すとくどくなるので、さらりと「自分の妻にすることができそうになかった女を」と理解しておけばよいでしょう。

「え」＋打消

副詞「え」は、もとは「得（＝できる）」という動詞でした。下に**打消表現**（うちけし）を伴い、**〈「え」＋打消〉**の形で**不可能**を表します。本文中の例を見てみましょう。

▼**え得まじかり**けるを、（1行目）

「まじかり」は打消推量の助動詞「まじ」の連用形。「え〜まじ」で「〜（することが）できそうにない」という意味。

▼**え**聞か**ざり**けり。（9行目）

「ざり」は打消の助動詞「ず」の連用形。「え〜ず」で「〜（することが）できない」という意味。

〈「え」＋打消〉のように、副詞を受けて一定の言い方で結ぶことを**副詞の呼応**といいます。

練習問題

解答→p.292

問一 ＝線部1・2・5「の」の用法をそれぞれ次から選べ。

ア 連体格　イ 主格　ウ 同格

問二 ——線部A「よばひわたりけるを」を現代語訳せよ。

問三 ——線部B「かれ」が指すものを、本文中から漢字一字で抜き出せ。

問四 ＝線部3・4「なむ」の文法的説明をそれぞれ次から選べ。

ア 動詞の活用語尾＋助動詞　イ 助動詞＋助動詞

ウ 終助詞　エ 係助詞

問五 ——線部C「え聞かざりけり」を現代語訳せよ。

問六 ——線部D「消えなましものを」には、だれの、どんな気持ちが表れているか。簡潔に説明せよ。

5 東下(あづまくだ)り…『伊勢(いせ)物語』

❶昔、男ありけり。❷その男、身を要(えう)なきものに思ひなして、京にはあらじ、東(あづま)の方(かた)に住むべき国求めにとて行きけり。❸もとより友とする人、一人二人して行きけり。❹道知れる人もなくて、惑ひ行きけり。❺三河(みかは)の国八橋(やつはし)といふ所に至りぬ。❻そこを八橋といひけるは、水行く川の蜘蛛手(くもで)なれば、橋を八つ渡せるによりてなむ、八橋といひける。❼その沢のほとりの木の陰に下(お)りゐて、乾飯(かれいひ)食ひけり。❽その沢に、かきつばたいとおもしろく咲きたり。❾それを見て、ある人のいはく、「かきつばたといふ五文字(いつもじ)を句の上(かみ)にすゑて、旅の心を詠(よ)め。」と言ひければ、詠める。

❿から衣(ごろも)きつつなれにし[1]つましあれば[2]
はるばるきぬる旅をしぞ思ふ

現代語訳

❶昔、男がいた。❷その男は、自分を不要なものだと思い込んで、京にはいないようにしよう、東のほうに住むのによい国を探しに(行こう)と思って行った。❸以前から友人とする人、一人二人で行った。❹道を知っている人もいなくて、迷いながら行った。❺三河(みかわ)の国の八橋(やつはし)という所に着いた。❻そこを八橋といったのは、水が流れる川が蜘蛛(くも)の手(のように八本に分かれて流れている所)なので、橋を八つ渡していることによって、八橋といった。❼(一行は)その沢のほとりの木の陰に(馬から)下りて座って、乾飯(かれいい)を食べた。❽その沢に、かきつばたがたいそう美しく咲いている。❾それを見て、ある人が言うには、「かきつばたという五文字を句の頭に置いて、旅の心を詠(よ)め。」と言ったので、詠んだ(歌)。

❿から衣(ごろも)をいつも着ているうちに糊気(のりけ)がなくなって身になじむように、なれ親しんだ妻が(京に)いるので、はるかに遠くまで来てしまった旅を(悲しく)思うことだ。

と詠めりければ、みな人、乾飯の上に涙落として、ほとびにけり。

⑪行き行きて、駿河の国に至りぬ。⑫宇津の山に至りて、わが入らむとする道は、いと暗う細きに、つた・かへでは茂り、もの心細く、すずろなる目を見ることと思ふに、修行者会ひたり。⑬「かかる道は、いかでかいまする。」と言ふを見れば、見し人なりけり。⑭京に、その人の御もとにとて、文書きてつく。

⑮駿河なる宇津の山辺のうつつにも
　　夢にも人に会はぬなりけり

⑯富士の山を見れば、五月のつごもりに、雪いと白う降れり。

⑰時知らぬ山は富士の嶺いつとてか
　　鹿の子まだらに雪の降るらむ

⑱その山は、ここにたとへば、比叡の山を二十ばかり重ね上げたらむほどして、なりは塩尻のやうになむありける。

⑲なほ行き行きて、武蔵の国と下総の国との中に、いと大きなる川あり。⑳それをすみだ川といふ。㉑その川のほとり

と詠んだので、人々は皆、乾飯の上に涙を落として、（乾飯が）ふやけてしまった。

⑪（一行は）どんどん進んで、駿河の国に着いた。⑫宇津の山にさしかかって、自分が入ろうとする道は、たいそう暗くて細いうえに、蔦・楓は茂っていて、なんとなく心細く、思いがけない目にあうことだと思っていると、修行の僧が行き会った。⑬「このような道は、どうしておいでになるのか。」と言うのを見ると、（京で以前）会ったことのある人であった。⑭（男は）京へ、宛てて、だれそれのおところへといって、手紙を書いてことづける。

⑮駿河にある宇津の山辺まで旅してきた、その「うつ」ではないが、うつつ（＝現実）にも夢にも、あなたに会わないのであったよ。

⑯富士の山を見ると、五月の末（だというの）に、雪がたいそう白く降り積もっている。

⑰時節をわきまえない山は富士の山だよ。（いったい今を）いつと思って、鹿の毛のようにまだら模様に雪が降り積もっているのだろうか。

⑱その山は、この京の都で例えるなら、比叡山を二十ほど重ね上げたような大きさで、形は塩尻のようだった。

⑲（一行は）さらにどんどん行って、武蔵の国と下総の国との間に、たいそう大きな川がある。⑳それをすみだ川という。㉑（一行は）その川のほと

に群れゐて、思ひやれば、限りなく遠くも来にけるかなとわび合へるに、渡し守（もり）、「はや舟に乗れ。日も暮れぬ。[3]」と言ふに、乗りて渡らむとするに、みな人ものわびしくて、京に思ふ人なきにしもあらず。㉒さる折しも、白き鳥の[4]、嘴（はし）と脚と赤き、鴫（しぎ）[5]の大きさなる、水の上に遊びつつ魚（いを）を食ふ。㉓京には見えぬ鳥なれば、みな人見知らず。㉔渡し守に問ひければ、「[H]これ[6]なむ都鳥（みやこどり）。」と言ふを聞きて、

名にし負はばいざ言問（こと）はむ都鳥
わが思ふ人はありやなしやと

と詠めりければ、舟こぞりて泣きにけり。

注

＊三河の国＝今の愛知県東部。
＊乾飯＝炊いた飯を乾燥させた携帯用保存食。
＊駿河の国＝今の静岡県中部。
＊鹿の子まだら＝鹿（しか）の毛のように茶の地に白い斑点がある様子。
＊塩尻＝塩田で塩を作るために、円錐（えんすい）状に砂の山を築いたもの。
＊武蔵の国＝今の東京都・埼玉県の大部分と神奈川県東部。
＊下総の国＝今の千葉県北部と茨城県南西部。

りに集まって座って、思いをはせると、限りなく遠くまで来てしまったなあと嘆き合っていると、船頭が、「早く舟に乗れ。日も暮れてしまう。」と言うので、（一行は舟に）乗って（川を）渡ろうとすると、人々は皆なんとなく寂しくて、京に恋しい人がいないわけでもない。㉒ちょうどそんな時、白い鳥で、くちばしと脚とが赤い、鴫（しぎ）ほどの大きさである鳥が、水の上で泳ぎ回っては魚を食べる。㉓京では見かけない鳥なので、人々はだれも見知っていない。㉔船頭に尋ねたところ、「これが都鳥だ。」と言うのを聞いて、

（都という名を）名前として持つのなら、さあ、尋ねよう。都鳥よ。私が恋しく思う人は（京の都で）無事でいるのかどうなのか、と。

と詠んだので、舟の中の人がそろって泣いてしまった。

ひとくち鑑賞

安住の地を求めて東国に旅立った男でしたが、京の都から遠ざかるほど、逆に京への思いはつのるばかりだったのでしょう。行き着いた土地ごとにめずらしい地形や風物にめぐり会い、新鮮な感動をおぼえつつも、ことあるごとに京へのなつかしさを歌に詠（よ）んでいるのですから。

試験のポイント

❷ **思ひなして** 「**思ひなす**」は「思い込む・あえて思う」という意味の動詞。

❷ **京にはあらじ** 「**じ**」は打消(うちけし)意志の助動詞。全体で「京にはいないようにしよう」という意味。

❹ **道知れる人** 「る」は存続の助動詞「**り**」の連体形。⑯「降れり」の「り」、㉑「わび合へるに」の「る」も同じ。全体で「道を知っている人」という意味。

❿ **から衣** 「衣」の美称。「着る」を導く枕詞(まくらことば)。(→特別講座)

❿ **つましあれば** 「**し**」は強意を表す副助詞。❿「旅をしぞ思ふ」、㉔「名にし負はば」の「し」も同じ。「**ば**」は接続助詞で、已然形に接続しているので、「〜ので」という順接確定条件を表す。全体で「妻がいるので」という意味。

⓬ **わが入らむとする** 「**む**」は意志の助動詞。㉑「乗りて渡らむとする」、㉔「言問はむ」の「む」も同じ。

⓬ **すずろなる目** 「**すずろなり**」は意志や目的に関係なく物事が進行する様子を表す形容動詞で、「思いがけない・むやみやたらだ」という意味。

⓭ **いかでかいまする** 「**いかで**」は「どうして」という意味の副詞。「**います**」は「おいでになる・いらっしゃる」という意味の尊敬語。「いまする」は連体形で、係助詞「**か**」とい

▲宇津(うつ)の山越え(深江蘆舟筆『蔦の細道図屏風』)

と係り結びが成立している。

⑬ **見し人** 「し」は過去の助動詞「き」の連体形。

⑭ **つく** ここでは下二段動詞で、「ことづける・託す」という意味。

⑮ **駿河なる宇津の山辺のうつつにも** 「駿河なる宇津の山辺の」は「うつつ」を導く序詞。「うつつ」と、歌を詠んだ現在地の「宇津」が同音であることを利用している。「うつつ」は「現」と書き、「現実」という意味の名詞。対義語は「夢」。

⑯ **五月のつごもり** 「五月」は古文では「さつき」と読み、季節は夏。「つごもり」は「月末」という意味の名詞。

㉑ **なきにしもあらず** 形容詞「なし」の連体形「なき」＋断定の助動詞「なり」の連用形「に」＋強意の副助詞「しも」＋ラ変動詞「あり」の未然形「あら」＋打消の助動詞「ず」の終止形。

㉒ **白き鳥の、嘴と脚と赤き、鴫の大きさなる** 「白き鳥の」の「の」は格助詞で、同格の用法。「鴫の」の「の」は連体格の用法。（→P.87）

㉔ **これなむ都鳥** 係助詞「なむ」と係り結びとなるはずの結びの語は省略されている。断定の助動詞「なり」の連体形「なる」を補って考えることができる。

㉔ **名にし負はば** 「名に(し)負ふ」は「名前として持つ」という意味の連語。

㉔ **わが思ふ人はありやなしやと** 前の「言問はむ」に係る倒置の表現になっている。

じっくり！特別講座

和歌の修辞法

和歌特有の修辞法として、次のようなものがあります。

1 枕詞（まくらことば）……特定の語句を導き出す言葉。一定の形式的なもので、普通は五音から成る。
2 序詞（じょことば）……和歌のテーマ（＝言いたいこと）にかかわる語句を導き出す言葉。作者の独創によるもので、普通は七音以上から成る。
3 掛詞（かけことば）……一つの言葉に二つの意味を持たせる技法。
4 縁語（えんご）……イメージのつながりのある言葉を意図的に詠（よ）み込む技法。
5 折句（おりく）……各句の頭に物の名を一字ずつ詠み込む技法。

本文中の「から衣（ごろも）」の歌から、修辞法を確認しましょう。

▼から衣……「き（着）」を導く枕詞。
▼から衣きつつ……「なれ（萎（な）れ）」を導く序詞。
▼なれ……「馴（な）れ」と「萎れ」の掛詞。「馴る」は「なれ親しむ」という意味。「萎る」は「着なれて糊気（のりけ）がなくなる」という意味。
▼つま……「妻」と「褄（つま）」の掛詞。「褄」は「着物のすその左右両端」という意味。
▼はるばる……「遙々（はるばる）」と「張る張る」の掛詞。「遙々」は「はるかに遠くまで」という意味。「張る」は「（着物を）洗い張りする」という意味。
▼き……「来（き）」と「着（き）」の掛詞。

▼褻れ・褄・張る・着……「から衣」の縁語。

▼かきつは(ば)た……折句。この歌は「かきつばたといふ五文字を句の上にすゑて」(9行目)詠まれたもの。「から衣」「きつつなれにし」「つましあれば」「はるばるきぬる」「たびをしぞ思ふ」というふうに、各句の初めに「か・き・つ・は・た」が一字ずつ詠み込まれている。

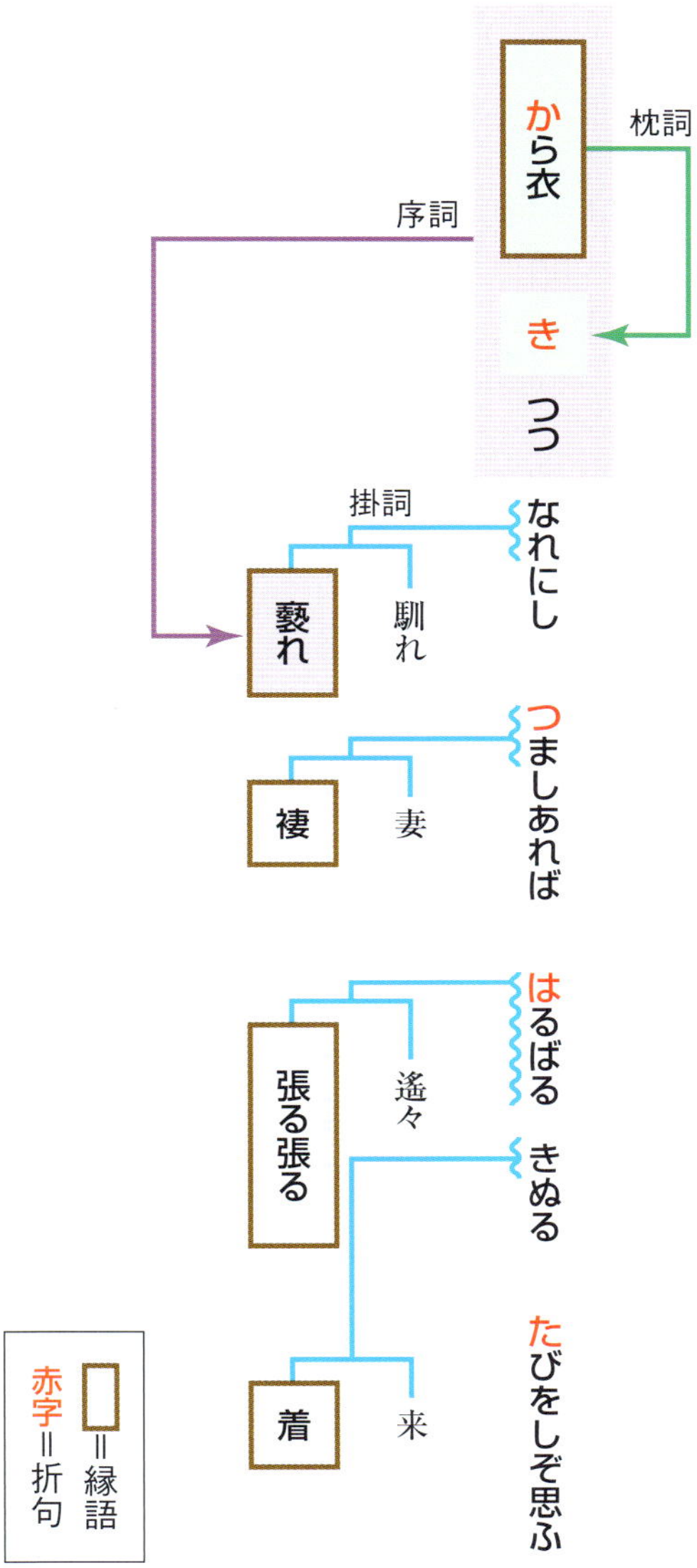

練習問題

解答→p.293

問一 ――線部A「じ」の意味用法を答えよ。

問二 ――線部B「東の方に住むべき国求めに」の後に省略されている語句を、現代語の三字の語句で答えよ。

問三 ――線部C「かきつばたいとおもしろく咲きたり」を現代語訳せよ。

問四 ＝＝線部1・2「し」の文法的説明をそれぞれ次から選べ。

ア　サ変動詞「す」の連用形
イ　過去の助動詞「き」の連体形
ウ　強意を表す副助詞

問五 「から衣」の歌について説明した次の文の空欄に、適当な語句をそれぞれ入れよ。

「から衣」は「き」を導く〔　a　〕で、「から衣きつつ」は「なれ」を導く〔　b　〕である。また、「なれ」「つま」「はるばる」「き」は、二つの意味をもつ〔　c　〕になっている。さらに、「なれ」「つま」「はる」「き」が「から衣」という言葉とつながる〔　d　〕である。

問六 ――線部D「かかる道は、いかでかいまする」を、主語を補って現代語訳せよ。

問七 「駿河なる」の歌から序詞を抜き出せ。

問八 ――線部E「うつつ」、F「つごもり」の意味をそれぞれ答えよ。

問九 ――線部G「時知らぬ山」とあるが、なぜこのように表現しているのか。二十字程度で簡潔に説明せよ。

問十 ＝＝線部3・6「ぬ」の文法的説明をそれぞれ次から選べ。

ア　打消の助動詞「ず」の連体形
イ　完了の助動詞「ぬ」の終止形

問十一 ＝＝線部4・5「の」の用法をそれぞれ次から選べ。

ア　連体格　イ　主格　ウ　同格

問十二 ――線部H「これなむ都鳥」の後に省略されている語を次から選べ。

ア　なり　イ　なる　ウ　なれ

6 筒井筒…『伊勢物語』

1 昔、田舎わたらひしける人の子ども、井のもとに出でて遊びけるを、大人になりにければ、男も女も恥ぢかはしてありけれど、男はこの女をこそ得めと思ふ。2 女はこの男をと思ひつつ、親のあはすれども、聞かでなむありける。3 さて、この隣の男のもとより、かくなむ。

4 筒井つの井筒にかけしまろがたけ
　過ぎにけらしな妹見ざるまに

5 女、返し、

比べ来し振り分け髪も肩過ぎぬ
　君ならずしてたれか上ぐべき

など言ひ言ひて、つひに本意のごとくあひにけり。

6 さて、年ごろ経るほどに、女、親なく、頼りなくなるま

現代語訳

1 昔、地方で行商をして生計を立てていた人の子供が、井戸のそばに出て遊んでいたが、大人になってしまったので、男も女も互いに恥ずかしがっていたけれども、男はこの女を自分の妻にしようと思う。2 女はこの男を（自分の夫に）と思い続けて、親が（他の男と）結婚させようとするけれども、聞き入れないでいた。3 そのうちに、この隣の男のところから、このように（歌を送ってきた）。

4 筒井戸の囲いの枠と（高さを）比べてきた私の背の高さも、（井戸の高さを）越してしまったようですね。あなたに会わないうちに。

5 女は、返歌として、

（あなたと長さを）比べてきた振り分け髪も肩を過ぎてしまいました。あなたでなくてだれのために髪上げをしましょうか。（あなたのために髪上げをします。）

などと言い合って、とうとうもとからの望みどおり結婚してしまった。

6 そうして、数年がたつうちに、女は、親が亡

まに、[B]もろともにいふかひなくてあらむやはとて、河内の国高安の郡に、行き通ふ所いできにけり。⑦さりけれど、このもとの女、悪しと思へる気色もなくて、出だしやりければ、男、[C]異心ありて[D]かかるにやあらむと思ひ疑ひて、前栽の中に隠れゐて、河内へ往ぬる顔にて見れば、この女、いとよう化粧じて、うちながめて、

　風吹けば沖つ白浪たつた山
　夜半にや君が一人越ゆらむ

と詠みけるを聞きて、限りなくかなしと思ひて、河内へも行かずなりにけり。

⑧まれまれ、かの高安に来てみれば、はじめこそ心にくくもつくりけれ、今はうちとけて、手づから飯匙とりて、笥子の器物に盛りけるを見て、心憂がりて、行かずなりにけり。⑨さりければ、かの女、大和の方を見やりて、

　君があたり[E]見つつを居らむ
　生駒山雲な隠しそ雨は降るとも

くなり、よりどころがなくなるにつれて、（男はそんな女と）一緒にどうしようもなく（貧しい暮らしをして）いられようかと思って、河内の国の高安の郡に、通って行く（新しい女の）家ができてしまった。⑦けれども、このもとの女は、不愉快だと思っている様子もなくて、（男を新しい女のもとへ）送り出して行かせたので、男は、（もとの女が）浮気心があってこのようであるのだろうと疑って、庭の植え込みの中に隠れて座って、河内へ行くふりをして見ていると、この女は、たいそう念入りに化粧して、ぼんやりともの思いにふけって、

　風が吹くと沖の白浪が立つ、その「たつ」ではないが、（危険な）龍田山を夜中にあの方は一人で越えていらっしゃるのでしょう。

と詠んだのを（男は）聞いて、（もとの女を）この上なくいとしいと思って、河内へも行かなくなってしまった。

⑧たまに、あの高安に来てみると、（高安の女は）初めのうちは奥ゆかしく装っていたけれども、今となっては気を許して、自分でしゃもじを持って、飯椀に盛り付けたのを（男は）見て、いとわしく思って、（高安の女のもとへ）行かなくなってしまった。⑨そこで、あの（高安の）女は、大和のほうを見やって、

　あなたがいらっしゃるあたりをずっと見ていましょう。（だから）生駒山を、雲よ隠すな。たと

と言ひて見いだすに、からうじて、大和人（やまとびと）、「来（こ）む。」と言へり。

⑩喜びて待つに、たびたび過ぎぬれば、

君来（こ）むと言ひし夜ごとに過ぎぬれば
頼まぬものの恋ひつつぞ経（ふ）る

と言ひけれど、男、住まずなりにけり。

注

＊筒井＝筒のように丸く掘った井戸。
＊井筒＝井戸の周りを「井」の字形に囲った枠。
＊振り分け髪＝子供の髪型。
＊河内の国高安の郡＝今の大阪府東部、生駒（いこま）山地の南あたり。
＊たつた山＝龍田山（たつたやま）。今の奈良県生駒郡にある山。大和から河内へ越える道があった。
＊飯匙＝しゃもじ。
＊笥子＝飯を盛る器。
＊大和＝今の奈良県。
＊生駒山＝今の奈良県と大阪府の境にある山。

え雨が降るとしても。

と言って外を見ていると、やっと、大和の人（＝男）が、「来よう。」と言ってきた。⑩（高安の女は）喜んで待つが、何度も（男が来ないまま）過ぎてしまったので、

あなたが来ようと言った夜がことごとく（来てくださらないまま）過ぎてしまったので、（もう）あてにはしませんが、それでも（あなたを）恋しく思いながら過ごしているのですよ。

と言ったけれども、男は、通って来ないままになってしまった。

ひとくち鑑賞

幼なじみで、互いに思いを寄せる二人。めでたく結婚したところまではよかったのですが、のちに男は他の女のもとに通うようになりました。けれど、なぜか妻は平然と夫をその女のところへ送り出します。男は逆に妻の不貞を疑いますが、実は、妻は一心に夫の安全を祈っていたのでした。妻の愛に気づいた夫は心を改め、妻のもとに戻る、というお話。めでたしめでたし、ではありますが、それにしても男がしばらく通っていた高安（たかやす）の女がなんだかかわいそうな気も……。

試験のポイント

❶ **男はこの女をこそ得めと思ふ**　「この女をこそ得め」は男の心の中の思い。「得め」の「め」は意志の助動詞「む」の已然形で、係助詞「こそ」と係り結びが成立している。

❷ **親のあはすれども**　「の」は格助詞で、主格の用法。（↓P.87）「あふ」は「結婚する」という意味の動詞。❺「あひにけり」の「あひ」も同じ。「すれ」は使役の助動詞「す」の已然形。全体で「親が（女を）結婚させ（ようとす）るけれども」という意味。

❹ **井筒にかけしまろがたけ**　「し」は過去の助動詞「き」の連体形。「まろ」は「私」、「たけ」は「背の高さ」という意味の名詞。「が」は格助詞で、連体格の用法。

❹ **過ぎにけらしな**　「けらし」は、過去の助動詞「けり」の連体形「ける」＋推定の助動詞「らし」の終止形の「ける・らし」がつまったもので、「〜たようだ」という意味。

❹ **妹見ざるまに**　前の「過ぎにけらしな」と倒置になっている。「妹（いも）」は男性がいとしい女性を呼ぶ言葉。

❺ **比べ来し**　「し」は過去の助動詞「き」の連体形。助動詞「き」は連用形接続であるが、例外的にカ変・サ変動詞には未然形に接続することがある。ここのカ変動詞「来」は未然形の「こ」と読んでいる。

❺ **肩過ぎぬ**　「ぬ」は完了の助動詞。ここで句切れとなる。

❺ **たれか上ぐべき**　「たれか」を用いて反語の表現をとっている。「上ぐ」は「（一人前の女性として）髪上げをする」という意味の動詞。成人して婚期が来たことを表す。

❺ **本意**　「もとからの望み・本来の意志」という意味の名詞。

❻ **年ごろ**　「数年の間」という意味の名詞。

⑥ **経る** ハ行下二段動詞「経（ふ）」の連体形。「へる」ではなく「ふる」と読むことに注意。⑩「恋ひつつぞ経る」の「経る」も同じ。

⑥ **頼り** 「よりどころ・頼りになるもの」という意味の名詞。この時代の結婚は、妻が自分の親の家に住み、夫がそこに通う形〔＝妻問い婚〕が一般的であったため、妻の家の経済力などの「頼り」が重視された。

⑥ **ままに** 「～につれて」という意味の連語。

⑥ **もろともに** 「一緒に・ともに」という意味の副詞。

⑥ **いふかひなくてあらむやは** 形容詞「いふかひなし」の連用形「いふかひなく」＋接続助詞「て」＋ラ変動詞「あり」の未然形「あら」＋推量（適当）の助動詞「む」の終止形＋反語の係助詞「やは」。**「いふかひなし」**は「どうしようもない・ふがいない」という意味。

⑥ **行き通ふ** ここでは「男性が女性のもとに通って行く」という意味。

⑦ **気色** 「様子」という意味の名詞。現代語の「景色（けしき）」とは異なるので注意。

⑦ **異心ありてかかるにやあらむ** 男の心の中の思い。主語は「もとの女」。**「異心（ことごころ）」**は「浮気心」という意味の名詞。**「かかる」**は「かく・ある」がつまったもので、「このような」という意味の連体詞。

⑦ **前栽** 「せんざい」と読む。「庭の植え込み」のこと。

⑦ **うちながめて** **「うち」**は接頭語。**「ながむ」**は動詞で、「眺める」の他に「ぼんやりともの思いにふける」という意味があることに注意。

⑦ **風吹けば沖つ白浪たつた山** **「風吹けば沖つ白浪（しらなみ）」**は「たつ（立つ）」を導く序詞（じょことば）。**「たつ」**は「立つ」と「龍田山（たつたやま）」の「龍」の掛詞（かけことば）。

⑦ **越ゆらむ** **「らむ」**は現在推量の助動詞。

⑦ **かなし** 「悲しい」の他に「いとしい・かわいい」という意味があることに注意。

⑨ **見つつを居らむ** 「を」は間投助詞。特に訳し出さなくてよい。

⑨ **な隠しそ** 「な〜そ」は禁止を表し、「〜(する)な・〜(し)てはならない」という意味。(→P.71)

⑨ **雨は降るとも** 前の「雲な隠しそ」と倒置になっている。「とも」は逆接仮定条件を表す接続助詞で「(たとえ)〜としても」という意味。

⑨ **来む** 「来」はカ変動詞の未然形で、「こ」と読む。「む」は意志の助動詞。

⑩ **住まずなりにけり** この「住む」は「男性が女性のもとに通う」という意味の動詞。

じっくり! 特別講座

係助詞「こそ」の逆接用法

係り結びの法則により、係助詞「こそ」が文中にあると、それを受ける文末の活用語は已然形になります。これはすでに解説したとおりですが(→P.75)、ここではさらに、係助詞「こそ」の特殊な用法を覚えましょう。

こそ〜已然形、……。
逆接の関係

「こそ」を受ける已然形の語で文が終わらず、「、」が付いてさらに下に続く場合、「、」の前後は逆接の関係になる。

本文中の、

▼はじめこそ心にくくもつくりけれ、今はうちとけて、(23行目)

がこの用法にあたります。

「初めのうちは奥ゆかしく装っていたけれども、今となっては気を許して、」となるわけです。

◀「筒井筒(つつゐづつ)」を描いた貝合(かいあはせ)

練習問題

解答→p.293

問一 ＝＝線部1「こそ」、2「か」の結びの語を、本文中からそれぞれ抜き出せ。

問二 ――線部A「親のあはすれども、聞かでなむありける」を、必要な人物を補ってわかりやすく現代語訳せよ。

問三 ――線部B「もろともにいふかひなくてあらむやは」をわかりやすく現代語訳せよ。

問四 ――線部C「異心（ことごころ）」とは、具体的にだれのどのような心のことか。簡潔に説明せよ。

問五 ――線部D「かかる」が指す内容を、本文中から抜き出せ。

問六 ――線部E「な隠しそ」を現代語訳せよ。

問七 ――線部F「住まずなりにけり」とは、具体的にだれがどうなったということか。簡潔に説明せよ。

問八 (1)「気色」、(2)「前栽」、(3)「夜半」、(4)「大和」の読み方を、現代仮名遣いの平仮名でそれぞれ答えよ。

7 雪のいと高う降りたるを…『枕草子』

❶ 雪のいと高う降りたるを、例ならず御格子まゐりて、炭櫃に火おこして、物語などして集まりさぶらふに、「少納言よ、香炉峰の雪いかならむ。」と仰せらるれば、御格子上げさせて、御簾を高く上げたれば、笑はせたまふ。

❷ 人々も「さることは知り、歌などにさへ歌へど、思ひこそよらざりつれ。なほ、この宮の人には、さべきなめり。」と言ふ。

注

＊香炉峰の雪＝中国・唐代の白居易の詩文集『白氏文集』巻十六に「香炉峰下、新たに山居を卜し、草堂初めて成り、偶東壁に題する五首」があり、その第四首に「日高く睡り足りて猶ほ起くるに慵し　小閣に衾を重ねて寒を怕れず　遺愛寺の鐘は枕を欹てて聴き　香炉峰の雪は簾を撥げて看る」とあるのをふまえる。（→P.245）

現代語訳

❶ 雪がたいそう高く降り積もっているのに、いつになく御格子を下ろし申し上げて、炭櫃に火をおこして、話などをして（中宮様のおそばに私や他の女房たちが）集まってお仕えしていると、（中宮様が）「少納言よ、香炉峰の雪はどうであろう。」とおっしゃるので、（人に）御格子を上げさせて、（私が）御簾を高く上げたところ、（中宮様は）お笑いになる。

❷ 女房たちも「そのようなことは知っているし、歌などにまでも歌うけれど、思いもよらなかった。やはり、（少納言は）この中宮様の女房としてふさわしい者であるようだ。」と言う。

▲御簾を上げる清少納言（土佐光起筆）

少納言よ
香炉峰の雪は？
「香炉峰の雪」といえば
とくるのは、
私たちも知って
いたけど…
「すだれをかかげてみる」
そのまま
口に出して
答えるんじゃなく
動作で示す
なんて…
さすが
少納言ねえ！

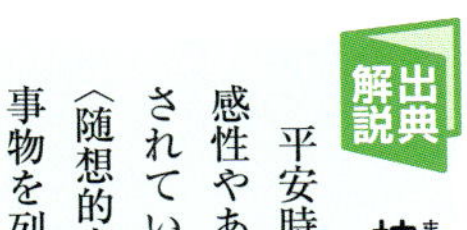

出典解説

枕草子

平安時代中期の、清少納言作の随筆。清少納言の鋭い感性やあふれる機知が、歯切れのよい文体で存分に発揮されている。内容は、自然や人事のありさまを観察した〈随想的章段〉、「〜もの」「〜は」のような形で連想的に事物を列挙した〈類聚的章段〉、身辺の出来事を記した〈日記的章段〉に大別される。

ひとくち鑑賞

中宮定子の問いかけと、それに対する作者の清少納言の行動の意味は？　いったい何に喜んで中宮定子はほほえんだのでしょうか。ピンと来ないのもそのはず、この二人のやりとりは、中国の唐代の詩人である白居易の詩をふまえたものだったのです。清少納言の教養のほどを認め、大勢の女房たちの前でそれを試そうとした中宮定子と、見事にこたえた清少納言との、絶妙な「あうんの呼吸」ですね。

試験のポイント

①**御格子** 「御」は尊敬を表す接頭語。「格子（かうし）」は「細い角棒状の木を縦横に組み合わせ、裏に板を張った戸」のこと。

①**炭櫃** 「すびつ」と読む。「暖をとるための火鉢（ひばち）」のこと。

①**物語** 「話・会話」という意味の名詞。

①**さぶらふ** 「（貴人に）お仕えする・おそばに控える」という意味の謙譲語。（→特別講座）

①**上げさせて** 「させ」は使役の助動詞「さす」の連用形。（→特別講座）

①**御簾** 「みす」と読む。「貴人の部屋に掛けられた簾（すだれ）」のこと。

▲格子（こうし）と簾（すだれ）（土佐光吉筆『源氏物語絵色紙帖』）
ここでは、手前の格子は上げられ、奥の格子は下ろされている。

①**笑はせたまふ** 「せ」は尊敬の助動詞「す」の連用形。（→特別講座）

②**人々** 貴人の邸宅などの場面では、「人」は特に「女房（＝貴人に仕える女性）」を指すことが多い。②「この宮の人」の「人」も同じ。

②**さること** 「さる」は、「さ・ある」がつまってできた連体詞で、「そのような」という意味。

②**歌などにさへ** 「さへ」は添加を表す副助詞で、「〜までも」という意味。現代語の「さえ」とは異なるので注意。

②**なほ** 「やはり」という意味の副詞。

②**さべきなめり** 「さべき」は「さ・ある・べき」がつまったもので、直訳すると「そう／ある／はずの」「そうで／ある／にふさわしい」となる。ここでは、非常に機転のきいた受け答えをした清少納言（せいしょうなごん）のことを、「（中宮（ちゅうぐう）に仕える女房として）ふさわしい」と言っている。「なめり」は、断定の助動詞「なり」の連体形「なる」＋推定の助動詞「めり」の終止形。「なるめり」に撥音便（はつおんびん）が生じて「なんめり」となり、その「ん」が表記されていない形。（→P.83）

じっくり！特別講座

謙譲語「まゐる」

謙譲語としての「まゐる」の用法は、原則として「行く」という動作の謙譲語で、「（高貴な場に）参上する」という意味です。けれども、次のような意味で用いられる場合もありますから、注意しましょう。

貴人の身辺や調度品などについての「まゐる」
→「奉仕し申し上げる・整え申し上げる」

本文中の、

▼御格子(みかうし)まゐりて、（1行目）

を訳してみましょう。「御格子を奉仕し申し上げる」？「御格子を整え申し上げる」？もう一歩踏み込んで、ここではどのような「奉仕」をするのか、どのように「整え」るのかを考えなければなりません。雪が降った時はその景色を楽しむのが普通であろうに、「例ならず」（1行目）と書かれているのに注目してください。また、後には「御格子上げさせて」（3行目）とあります。これらを手がかりに、ここは、「御格子を下ろし申し上げて」と解釈するというわけです。

このように格子なら上げるなり下ろすなり、状況によって具体的にどう整えるのかを考えて訳します。他に明かりをつけることや、髪を整えることをいう場合もあります。

謙譲語「さぶらふ」

敬語動詞「さぶらふ」には、次の用法があります。

1 丁寧語の本動詞〔アリマス・オリマス・ゴザイマス〕
2 丁寧語の補助動詞〔～デス・～マス・～ゴザイマス〕
3 謙譲語の本動詞〔オ仕エスル・オソバニ控エル〕

このうち、3の用法に特に注意しましょう。これは、「高貴な人物のそばにいる」ということを表す謙譲語です。本文中の、

▼物語などして集まりさぶらふに、（2行目）

は、『枕草子(まくらのそうし)』という作品の性質上、中宮定子(ちゅうぐうていし)にお仕えしている女房たち（作者も含む）が、中宮定子のおそばに控えて談笑している場面だと考えられます。

これが3の用法なのです。

助動詞「す」「さす」「しむ」

助動詞「す」「さす」「しむ」には、次の意味用法があります。

1 使役〔〜サセル〕……主語にあたるものは他の者に動作をさせ、自分で動作をしない。

2 尊敬〔〜ナサル〕……主語にあたるものは高貴な人物で、自分で動作をする。

2の用法では、下に「たまふ」「おはします」などの尊敬の補助動詞がくるので、識別の手がかりとなります。本文中の例で確認しておきましょう。

▼御格子上げさせて、（3行目）

これは使役の用法。主語である作者が、他のだれかに「御格子を上げさせる」のです。

▼笑はせたまふ。（4行目）

これは、尊敬の用法。主語である中宮定子本人が「お笑いになる」のです。

練習問題

解答→p.293

問一 ――線部A「集まりさぶらふ」とは、だれが、どこに、どうしていることか。説明せよ。

問二 ――線部B「仰せらるれば」、C「御格子上げさせて」、D「御簾を高く上げたれば」、E「笑はせたまふ」の主語をそれぞれ次から選べ。

ア 中宮定子　イ 作者　ウ 人々

問三 ――線部F「さへ」の意味用法を答えよ。

問四 ――線部G「さべきなめり」について、

(1) 現代語訳せよ。

(2) だれが、どのようであることに対して言ったものか。説明せよ。

問五 (1)「御格子」、(2)「炭櫃」、(3)「御簾」の読み方を、現代仮名遣いの平仮名でそれぞれ答えよ。

問六 中宮の問いかけに対する作者の行動は、中国のある詩人の詩をふまえたものである。その詩人を次から選べ。

ア 李白　イ 杜甫　ウ 白居易　エ 王維

8 ゆく河の流れ…『方丈記（はうぢやうき）』

①ゆく河の流れは絶えずして、しかも、もとの水にあらず。②よどみに浮かぶうたかたは、かつ消え、かつ結びて、久しくとどまりたるためしなし。③世の中にある人とすみかと、またかくのごとし。

④たましきの都のうちに、棟を並べ、甍（いらか）を争へる、高き、いやしき、人の住まひは、世々を経て尽きせぬものなれど、これをまことかと尋ぬれば、昔ありし家はまれなり。⑤あるいは去年（こぞ）焼けて今年作れり。⑥あるいは大家（おほいへ）滅びて小家（こいへ）となる。⑦住む人もこれに同じ。⑧所も変はらず、人も多かれど、いにしへ見し人は、二、三十人が中に、わづかに一人二人なり。⑨朝（あした）に死に、夕べに生まるるならひ、ただ水の泡にぞ似たりける。⑩知らず、生まれ死ぬる人、いづかたより来たりて、

現代語訳

①流れゆく川の流れは絶えることがなくて、しかも、もとの水ではない。②よどみに浮かぶ水の泡は、一方では消え、また一方では生まれて、長くとどまっている前例がない。③世の中に生きている人と住居とも、またこのようである。

④玉を敷き詰めたように美しい都の中で、棟を並べ、屋根の高さを競っている、身分の高い者、低い者、あらゆる人の住まいは、幾代過ぎても尽きないものであるが、これを本当かと調べると、昔あった家（で今も残っているもの）はまれである。⑤あるものは去年焼けて今年（新たに）作っている。⑥あるものは大きな家が没落して小さな家になっている。⑦住む人もこれと同様である。⑧場所も変わらず、人も多いけれど、以前に会ったことのある人は、二、三十人のうちに、わずかに一人か二人である。⑨朝に死んで（いく人もあれば）、夕方に生まれる（人もあるという）ならわしは、まさに水の泡に似ていることだ。⑩わからない、生まれ死ぬ人は、どこからやって来て、どこへ去っていくのか。

いづかたへか去る。⑪また知らず、仮の宿り、たがためにか心を悩まし、何によりてか目を喜ばしむる。⑫その、E主(あるじ)とすみかとF、無常を争ふさま、いはば朝顔の露に異ならず。⑬あるいは露落ちて花残れり。⑭残るといへども朝日に枯れぬ。⑮あるいは花しぼみて露なほ消えず。⑯消えずといへども夕べを待つことなし。

注
* うたかた＝水の泡。
* たましきの＝玉を敷き詰めたように美しい。
* 甍＝屋根瓦(やねがわら)。

出典解説 方丈記(ほうじょうき)

鎌倉時代前期の、鴨長明(かものちょうめい)作の随筆。長明は、平安時代末期から鎌倉時代にかけて、源平の争乱をはじめとする動乱や、自然災害・飢饉(ききん)・疫病などに見舞われ、世の中が激しく揺れた時代を体験した。『方丈記』の前半ではそうした世の中のありさまが、後半では長明自身の閑居の様子や人生への思いが、仏教的無常観に基づいて記されている。

⑪また(これも)わからない、仮の住まいで、だれのために心を悩ませ、何によって目を楽しませるのか。⑫その、家主と住居とが、競い合うようにはかなく滅び去るさまは、たとえていうなら朝顔の花(とその上)に置く露と変わらない。⑬ある時は露が落ちて花が残っている。⑭残るといっても朝日を浴びて枯れてしまう。⑮ある時は花がしぼんで露がまだ消えないでいる。⑯消えないといっても夕方まで残ることはない。

ひとくち鑑賞

永久不変のものなどありはしない、この世ははかないもの。そんな無常観が、流れゆく水の泡の描写で始まる、まさに流れるような文体で書かれています。人間も自然も絶えず移り変わり滅び去っていく存在であることを、激動の時代に身をもって体感した、作者の鴨長明(かものちょうめい)ならではの文章といえるでしょう。

試験のポイント

❶ **絶えずして** 「**して**」は接続助詞。

❷ **かつ消え、かつ結びて** 「**かつ〜かつ…**」で「**一方では〜また一方では…**」という意味。

❷ **ためし** 「**前例**」という意味の名詞。現代語の「試し」とは異なるので注意。

❹ **棟を並べ、甍を争へる** 都の家々が高さや立派さを競うように建ち並んでいる様子を表す。

❺ **去年** 「**こぞ**」と読む。

❾ **朝に死に、夕べに生まるる** 「**朝**」は「**あした**」と読み、「**朝**（あさ）」という意味。「**夕べ**」は「**夕方**」という意味。それぞれ現代語の「明日」「昨夜」という意味とは異なるので注意。

❿ **知らず** 後の「生まれ死ぬる人、いづかたより来たりて、いづかたへか去る」ということを「知らず」という意味で、**倒置**になっている。⓫の「知らず」も同じ。

⓫ **何によりてか目を喜ばしむる** 「しむる」は**使役**の助動詞「**しむ**」の**連体形**で、係助詞「**か**」と**係り結び**が成立している。

⓬ **無常** 「**世の中のすべてのものは永久不変ではない**」という、仏教の根本思想。

▲鴨長明（かものちょうめい）は琵琶（びわ）の名手だった。

和漢混交文

『方丈記』の文章は、和文体と漢文訓読体の特徴が入り混じったもので、**和漢混交文**と呼ばれます。次の四つの特色が挙げられます。

1 漢文訓読調の言葉遣い

▼ゆく河の流れは絶え**ずして**、しかも、もとの水にあらず。（1行目）……「不～、而…」を訓読した形。

▼また**かくのごとし**。（4行目）……「如此」を訓読した形。

▼何によりてか目を喜ば**しむる**。（14行目）……使役の助動詞「しむ」は多く漢文訓読時に使用される。

▼残る**といへども**朝日に枯れぬ。（16行目）……「雖～」を訓読した形。

2 倒置……主・述の関係、修飾・被修飾の関係の語順を逆にする。

▼知らず、生まれ死ぬる人、いづかたより来たりて、いづかたへか去る。（12行目）……通常の語順では、「生まれ死ぬる人、いづかたより来たりて、いづかたへか去るを、知らず」となるところ。

▼また知らず、仮の宿り、たがためにか心を悩まし、何によりてか目を喜ばしむる。（13行目）……通常の語順では、「仮の宿り、たがためにか心を悩まし、何によりてか目を喜ばしむるを、また知らず」となるところ。

3 対句……構造や内容が対応する語句を並べる。漢詩などで多く用いられる表現技法。

次の各文は、■の部分と■の部分が、それぞれ対句になっています。

▼かつ消え、かつ結びて、（2行目）

▼棟を並べ、甍を争へる、（5行目）

▼高き、いやしき、（5行目）

▼あるいは去年焼けて今年作れり。あるいは大家滅びて小家となる。（7行目）

▼所も変はらず、人も多かれど、（9行目）

▼朝に死に、夕べに生まるるならひ、（11行目）

▼知らず、……か～。また知らず、……か～。（12行目）

▼いづかたより来たりて、いづかたへか去る。（12行目）

▼あるいは露落ちて花残れり。残るといへども朝日に枯れぬ。あるいは花しぼみて露なほ消えず。消えずといへども夕べを待つことなし。（15行目）

4 **比喩（ひゆ）**……抽象的なことを、具体的な事物にたとえて述べる。漢文特有の技法というわけではないが、特に思想的なことを述べる漢文の文章などによく見られる表現方法。

〈比喩〉	〈たとえられるもの〉
▼ゆく河の流れ／よどみに浮かぶうたかた	←世の中にある人とすみか
▼水の泡	←朝に死に、夕べに生まるるならひ
▼朝顔の露	←主（あるじ）とすみかと、無常を争ふさま

練習問題

解答→p.293

問一 ——線部A「うたかた」と同じ意味の語句を、本文中から抜き出せ。

問二 ——線部B「ためし」の意味を答えよ。

問三 ——線部C「かくのごとし」とは、具体的にどういうことか。説明せよ。

問四 ——線部D「知らず、生まれ死ぬる人、いづかたより来たりて、いづかたへか去る。また知らず、仮の宿り、たがためにか心を悩まし、何によりてか目を喜ばしむる。」に見られる修辞法を次から二つ選べ。

ア 掛詞（かけことば）　イ 序詞（じょことば）　ウ 対句（ついく）
エ 逆説　オ 倒置

問五 ——線部E「主（あるじ）」、F「すみか」を比喩（ひゆ）的に表している一字の語を、本文中からそれぞれ抜き出せ。

問六 (1)「甍」、(2)「去年」、(3)「朝」の読み方をそれぞれ答えよ。

問七 本文全体を貫く思想を端的に表している言葉を、本文中から一語で抜き出せ。

9 つれづれなるままに…『徒然草』

1 つれづれなるままに、日暮らし、硯に向かひて、心にうつりゆくよしなしごとを、そこはかとなく書きつくれば、あやしうこそものぐるほしけれ。

現代語訳

1 することがなく退屈なのにまかせて、一日中、硯に向かって、心に浮かんでは消えていくつまらないことを、とりとめもなく書き付けていると、不思議に狂気じみた気持ちがすることだ。

出典解説 徒然草

鎌倉時代末期の、兼好作の随筆。仏教的無常観を基調とする思想、自然への美意識、教養や修行のあり方など、兼好の幅広い現実認識がうかがえる。貴族・僧侶・庶民などさまざまな階層の人々にまつわるエピソードも多い。

ひとくち鑑賞

作品名の由来となる有名な序段です。作者の兼好は、一日中じっと自分の心を見つめていました。ヒマにまかせてつまらぬことを……という書き方をしていますが、出家して自由な立場にあった兼好の心に映るさまざまな出来事や感情は、実に鮮やかでした。それらを書きとめ、思索を続けるうちに、「あやしうこそものぐるほしけれ」という境地に至ったのでしょう。兼好にとって「つれづれなる」時は、むしろ望ましいものだったようです。

試験のポイント

1 **つれづれなる** 「つれづれなり」は、何をしなければならないでもなく心寂しい様子を表す形容動詞で、ここでは「することがなく退屈だ・手持ちぶさただ」という意味。

❶ **ままに** 「〜にまかせて」という意味の連語。

❶ **日暮らし** 「一日中」という意味の副詞。

❶ **よしなしごと** 形容詞「よしなし」＋形式名詞「こと」から成り、「つまらないこと」という意味の複合名詞。「よしなし」は「取るに足りない」という意味。

❶ **そこはかとなく** 直訳すると「どこそこがこうだということなく」となる。ここでは「とりとめもなく」という意味。

❶ **書きつくれば** 「書きつくれ」はカ行下二段動詞「書きつく」の已然形。

じっくり！ 特別講座

「けれ」の識別

係り結びの法則については、75ページで解説しましたね。では、本文中の、

▼あやしうこそものぐるほしけれ。（2行目）

の係助詞「こそ」の結びの語を正しく答えられるでしょうか。「けれ」と答えたのでは誤り。正しくは「ものぐるほしけれ」で、これで一語の形容詞「ものぐるほし」の已然形です。

助動詞「けり」は連用形接続なので、**形容詞には連用形の「――かり」という形に付く**のです。つまり、助動詞「けり」が結びとなるなら、

あやしうこそものぐるほしかりけれ。

となるはずです。**助動詞「けり」の已然形「けれ」**と、**形容詞の已然形の活用語尾「――けれ」**との識別は、よく出題されますから注意しましょう。助動詞の接続を確かめる習慣をつけることが大切です。

練習問題

解答→p.293

問一 ――線部A「つれづれなり」、B「よしなしごと」の意味をそれぞれ答えよ。

問二 ――線部C「書きつくれ」の基本形を答えよ。

問三 ――線部D「こそ」の結びの語を、本文中から抜き出せ。また、その終止形を答えよ。

10 奥山に、猫またといふものありて…『徒然草』

1 「奥山に、猫*またといふものありて、人を食らふなる[1]。」と人の言ひけるに、「山なら[2]ねども、これらにも、猫の経*上がりて、猫またになり[3]て、人とることはあなる[A]ものを。」と言ふ者ありけるを、何阿弥陀仏とかや、連歌しける法師の、行*願寺のほとりにありけるが聞きて、一人ありかん身は心すべきことにこそと思ひけるころしも、ある所にて夜更くるまで連歌して、ただ一人帰りけるに、小*川の端にて、音に聞きし[B]猫また、あやまたず足もとへふと寄り来て、やがてかきつくままに[C]、頸のほどを食はんとす。2 肝心も失せて、防がんとするに力もなく、足も立たず、小川へ転び入りて、「助けよや、猫またよや、猫またよや。」と叫べば、家々より、松*どもともして走り寄りて見れば、このわたりに見知れる[D]僧なり。3 「こはいかに。」とて、

現代語訳

1 「奥山に、猫またというものがいて、人を食うそうだ。」とある人が言ったところ、「山でなくても、このあたりにも、猫が年を取って変化して、猫またになって、人(の命)を取ることはあるそうだがなあ。」と言う者がいたのを、何とか阿弥陀仏とかいう(名の)、連歌をしていた法師で、行願寺のそばに住んでいた者が聞いて、一人で歩き回るような自分は気をつけなければならないことだと思ったちょうどそのころ、(法師が)ある所で夜が更けるまで連歌をして、ただ一人で帰ったところ、小川の端で、うわさに聞いた猫またが、ねらいたがわず足もとへさっと寄って来て、すぐに飛びつくやいなや、首のあたりを食おうとする。2 (法師は)肝をつぶして、防ごうとするが力も抜け、足も立たず、小川へ転がり込んで、「助けてくれ、猫まただ、猫まただ。」と叫ぶと、家々から、松明を灯して走り寄って見ると、このあたりで見知っている僧である。3 「これはどうしたことだ。」と言って、川の中から抱き起こしたところ、連歌の(勝負で)賞品を得て、(そ

川の中より抱き起こしたれば、連歌の賭物取りて、扇・小箱など懐に持ちたりけるも、水に入りぬ。❹希有にして助かりたるさまにて、這ふ這ふ家に入りにけり。❺飼ひける犬の、暗けれど主を知りて、飛びつきたりけるとぞ。

注

＊猫また＝伝承上の化け物。目は猫、体は犬のようだと言われていた。

＊経上がりて＝年を取って変化して。

＊行願寺＝今の京都市上京区にあった天台宗の寺。

＊小川＝行願寺付近を流れる川の名。

＊松＝松明。松などで作った携帯用の照明具。

＊連歌の賭物＝連歌の勝負で賞として賭けた品物。

＊這ふ這ふ＝はうようにして。やっとのことで。

の）扇や小箱などを懐の中に持っていたのも、水につかってしまった。❹（法師は）かろうじて助かったという様子で、はうようにして家に入っていった。❺飼っていた犬が、暗いけれども飼い主に気づいて、飛びついていたということだ。

ひとくち鑑賞

愚かな法師のお話。化け猫のうわさを聞いて間もなく、その化け猫が自分を襲って来た！　法師の慌てぶりに対して、末尾の一文で明かされる「オチ」が効果的ですね。事の次第を淡々と記すのみで、作者の兼好自身の感想などは特に示されていませんが、逆にそこに賭け連歌に熱中するえせ出家者への、兼好の痛烈な批判を見てとることもできるでしょう。

▲猫またに襲われたと取り乱す法師（奈良絵本『つれづれ草』）

試験のポイント

1 **食らふなる** 「なる」は伝聞の助動詞「なり」の連体形。断定の助動詞との識別が難しいが、「猫また(ねこ)という化け物が人を食う」というのはうわさに過ぎないので、伝聞と判断する。(→特別講座)

1 **山ならねども** 「なら」は断定の助動詞「なり」の未然形。「ね」は打消(うちけし)の助動詞「ず」の已然形。

1 **これら** ここでは「このあたり」という意味。

1 **あなる** ラ変動詞「あり」の連体形「ある」+伝聞の助動詞「なり」の連体形「なる」。「あるなる」に撥音便(はつ)が生じて「あんなる」となり、その「ん」が表記されていない形。(→P.83)

1 **ありかん** カ行四段動詞「ありく」の未然形「ありか」+婉曲(えんきょく)の助動詞「ん」の連体形。「ありく」は「歩き回る・うろつく」という意味。

1 **心すべきことにこそ** 「心す」は「気をつける・注意する」という意味の動詞。「にこそ」は、断定の助動詞「なり」の連用形「に」+強意の係助詞「こそ」。「こそ」と係り結びとなるはずの結びの語は省略されている。ラ変動詞「あり」の已然形「あれ」などを補って考えることができる。

1 **ころしも** 「しも」は強意を表す副助詞。

---

1 **音に聞きし** 「音に聞く」は「うわさに聞く」という意味の連語。「し」は過去の助動詞「き」の連体形。

1 **やがてかきつくままに** 「やがて」は「すぐに」という意味の副詞。現代語の「やがて」とは異なるので注意。「ままに」はここでは「～やいなや・～と同時に」という意味の連語。

2 **見知れる僧** 「る」は存続の助動詞「り」の連体形。全体で「見知っている僧」という意味。

4 **希有にして** 「かろうじて・やっとのことで」という意味。

5 **飛びつきたりけるとぞ** 係助詞「ぞ」と係り結びになるはずの結びの語は省略されている。ハ行四段動詞「言ふ」の連体形「言ふ」などを補って考えることができる。

じっくり！ 特別講座

助動詞「なり」の識別

助動詞「なり」には、次の二つのものがあります。

1 断定の助動詞「なり」→体言・連体形に接続する。

a 断定（〜ダ・〜デアル）

b 存在（〜ニアル・〜ニイル）

2 伝聞推定の助動詞「なり」→終止形（ラ変型活用語は連体形）に接続する。

a 伝聞（〜ソウダ・〜トイウコトダ）

b 推定（〜ヨウダ・〜ラシイ）

……ラ変型活用語に接続する場合、直前の「る」音に撥音便が生じ、さらにその「ん」が無表記になる場合がある。（↓P.83）

二つの助動詞「なり」は、接続のしかたも意味用法も異なり、まったくの別の語です。本文中での例について、まずは、接続を手がかりに考えてみましょう。

▼山ならねども、（2行目）

これは体言「山」に接続しているので、1の断定の助動詞。aの意味に解釈して「山でなくても、」と訳します。

▼人とることはあなるものを。（3行目）

これはラ変動詞「あり」の連体形「ある」の「る」が撥音便化し無表記となったものに接続しているので、2の伝聞推定の助動詞。aの意味に解釈して「人（の命）を取ることはあるそうだがなあ。」と訳します。

もちろん、接続から判断できないこともあります。その場合は、文意から判断しましょう。

▼人を食らふなる。（1行目）

四段動詞「食らふ」は終止形と連体形が同じ形なので、接続からは判断不可能です。そこで、文意を考えると、猫またという化け物が人を食うといううわさについて述べているところだとわかります。したがって、2の伝聞推定の助動詞のaの用法と考え、「人を食うそうだ。」と訳します。ここは連体形「なる」で文を終止し、余情を込めた表現になっています。

なお、

▼猫またになりて、（3行目）

の「なり」はラ行四段動詞「なる」の連用形で、助動詞ではありません。

練習問題

解答→p.294

問一 ══線部1「なる」、2「なら」、3「なり」の文法的説明をそれぞれ次から選べ。

ア　動詞　　イ　形容動詞の活用語尾

ウ　断定の助動詞　　エ　伝聞推定の助動詞

問二 ――線部A「あなる」の、音便の生じていないもとの形を答えよ。

問三 ――線部B「音に聞きし猫また」、C「やがてかきつくままに」をそれぞれ現代語訳せよ。

問四 ――線部D「る」、E「に」の助動詞の基本形と意味用法をそれぞれ答えよ。

問五 本文の内容について説明した次の文の空欄に、三字以内の語句をそれぞれ入れよ。

実際には〔　a　〕が飛びついただけなのに、〔　b　〕に襲われたと思い込んで慌てる〔　c　〕の愚かさを、淡々とした描写でつづっている。

11 ある人、弓射ることを習ふに…『徒然草』

①ある人、弓射ることを習ふに、諸矢をたばさみて的に向かふ。②師のいはく、「初心の人、二つの矢を持つことなかれ。のちの矢を頼みて、初めの矢になほざりの心あり。毎度ただ得失なく、この一矢に定むべしと思へ。」と言ふ。③わづかに二つの矢、師の前にて一つをおろかにせんと思はんや。④懈怠の心、みづから知らずといへども、師これを知る。⑤この戒め、万事にわたるべし。

⑥道を学する人、夕べには朝あらんことを思ひ、朝には夕べあらんことを思ひて、かさねてねんごろに修せんことを期す。⑦いはんや一刹那のうちにおいて、懈怠の心あることを知らんや。⑧なんぞ、ただ今の一念において、ただちにすることのはなはだ難き。

現代語訳

①ある人が、弓を射ることを習う際に、二本の矢を脇にはさみ持って的に向かう。②（すると）師匠が言うには、「初心者は、二本の矢を持ってはならない。後の矢を頼りにして、初めの矢をおろそかにする心が生じる。毎回とにかく当たり外れを考えず、この一矢で決めようと思え。」と言う。③たった二本の矢で、師匠の前で（その）一本をおろそかにしようと思うだろうか、いや思わないだろう。④怠け心というものは、自分では気づかなくても、師匠はこれをわかっている。⑤この戒めは、万事に通じるはずだ。

⑥道を学ぶ人は、夕方には翌朝があることを思って、朝には夕方があることを思って、もう一度念入りに修行しようということを心づもりしている。⑦（一日でもこうなのだから）ましてや言うまでもなく極めて短い時間の中で、（自分に）怠け心があることを知っているだろうか、いや知らないだろう。⑧なんとまあ、現在の一瞬間に、ただちに実行することのたいそう難しいことであろう。

注

* 諸矢＝対になった二本の矢。
* たばさみて＝脇（わき）にはさみ持って。
* 懈怠＝怠けること。
* 一刹那＝極めて短い時間。瞬間。
* ただ今の一念＝現在の一瞬間。

ひとくち鑑賞

弓術の上達法から始まり、万事にわたって見られる人間の怠け心を戒めています。自分では真剣にしているつもりでもどこかに隙（すき）があったり、目の前の課題をとかく後回しにしてしまったりするのは、だれにでも思いあたることではないでしょうか。

試験のポイント

2 **なほざり** 「おろそか・いいかげん」という意味。

2 **定むべし** 「べし」は助動詞で、意志の用法。

3 **おろかにせん** 「おろかなり」は「おろそかだ・いいかげんだ」という意味の形容動詞。「せん」は、サ変動詞「す」の未然形「せ」＋意志の助動詞「ん」の終止形。全体で「おろそかにしよう」という意味。

3 **思はんや** 「ん」は推量の助動詞。「や」は係助詞で、反語の用法。7「知らんや」の「や」も同じ。全体で「思うだろうか、いや思わないだろう」という意味。（→特別講座）

5 **わたるべし** 「べし」は助動詞で、当然の用法。

6 **道** 広く「人として生きていく道」のこと。「学道」「芸道」「歌道」など、いろいろな道を表すのに用いられるが、ここでは特に「仏道」を指していると思われる。

6 **ねんごろに** 「ねんごろなり」は「念入りだ」という意味の形容動詞。

7 **いはんや** 「ましてや言うまでもなく」という意味の副詞。前に述べたことを受け、より程度の高いことを示す。

8 **難き** 「難（かた）し」は「難（むずか）しい」という意味の形容詞。

じっくり！特別講座

係助詞「や」「か」

係助詞「や」「か」には、主に次の用法があります。

1 疑問〔〜カ〕……疑いや問いを表す。

2 反語〔〜カ、イヤ〜ナイ〕……疑問の形を用いて、結果的には反対の意味を表す。

これらの用法は、見かけ上は識別ができないので、文意から判断するしかありません。本文中の次の例は、それぞれどちらの用法にあたるでしょうか。

▼わづかに二つの矢、師の前にて一つをおろかにせんと思はんや。（4行目）

「師匠の前で、たった二本の矢のうちの一本をいいかげんに射ようと思うわけがない」と考えるのが妥当です。よって、この「や」は反語の用法になります。

▼いはんや一刹那のうちにおいて、懈怠の心あることを知らんや。（10行目）

「いはんや」は前で述べたことを受けて「ましてや言うまでもなく」という意味を表すので、前文も重要です。前文には「道を学ぶ人は、とかく、後になってから重ねて修行しようと心づもりしている」という内容が述べられています。すると、この文は、「まして、極めて短い時間の中で、自分に怠け心があることを知っているわけがない」という意味にとるのが妥当です。よって、この「や」も反語の用法です。

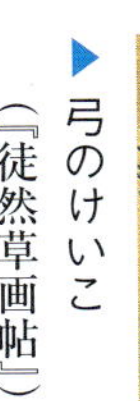

▶弓のけいこ（『徒然草画帖』）

練習問題

解答→p.294

問一　――線部A「初心の人、二つの矢を持つことなかれ」と弓の師匠が教えるのはなぜか。説明せよ。

問二　――線部B「師の前にて一つをおろかにせんと思はんや」を現代語訳せよ。

問三　――線部C「ねんごろなり」、E「難し」の意味をそれぞれ答えよ。

問四　――線部D「ただ今の一念において、ただちにする」と反対の態度を述べている一文を本文中からさがし、最初の五字（句読点を含む）を抜き出せ。

▲双ヶ岡(京都市右京区)
『徒然草』作者の兼好が、晩年を過ごしたといわれる。

⑫ 花は盛りに…『徒然草(つれづれぐさ)』

①花は盛りに、月はくまなきをのみ見るものかは。②雨に向かひて月を恋ひ、たれこめて春の行方(ゆくへ)知らぬも、なほあはれに情け深し。③咲きぬべきほどの梢(こずゑ)、散りしをれたる庭などこそ見どころ多けれ。④歌の詞書(ことばがき)にも、「花見にまかれりけるに、早く散り過ぎにければ」とも、「障(さは)ることありてまからで」なども書けるは、「花を見て」と言へるに劣れることかは。⑤花の散り、月の傾(かたぶ)くを慕ふ習ひは、さることなれど、ことにかたくななる人ぞ、「この枝、かの枝散りにけり。今は見どころなし。」などは言ふめる。

⑥よろづのことも、始め終はりこそをかしけれ。⑦男女(をとこをんな)の情けも、ひとへに逢(あ)ひ見るをば言ふものかは。⑧逢はでやみにし憂(う)さを思ひ、あだなる契りをかこち、長き夜をひとり明か

現代語訳

①桜の花は盛りであるのだけを、月は曇りがないのだけを見るものか、いやそうではない。②雨に向かって(見えない)月を恋い慕い、簾(すだれ)を垂れて部屋にひきこもって春の移ろいを知らないのも、やはりしみじみと情趣が深い。③まさに咲きそうなころの梢(こずえ)や、(花びらが)散りしおれている庭などこそ見どころは多いものである。④歌の詞書(ことばがき)にも、「花見に参りましたが、すでに散ってしまっていたので」とも、「差し支えることがあったので(花見に)参りませんで」などとも書いているのは、「桜の花を見て」と言っているのに劣っていることか、いやそうではない。⑤桜の花が散り、月が沈もうとするのを惜しむ習わしは、もっともなことなのに、とりわけ教養がなく無風流な人は、「この枝も、あの枝も散ってしまった。もう見どころはない。」などと言うようだ。

⑥何事も、始めと終わりが趣深いものだ。⑦男女の恋愛も、ただただ逢瀬(おうせ)をもつのだけを言うものか、いやそうではない。⑧逢瀬をもたないで終わっ

し、遠き雲居を思ひやり、浅茅が宿に昔をしのぶこそ、色好むとは言はめ。

⑨望月のくまなきを千里の外まで眺めたるよりも、暁近くなりて待ち出でたるが、いと心深う、青みたるやうにて、深き山の杉の梢に見えたる、木の間の影、うちしぐれたるむら雲隠れのほど、またなくあはれなり。⑩椎柴・白樫などの、ぬれたるやうなる葉の上にきらめきたるこそ、身にしみて、心あらん友もがなと、都恋しう覚ゆれ。

⑪すべて、月・花をば、さのみ目にて見るものかは。⑫春は家を立ち去らでも、月の夜は閨のうちながらも思へるこそ、いと頼もしう、をかしけれ。⑬よき人は、ひとへに好けるさまにも見えず、興ずるさまもなほざりなり。⑭片田舎の人こそ、色濃くよろづはもて興ずれ。⑮花のもとには、ねぢ寄り立ち寄り、あからめもせずまもりて、酒飲み、連歌して、はては、大きなる枝、心なく折り取りぬ。⑯泉には手・足さし浸して、雪にはおり立ちて跡つけなど、よろづのもの、よそながら見る

てしまったつらさを思い、あてにならない約束を嘆き、長い夜を一人で明かし、遠くはるか(にいる恋人)を思いやり、浅茅が生えたあばら家に昔をなつかしむのをこそ、恋の情趣を解すると言えよう。

⑨満月の曇りなくさえわたっているのをはるか遠くまで眺めているのよりも、明け方近くなって心待ちにしてやっと出た月が、たいそう趣深く、青みを帯びている様子で、奥深い山の杉の梢に見えているのや、木の間(からもれ来る月)の光、さっと時雨を降らせたむら雲に隠れている(月の)様子が、この上なくしみじみとした情趣がある。⑩椎の木や白樫などの、ぬれているような葉の上で(月の光が)きらめいているのは、身にしみて、情趣を解する心のあるような友がいればいいなあと、都が恋しく思われる。

⑪すべて、月や花は、そう目でばかり見るものか、いやそうではない。⑫春は家を出て行かなくても、月の夜は寝室の内にいるままでも(月や花を)想像しているのこそ、とても期待がふくらみ、おもしろいものである。⑬身分が高く教養のある人は、ひたすら風流心を持っているようにも見えないし、興に入る様子もあっさりしている。⑭片田舎の人にかぎって、しつこく何でももてはやすのだ。⑮花のもとには、にじり寄り立ち寄り、わき見もせずにじっと見つめて、酒を飲み、連歌をして、しまいには、

ことなし。

注

＊たれこめて＝簾（すだれ）を垂れて部屋にひきこもって。

＊歌の詞書＝歌の前書き。

＊浅茅が宿＝浅茅（あさじ）が生えたあばら家。「浅茅」はまばらに生えた茅萱（ちがや）。

▲硯（すずり）に向かう兼好（けんこう）（奈良絵本『つれづれ草』）

大きな枝を、思慮なく折り取ってしまう。⑯泉には手や足をさし入れて浸し、雪には降り立って足跡をつけるなど、万事につけて、それとなく見るということがない。

ひとくち鑑賞

満開の桜の花や曇りない月、恋愛の成就などは、だれが見てもすばらしいものでしょうが、作者の兼好（けんこう）はむしろ、時節外れのものや未完成な状態ならではの良さを主張しています。これも、物事を多面的にとらえようとする兼好の態度の表れといえるでしょう。さらには、何事も一歩引いた立場から見てはじめて本質に迫ることができるということなど、なかなか高度な指摘ではありませんか。

試験のポイント

❶ **花** 平安中期以降、「花」といえば特に**「桜の花」**を指す。

❶ **くまなき** **「くまなし」**は**「曇りや陰りがない」**という意味の形容詞。特に曇りなく輝く満月の形容によく用いられる。

❶ **見るものかは** **「かは」**は係助詞で、反語の用法。❹「劣れることかは」、❼「言ふものかは」、⓫「見るものかは」の「かは」も同じ。全体で「見るものか、いやそうではない」という意味。

❷ **情け** ここでは**「情趣」**のこと。

❸ **咲きぬべきほど** **「ぬべき」**は、強意の助動詞「ぬ」の終止形＋推量の助動詞「べし」の連体形「べき」。全体で「まさに咲きそうなころ」という意味。（→特別講座）

❹ **まかれりける** **「まかる」**は「行く・来」の謙譲語であるが、単に動作を重々しく表現するために用いられることがある。ここではその用法で、**「参ります・出かけます」**という意味。❹「まからで」の「まから」も同じ。

❺ **さること** **「さる」**は「さ・ある」がつまってできた連体詞で、直訳すると「そうである・そのような」であるが、ここでは文脈から**「もっともな・当然の」**という意味。

❺ **かたくななる人** **「教養がない人・無風流な人」**のこと。

❽ **あだなる契り** **「あだなり」**は**「不誠実だ・いいかげんだ・はかない」**という意味の形容動詞。全体で「あてにならない約束」という意味。

❽ **かこち** **「かこつ」**は**「嘆く・不平を言う」**という意味の動詞。

❽ **しのぶ** **「なつかしむ・思い慕う」**という意味の動詞。「しのぶ」には、この「偲ぶ」と「忍ぶ（＝耐える・隠す）」があるので注意。

❽ **色** ここでは**「情趣・恋愛」**のこと。

❾ **影** 日・月・星などの**「光」**のこと。

❾ **またなく** **「またなし」**は「又（＝他に・再び）無し」と書く。**「この上ない・他にない」**という意味の形容詞。

❾ **あはれなり** 心にしみじみ感じる様子を広く表す。

❿ **心あらん友もがな** **「心」**はここでは**「情趣を解する心」**のこと。**「もがな」**は願望を表す終助詞で、**「〜があればいいなあ・〜がほしいなあ」**という意味。

⓭ **よき人** **「身分が高く教養のある人」**のこと。「片田舎の人」と対比されている。

⓭ **好ける** **「好く」**は**「風流心を持つ・風流を好む」**という意味の動詞。「る」は存続の助動詞**「り」**の連体形。

⓭ **なほざりなり** **「ほどほどであっさりしている」**という意味の形容動詞。

⑭ **色濃く** ここでは **「しつこく」** という意味。

⑮ **あからめもせずまもりて** **「あからめ」** は **「わき見・よそ見」** という意味の名詞。**「まもる」** は「目守る」で、**「じっと見つめる」** という意味の動詞。

⑯ **よそながら** **「それとなく・離れて」** という意味の副詞。

じっくり！特別講座

連用中止法

▼花は盛りに、月はくまなきをのみ見るものかは。（1行目）

「盛りに」は形容動詞「盛りなり」の連用形です。この「盛りに」は、後の「くまなき」と対等の関係で、ともに下の「をのみ見るものかは。」に続いていきます。この構文は、本来、次のようになっているのです。

花は盛りなるをのみ ─┐
月はくまなきをのみ ─┴ 見るものかは。

ところが、本文では「をのみ」を重ねずに一度で統括する形をとり、それに伴って「盛りなる」が連用形「盛りに」となっています。

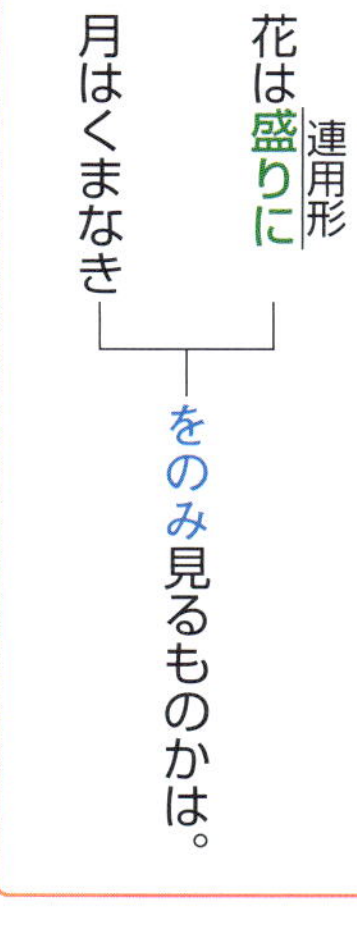

このように、二つの部分が**対等の関係で下の語句に続く**時、二つのうち**先行する部分を連用形にして、文をいったん止める**ことがあります。この連用形の用法を**連用中止法**といいます。連用形で止められた部分が、下のどの語句に続くかに注意して解釈しましょう。ここでは、「をのみ見るものかは。」に続くので、「桜の花は盛りであるのだけを、月は曇りがないのだけを見るものか……」となります。

本文中では、他に次の連用中止法が見られます。

▼1行目

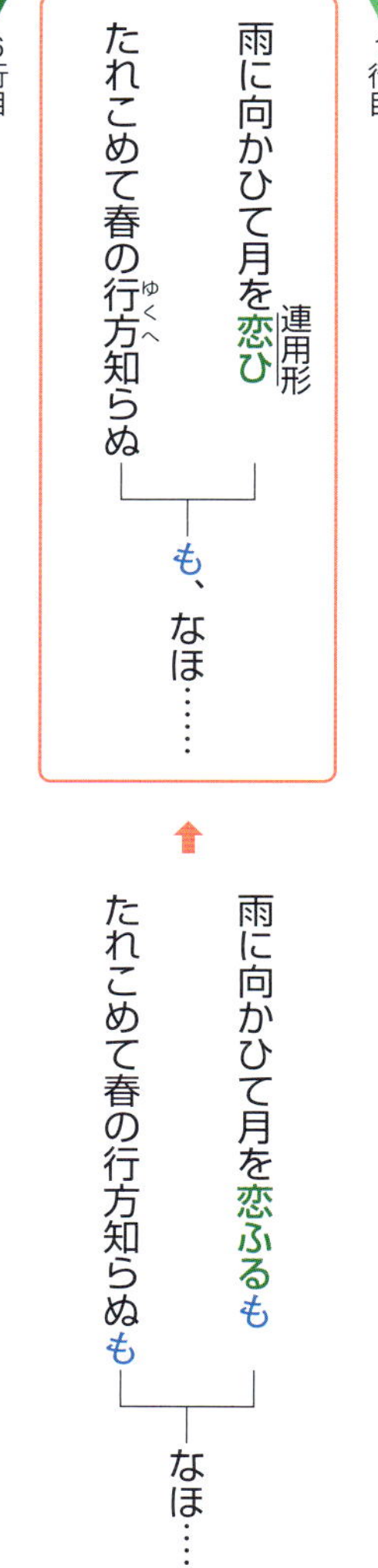

連用形
雨に向かひて月を恋ひ
たれこめて春の行方（ゆくへ）知らぬ
も、なほ……
↑
雨に向かひて月を恋ふるも
たれこめて春の行方知らぬも
なほ……

▼6行目

連用形
花の散り
月の傾（かたぶ）く
を慕ふ……

↑

花の散るを
月の傾くを
慕ふ……

助動詞「ぬ」「つ」の強意用法

▼咲きぬべきほどの梢（こずゑ）（3行目）

この「ぬ」は完了の助動詞ですが、特に「む」「むず」「べし」などの推量の助動詞が下に付く場合は、強意の用法と考えましょう。これは、まだ完結・成立していない状態や動作について、下の推量の助動詞の意味を強め、「まさに〜・きっと〜・確かに〜」などの意味を添える働きをするものです。右の例は「まさに咲きそうなころの梢」と訳します。

完了の助動詞「つ」にも、同様に強意の用法があります。

盗みもしつべきことなり。

これは「きっと盗みもするにちがいないことだ」と訳します。

練習問題

解答→p.294

問一　——線部A「花は盛りに」、B「雨に向かひて月を恋ひ」、D「花の散り」と対等の関係になっている部分を、本文中からそれぞれ抜き出せ。

問二　——線部C「咲きぬべきほど」、E「逢（あ）はでやみにし憂（う）さ」、H「心あらん友もがな」をそれぞれ現代語訳せよ。

問三　＝線部1「る」、2「め」の基本形をそれぞれ答えよ。

問四　——線部F「かこつ」、G「しのぶ」、J「好（す）く」、L「まもる」の意味をそれぞれ答えよ。

問五　——線部I「よき人」について、

(1)　どのような人のことか。十字程度で簡潔に答えよ。

(2)　対比されている語句を、本文中から抜き出せ。

問六　——線部K「あからめもせずまもり」と対照的な態度を表している部分を、本文中から抜き出せ。

13 丹波(たんば)に出雲(いづも)といふ所あり…『徒然草(つれづれぐさ)』

①丹波(たんば)に出雲(いづも)といふ所あり。②大社(おほやしろ)を移して、めでたく造れり。③しだのなにがしとかやしる所なれば、秋のころ、聖海上人(しやうかいしやうにん)、そのほかも、人あまた誘ひて、「いざたまへ、出雲拝みに。かいもちひ召させん。」とて、具(ぐ)しもて行きたるに、おのおの拝みて、ゆゆしく信おこしたり。

④御前(おまへ)なる獅子(しし)・狛犬(こまいぬ)、背(そむ)きて、後ろさまに立ちたりければ、上人いみじく感じて、「あなめでたや。この獅子の立ちやう、いとめづらし。深きゆゑあらん。」と涙ぐみて、「いかに殿ばら、殊勝のことは御覧じとがめずや。むげなり。」と言へば、おのおのあやしみて、「まことに他に異なりけり。都のつとに語らん。」など言ふに、上人なほゆかしがりて、おとなしく物知りぬべき顔したる神官(じんぐわん)を呼びて、「この御社(みやしろ)の獅子の立てられや

現代語訳

①丹波(たんば)に出雲(いずも)という所がある。②出雲大社(の神霊)を(分け)移して、立派に造ってある。③しだの某(なにがし)とかいう者が領有する所なので、秋のころ、(この人が)聖海上人(しょうかいしょうにん)や、その他にも、人をたくさん誘って、「さあいらっしゃい、出雲神社を参拝に。ぼたもちをごちそうしよう。」と言って、連れて行ったところ、それぞれ参拝して、ひどく信仰心を起こした。

④神前にある獅子(しし)と狛犬(こまいぬ)が、背中を向けて、後ろ向きに立っていたので、上人はたいそう感激して、「ああすばらしいなあ。この獅子の立ち方は、たいへんめずらしい。深いわけがあるのだろう。」と涙ぐんで、「もしもし皆さんがた、こんなにすばらしいことを御覧になってお気づきにならないのですか。(それでは)あまりにひどい。」と言うと、それぞれ不思議がって、「本当に他と違っているなあ。都へのみやげ話に話そう。」などと言うので、上人はいっそう(わけを)知りたがって、年配できっと物事を心得ているにちがいない顔をした神官を呼んで、「こ

う、さだめて習ひあることにはべらん。ちと承(うけたまは)らばや。」と言はれければ、「そのことに候(さうら)ふ。さがなき童(わらはべ)どものつかまつりける、奇怪に候ふことなり。」とて、さし寄りて、据(す)ゑ直していにければ、上人の感涙いたづらになりにけり。

注
* 丹波＝今の京都府中部と兵庫県の一部。
* 出雲＝今の京都府亀岡(かめおか)市にある地名。
* 大社を移して＝「大社」は今の島根県にある出雲大社。「移す」は出雲大社の神霊を分け移して祭ること。
* 上人＝僧の敬称。
* かいもちひ＝「ぼたもち」の類。
* 殿ばら＝皆さんがた。
* 都のつと＝都へのみやげ話。
* 奇怪に＝けしからぬことで。怪しみとがめるべきことで。

▲出雲(いずも)神社への参拝
（『徒然草屏風』）

の御社(みやしろ)の獅子の立てられ方は、きっといわれがあることでございましょう。少しうかがいたい。」と言いなさったところ、（神官が）「そのことでございます。いたずらな子供たちがいたしましたことで、けしからぬことでございます。」と言って、そばに寄って、置き直して行ってしまったので、上人の感激の涙は無駄になってしまった。

ひとくち鑑賞

ただの子供のいたずらで狛犬(こまいぬ)の向きが変わっていたのを、特別ないわれのあることだと勘違いして恥をかいた上人(しょうにん)や、それに同調した同行の人々の様子を、ユーモラスに語った話です。権威のありそうなものをむやみにありがたがる風潮への、作者の兼好(けんこう)の批判眼が読み取れたでしょうか。

試験のポイント

❷ **めでたく** **「めでたし」**は**「立派だ・すばらしい」**という意味の形容詞。

❸ **しる** ここでは**「領有する・治める」**という意味。

❸ **あまた** **「たくさん・多く」**という意味の副詞。

❸ **いざたまへ** 「さあどうぞ」と人に何かをすすめる時の慣用表現。ここでは参拝しに来ることをすすめているので、**「さあいらっしゃい」**という意味。

❸ **具し** **「具す」**は**「連れて行く」**という意味の動詞。

❸ **ゆゆしく** ❹ **いみじく** ここでは**「ひどく・たいそう」**という意味。**「ゆゆし」「いみじ」**はどちらも程度のはなはだしさを表す形容詞。

❹ **あなめでたや** **「あな〜や」**は詠嘆を表し、**「ああ〜なあ」**という意味。**「めでた」**は形容詞「めでたし」の語幹。（↓特別講座）

❹ **とがめずや** **「とがむ」**は**「それと気づく・気にとめる」**という意味の動詞。**「ずや」**は、打消の助動詞「ず」の終止形＋疑問の係助詞「や」で、**「〜ないのか」**という意味。

❹ **むげなり** 「無下なり」と書く。**「あまりにひどい」**という意味の形容動詞。

❹ **ゆかしがりて** **「ゆかしがる」**は「心がひかれる」という意味の形容詞「ゆかし」から成った動詞で、**「（心がひかれて）知りたがる」**という意味。

❹ **おとなしく** **「おとなし」**は「大人し」と書く。**「年配で思慮分別がある」**という意味の形容詞。

❹ **物知りぬべき顔** **「ぬべき」**は、強意の助動詞「ぬ」の終止形＋推量の助動詞「べし」の連体形「べき」。（↓P.131）全体で「きっと物事を心得ているにちがいない顔」という意味。

❹ **さだめて** **「きっと」**という意味の副詞。

❹ **習ひあることにはべらん** **「にはべらん」**は、断定の助動詞「なり」の連用形「に」＋ラ変動詞「はべり」の未然形「はべら」＋推量の助動詞「ん」の終止形。この**「はべり」**は**「〜です・〜ます・〜ございます」**という意味の丁寧の補助動詞。

❹ **承らばや** **「ばや」**は願望を表す終助詞で、**「〜たい」**という意味。

❹ **そのことに候ふ** この**「候ふ」**は**「〜です・〜ます・〜ございます」**という意味の丁寧の補助動詞。❹「奇怪に候ふことなり」の「候ふ」も同じ。

❹ **さがなき** **「さがなし」**は**「いたずらだ・性格が悪い」**という意味の形容詞。

4 **据ゑ直していにければ** 「据ゑ」はワ行下二段動詞「据う」の連用形。「いに」はナ変動詞「往ぬ（去ぬ）」の連用形。

4 **いたづらに** 「いたづらなり」は「無駄だ」という意味の形容動詞。

じっくり！特別講座

形容詞の語幹の用法

動詞・形容詞・形容動詞をあわせて用言といいます。これらの言葉は、それぞれ、活用する時に変化しない語幹の部分と、変化する活用語尾の部分とに分けられます。（→P.12）

例 形容詞「めでたし」

未然形	連用形	終止形	連体形	已然形
めでたく	めでたく	めでたし	めでたき	めでたけれ

語感……めでた
活用語尾……く・く・し・き・けれ

20ページでも解説しましたが、形容詞の語幹には、次の特有な用法があります。

1 あな 形容詞語幹（や）。〔アア～ナア〕
……感動文をつくる。
「あな」は感動詞、「や」は詠嘆の助詞。

2 形容詞語幹 の○○（や）。〔～ナ○○ダナア〕
……連体修飾語をつくる。感動文になることが多い。
「の」は格助詞、「や」は詠嘆の助詞。

3 ○○（を）形容詞語幹 み〔○○ガ～ノデ〕
……原因・理由を表す。和歌を主とする用法。
「を」は格助詞、「み」は接尾語。

本文中に見られるのは1の用法です。

▼あなめでたや。（7行目）
「めでた」は形容詞「めでたし」の語幹。「ああすばらしいなあ」と訳します。

助動詞「けり」の詠嘆用法

助動詞「けり」は過去を表し、「〜た」と訳すのが基本ですが、もう一つ、**詠嘆**の用法があることに注意しましょう。これは、**それまで気づかなかったことに初めて気づいた時の心の動き**を表すもので、**「〜なあ」**と訳します。感情を直接的に表すことの多い会話文や和歌の中でよく用いられます。本文中の、

▼ **まことに他に異なりけり。**（10行目）

では、獅子（しし）と狛犬（こまいぬ）の立ち方に注目した人々が、「本当に他と違っているなあ。」と言っています。背中を向けて立っている獅子と狛犬のめずらしさに、上人（しょうにん）の指摘で人々が初めて気づき、驚いているところなのです。

練習問題 解答→p. 294

問一 ――線部A「あまた」、C「具（ぐ）す」、H「ゆかしがる」、I「おとなし」、L「いたづらなり」の意味をそれぞれ答えよ。

問二 ――線部B「いざたまへ」、D「あなめでたや」、E「深きゆゑあらん」、J「ちと承（うけたまは）らばや」をそれぞれ現代語訳せよ。

問三 ――線部F「殊勝のこと」とは、具体的に何がどうであったことを言ったものか。説明せよ。

問四 ――線部G「むげなり」とは、具体的にだれがどうであったことに対して言ったものか。説明せよ。

問五 ――線部K「奇怪に」とは、具体的にだれがどうしたことに対して言ったものか。説明せよ。

問六 ＝＝線部1〜4「に」の文法的説明をそれぞれ次から選べ。

ア 動詞の活用語尾　イ 形容動詞の活用語尾
ウ 完了の助動詞　エ 断定の助動詞
オ 格助詞

14 門出…『土佐(とさ)日記』

①男もすなる日記(にき)といふものを、女もしてみむとて、するなり。②それの年の、十二月(しはす)の、二十日(はつか)あまり一日(ひとひ)の日の、戌(いぬ)の時に門出す。③そのよし、いささかに、ものに書きつく。④ある人、県(あがた)の四年五年(よとせいつとせ)果てて、例のことどもみなし終へて、解由(げゆ)など取りて、住む館(たち)より出(い)でて、船に乗るべき所へ渡る。⑤かれこれ、知る知らぬ、送りす。⑥年ごろ、よく比べつる人々なむ、別れがたく思ひて、日(ひ)しきりに、とかくしつつののしるうちに、夜(よ)ふけぬ。⑦二十二日(はつかあまりふつか)に、和泉(いづみ)の国までと、平(たひ)らかに願(ぐわん)立つ。⑧藤原(ふぢはら)のときざね、船路(ふなぢ)なれど馬(むま)のはなむけす。⑨上中下(かみなかしも)、酔(ゑ)ひ飽(あ)きて、いとあやしく、塩海(しほうみ)のほとりにてあざれ合へり。

現代語訳

①男性も書くという日記というものを、女性(である私)も書いてみようと思って、書くのである。②ある年の、十二月の、二十一日の、午後八時ごろに出発する。③その次第を、少しばかり、ものに書き付ける。④ある人が、国司(こくし)としての四、五年の任期が終わって、恒例のいろいろな事務引き継ぎをすべてすませて、解由状(げゆじょう)などを受け取って、住んでいる官舎から出て、船に乗ることになっている場所へ移る。⑤あの人この人、知る人知らない人が、見送りをする。⑥数年来、親しく交際していた人々は、名残惜(なごりお)しく思って、一日中、あれこれしながら大声で騒ぐうちに、夜がふけた。⑦二十二日に、(どうか)和泉(いずみ)の国まではと、平穏無事であるように神仏に祈願する。⑧藤原(ふじわら)のときざねが、(馬に乗らない)船旅なのだが「馬のはなむけ〔＝送別の宴〕」をする。⑨身分が上の者も中ほどの者も下の者も、すっかり酔っ払って、なんとも

注

＊男もすなる日記＝当時の日記は、男性による漢文体の公務の記録などが主であった。
＊それの年＝わざと年をぼかして表現したもの。実際には承平四年(九三四)。
＊県の四年五年＝国司(＝地方官)としての四、五年の任期。
＊例のこと＝恒例の事務引き継ぎ。
＊解由＝新任者が前任者の任務完了を証明する公文書。「解由状」の略。
＊よく比べつる人々＝親しく交際していた人々。
＊和泉の国＝今の大阪府南部。

▲船旅(『北野天神縁起絵巻』)

不思議なことに、(物が「あざる(＝腐る)」はずのない)塩辛い海のそばで「あざれ(＝ふざけ)」合っている。

ひとくち鑑賞

冒頭の一文は、「女手」と呼ばれた仮名文字でこの作品を書くにあたって、みずからを女性であると偽ったものです。もちろん、作者の紀貫之は男性で、官職はさほど高くなかったものの、『古今和歌集』の撰を命じられたほどの人物。漢文の素養もあり、これが貫之の作であることは隠しようもないのですが、個人的な出来事や心情を自由に表現するために、あえてこのような方法をとったのでしょう。ここでは、「船旅なのに馬のはなむけ(＝送別の宴)」「物が腐るはずのない塩辛い海だけどあざる(＝腐る・ふざける)」などの洒落で、旅立ちに浮き立つ気持ちがよく表されていますね。

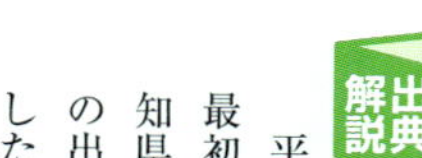

出典解説　土佐日記

平安時代前期の紀貫之作の日記。仮名文字で書かれた最初の日記である。土佐守となって土佐の国(＝今の高知県)に赴任した貫之が、任期を終えて帰京する道中での出来事や心情を、時系列的に記している。任地で亡くした女児への追慕の情を告白しつつも、時に洒落や風刺を交え、全体としては軽妙な文体が特徴的である。

試験のポイント

❶ **すなる日記** ❶ **するなり** 「なる」「なり」はともにサ変動詞に接続しているが、「すなる日記」の「なる」は終止形「す」に接続しているので伝聞推定の助動詞、「するなり」の「なり」は連体形「する」に接続しているので断定の助動詞である。それぞれ、「するという日記」「するのである」と訳し分けること。(↓P.119)

❷ **十二月** 古文では「しはす」と読む。「師走(しはす)」とも書く。

❷ **戌の時** 一日を十二等分し、十二支をあてた時刻の示し方。午後十一時から午前一時までを「子(ね)」とする。(↓P.48)「戌(いぬ)」はだいたい午後八時ごろ。

❸ **よし** 物事のつながりを広く表す名詞で、ここでは「次第・事情・いきさつ」という意味。(↓P.174)

❹ **ある人** 作者の紀貫之(きのつらゆき)を指す。わざとぼかして表現したもの。

❻ **年ごろ** 「数年来・長年」という意味の名詞。

❻ **よく比べつる人々なむ** 係助詞「なむ」と係り結びになるはずの結びは消滅している。(↓特別講座)

❻ **ののしる** 「大声で騒ぐ」という意味の動詞。現代語の「罵倒(ばとう)する」とは異なるので注意。

❽ **馬のはなむけ** 「送別の宴」のこと。旅立つ人の乗る馬の鼻を行き先に向けて旅の安全を祈ったことからできた言葉。(↓特別講座)

❾ **酔ひ飽きて** 「～飽(あ)く」は「十分に～する」という意味を添えるもので、全体で「十分に酔って・すっかり酔っ払って」という意味。

❾ **あざれ合へり** 「あざる」は、「ふざける」という意味の「戯(あざ)る」と「腐る」という意味の「鯘(あざ)る」の掛詞(かけことば)。(↓特別講座)

じっくり! 特別講座

結びの消滅(結びの流れ)

係り結びの法則については、すでに解説しましたが(↓P.75)、ここでは、それが不成立となる場合を紹介しましょう。

係助詞「ぞ」「なむ」「や」「か」を受ける場合は連体形に、係助詞「こそ」を受ける場合は已然形になって文が終結するのが、係り結び。ところが、係助詞を受ける活用語で文が終わらず、さらに文が続くために、係り結びの結びとなるはずの部分が結ばれないままになってしまうことがあるのです。これを結びの消滅（結びの流れ）といいます。本文中の結びの消滅を見てみましょう。

▼年ごろ、よく比べつる人々なむ、別れがたく思ひて、日しきりに、とかくしつつののしるうちに、夜ふけぬ。（7行目）

係助詞「なむ」を受けるのは「思ひ」です。本来なら連体形「思ふ」で結び、「……人々なむ、別れがたく思ふ。」となるはずです。けれども、下に接続助詞「て」が付き、文が続いていくので、係助詞「なむ」の結びは消滅し、係り結びが成立していません。

洒落

『土佐日記』では、皮肉っぽいものの言い方や洒落による言葉遊びなどがしばしば見られ、作者の紀貫之の気のきいたユーモア精神がうかがえます。例えば、本文中には次の二つの洒落が含まれています。

▼船路なれど馬のはなむけす。（11行目）

「馬のはなむけ」とは、もともとは、旅人の乗る馬の鼻を行き先に向けて、旅の安全を祈る風習。そこから、餞別を贈ったり送別の宴を開いたりすることを表します。貫之は、見送りの人が開いてくれた「送別の宴」を、原義にさかのぼって、船で旅立つにもかかわらず「馬のはなむけ」というのはおもしろいと洒落ているのです。

▼いとあやしく、塩海のほとりにてあざれ合へり。（12行目）

「あざる」には、「ふざける」という意味の「戯る」と「腐る」という意味の「鯘る」とがあります。ここでは、人々が酔っ払って「ふざけ」ているのですが、そこが「塩海のほとり」であることから、塩分が高い海水のそばであるにもかかわらず、物が「腐る」というのはおかしな話だと洒落ているのです。

練習問題

解答→p.294

問一 ——線部A「すなる」、B「するなり」に含まれる助動詞の意味用法をそれぞれ答えよ。また、——線部をそれぞれ現代語訳せよ。

問二 ——線部C「戌の時」とは、だいたい何時ごろのことか。

問三 ——線部D「年ごろ」、F「ののしる」の意味をそれぞれ答えよ。

問四 ——線部E「なむ」は係助詞であるが、その結びはどうなっているか。説明せよ。

⑮ 帰京…『土佐日記』

①夜ふけて来れば、所々も見えず。②京に入り立ちてうれし。③家に至りて、門に入るに、月明ければ、いとよくありさま見ゆ。④聞きしよりもまして、言ふかひなくぞこぼれ破れたる。⑤家に預けたりつる人の心も、荒れたるなりけり。⑥中垣こそあれ、一つ家のやうなれば、望みて預かれるなり。⑦さるは、たよりごとに、物も絶えず得させたり。⑧今宵、「かかること。」と、声高にものも言はせず。⑨いとはつらく見ゆれど、こころざしはせむとす。

⑩さて、池めいてくぼまり、水つける所あり。⑪ほとりに松もありき。⑫五年六年のうちに、千年や過ぎにけむ、かたへはなくなりにけり。⑬今生ひたるぞまじれる。⑭おほかたの、みな荒れにたれば、「あはれ。」とぞ人々言ふ。⑮思ひ出

現代語訳

①夜がふけてから（京の都に）来るので、あちらこちらも見えない。②京に入ってうれしい。③家に到着して、門に入ると、月が明るいので、実によく様子が見える。④（うわさに）聞いていた以上に、言いようがなく壊れ傷んでいる。⑤家（の管理）を任せておいた人の心も、すさんでいたのであったよ。⑥中垣はあるけれども、一つの屋敷のようであるから、（先方から）望んで預かったのだ。⑦そうではあるが、機会があるたびに、（お礼の）品もいつも取らせていた。⑧（それなのに）今夜は、「このような（ひどい）ありさまだ。」と、（一行の者たちに）声高には文句も言わせない。⑨たいそう薄情に思われるけれど、お礼はしようと思う。

⑩さて、池のようにくぼみ、水のたまっている所がある。⑪（かつては）そばに松もあった。⑫五、六年のうちに、千年が過ぎてしまったのであろうか、（千年の寿命があるはずの松なのに）一部分はなくなっていた。⑬新しく生えたのがまじっている。⑭だいたいが、すっかり荒れ果てているので、「あ

でぬことなく、思ひ恋しきがうちに、この家にて生まれし女子(をむなご)の、もろともに帰らねば、いかがは悲しき。⑯船人(ふなびと)もみな、子たかりてののしる。⑰かかるうちに、なほ悲しきに堪へずして、ひそかに心知れる人と言へりける歌、

生まれしも帰らぬものをわが宿に
　小松のあるを見るが悲しさ

とぞ言へる。⑱なほ飽(あ)かずやあらむ、またかくなむ、

見し人の松の千年(ちとせ)に見ましかば
　遠く悲しき別れせましや

⑲忘れがたく、くちをしきこと多かれど、え尽くさず。⑳とまれかうまれ、とく破(や)りてむ。

㊟ ＊とまれかうまれ＝ともかく。とにもかくにも。「ともあれかくもあれ」が短くなったもの。

あひどい。」と人々が言う。⑮思い出さないことはなく、(何につけ)恋しい中で、この家で生まれた女の子が、一緒に(京の都に)帰らないので、どんなに悲しいことか。⑯同船の人々も皆、子供が寄ってたかって大声で騒ぐ。⑰こうしているうちに、いっそう悲しさに堪えかねて、こっそり気持ちをわかってくれている人と詠(よ)み交わしていた歌は、

(この家で)生まれた子も(土佐(とさ)の国で亡くなって)帰らないのに、(留守にしている間に)我が家に小松が育っているのを見るのは悲しいことだ。

と詠んだ。⑱それでもまだもの足りないのであろうか、またこのように(詠んだ歌は)、

もし、(かつて)見た人〔＝生きていた我が子〕が、松のように千年も生きて、(私が)見ることができるならば、遠く〔＝土佐の国〕で悲しい別れをしただろうか、いやしなかっただろうに。

⑲忘れがたく、残念なことはたくさんあるが、(書き)尽くすことができない。⑳ともかく、(こんな日記は)早く破ってしまおう。

▲紀貫之（上畳本『三十六歌仙』）

ひとくち鑑賞

長旅の末、いよいよ京の都に帰って来ました。不在の間に荒れ果てた我が家を見て、家の管理を任せておいた人への不信感がわきます。様変わりした庭では、千年の寿命があるといわれる松さえも、たった五年ほどの留守のうちになくなっているという皮肉。ふと見ると、そこに新しく小さな松が生えているではありませんか。しかし、それも、土佐で亡くした娘への追慕の念をかき立てるばかり。うれしいはずの帰京なのに、作者の紀貫之の心は悲しみに包まれています。

試験のポイント

④ **言ふかひなく**　**「言ふかひなし」**は**「言いようがない・どうしようもない」**という意味の形容詞。

⑥ **中垣こそあれ**　係助詞**「こそ」**と、ラ変動詞**「あり」**の**已然形**「あれ」で、**係り結び**が成立している。ただし、「あれ」で文が終わらず、**逆接の関係**でさらに下に続いている。全体で「中垣はあるけれども」という意味。（→P.102

⑥ **預かれるなり**　ラ行四段動詞「預かる」の已然（命令）形「預かれ」＋完了の助動詞「り」の連体形「る」＋断定の助動詞「なり」の終止形。「預かったのだ」という意味。（→特別講座）

⑦ **さるは**　「さ・ある・は」がつまってできた接続詞で、**「そうではあるが・とはいえ」**という意味。

⑦ **たより**　**「機会・ついで」**という意味の名詞。

⑦ **得させたり**　ア行下二段動詞「得」の未然形「得」＋使役の助動詞「さす」の連用形「させ」＋存続の助動詞「たり」の終止形。

⑧ **かかること**　**「かかる」**は「かく・ある」がつまってできた連体詞で、**「このような」**という意味。

9 **いとは** 「は」は強意を表す係助詞。

12 **かたへ** 「片方(かたへ)」と書く。「(全体のうちの)一部分または半分・(二つのうちの)片一方」という意味の名詞。

15 **女子** 京の都で生まれ、土佐(とさ)の国で亡くなった娘を指す。

15 **もろともに** 「一緒に」という意味の副詞。

16 **ののしる** 「大声で騒ぐ」という意味の動詞。

19 **くちをしきこと** 「くちをし」は「残念だ」という意味の形容詞。

19 **え尽くさず** 「え」は副詞、「ず」は打消の助動詞。「え」は打消表現と呼応して不可能を表す。全体で「(書き)尽くすことができない」という意味。

20 **とく破りてむ** 「とし」は「早い」という意味の形容詞。「破(や)りてむ」は、ラ行四段動詞「破る」の連用形「破り」＋完了の助動詞「つ」の未然形「て」＋意志の助動詞「む」の終止形。全体で「早く破ってしまおう」という意味。

じっくり！特別講座

助動詞「り」

助動詞「り」は、サ変動詞の未然形、四段動詞の已然形(命令形という説もある)にのみ接続し、完了・存続を表します。活用形によっては、助動詞「る」やラ行の活用語尾と紛らわしい場合があるので、注意しましょう。必ず直前の動詞の活用の種類と活用形を確かめること。本文中の例を見てみましょう。

▼望みて預かれるなり。(5行目)

直前にあるのは、ラ行四段動詞「預かる」の已然(命令)形「預かれ」です。「る」は「り」の連体形。

▼水つける所あり。(9行目)

直前にあるのは、カ行四段動詞「つく」の已然(命令)形「つけ」です。この「る」も「り」の連体形。

▼今生(お)ひたるぞまじれる。(11行目)

直前にあるのは、ラ行四段動詞「まじる」の已然(命令)形「まじれ」です。「る」は「り」の連体形で、係助詞「ぞ」と係り結びが成立しています。

▼心知れる人と言へりける歌、(16行目)

直前にあるのは、ラ行四段動詞「知る」の已然(命令)形「知れ」と、ハ行四段動詞「言ふ」の已然(命令)形「言へ」です。「る」は「り」の連体形。「り」は下に助動詞「けり」が付くので、連用形。

▼とぞ言へる。（19行目）

この「る」も已然（命令）形「言へ」に接続しています。係助詞「ぞ」と係り結びが成立しているので、「る」は連体形。

反実仮想

反実仮想とは、事実に反することを仮に想定する用法です。仮定条件を表す接続助詞「ば」や反実仮想を表す助動詞「まし」によって、次のような一定の形をとります。

1 …ましかば〜まし
2 …ませば〜まし
3 …せば〜まし
4 …未然形＋ば〜まし
〔モシ…ナラバ〜ダロウニ〕

「もし…ならば〜だろうに」ということは、現実はその反対で、「…ないので〜ない」ということです。簡単な例を示すと、

走らましかば、遅れざらまし。

は、「もし走っていたならば、遅れなかっただろうに。」という意味です。現実は、走っていないので遅れたわけですね。

本文中の例を確認しておきましょう。

▼見し人の松の千年に見ましかば
遠く悲しき別れせましや（20行目）

「や」が反語の係助詞であることにも注意して訳すと、「もし、（かつて）見た人〔＝生きていた我が子〕が、松のように千年も生きて、（私が）見ることができるならば、遠く〔＝土佐の国〕で悲しい別れをしただろうか、いやしなかっただろうに。」となります。これは、現実には「我が子の寿命が限られていたので、土佐の国で死に別れてしまった」ということなのです。

練習問題

解答→p.295

問一 ――線部A「言ふかひなし」、D「たより」、F「かたへ」、G「ののしる」の意味をそれぞれ答えよ。

問二 ――線部B「中垣こそあれ」、E「こころざしはせむとす」、H「なほ飽かずやあらむ」をそれぞれ現代語訳せよ。

問三 ――線部C「望みて預かれるなり」の主語にあたるものを、本文中から十字以内で抜き出せ。

問四 「見し人の」の歌は、どのようなことを言っているのか。簡潔にまとめて説明せよ。

問五 ――線部I「とく破りてむ」を品詞分解せよ。

16 祇園精舎…『平家物語』

①祇園精舎の鐘の声、諸行無常の響きあり。②娑羅双樹の花の色、盛者必衰の理をあらはす。③おごれる人も久しからず、ただ春の夜の夢のごとし。④猛き者もつひには滅びぬ、ひとへに風の前の塵に同じ。

⑤遠く異朝をとぶらへば、秦の趙高、漢の王莽、梁の朱异、唐の禄山、これらは皆旧主先皇の政にも従はず、楽しみをきはめ、諫めをも思ひ入れず、天下の乱れんことを悟らずして、民間の憂ふる所を知らざつしかば、久しからずして、亡じにし者どもなり。⑥近く本朝をうかがふに、承平の将門、天慶の純友、唐和の義親、平治の信頼、これらはおごれる心も猛きことも、皆とりどりにこそありしかども、まぢかくは、六波羅の入道前太政大臣平朝臣清盛公と申しし人のありさま、伝へ

現代語訳

①祇園精舎の鐘の音には、万物が無常であるということを思わせる響きがある。②娑羅双樹の花の色は、盛んな者も必ず衰えるという道理を表している。③権勢をほしいままにしている人も(その栄華は)長く続かない、まるで春の夜の夢のようだ。④勇猛な者も結局は滅んでしまう、まったく風の前の塵と同じだ。

⑤遠く外国(に例)を探してみると、秦の趙高、漢の王莽、梁の朱异、唐の安禄山、これらは皆もとの主君や前の皇帝の政治にも従わず、楽しみを極め、忠言をも深く考えに入れようとせず、天下が乱れることを悟らずに、人民の苦しみを知らなかったので、(栄華が)長続きせずに、滅びてしまった者たちである。⑥近く我が国(に例)を調べてみると、承平年間の平将門、天慶年間の藤原純友、唐和年間の源義親、平治年間の藤原信頼、これらはおごりたかぶっている心も勇猛なことも、皆それぞれであったけれども、ごく最近では、六波羅の入道前の太政大臣平朝臣清盛公と申した人のありさまを、

承るこそ、心もことばも及ばれね。

注

＊祇園精舎＝昔、中インド舎衛国の林園に、釈迦のために建てられた寺。

＊娑羅双樹＝釈迦が死の床に伏していた時、床の四方に二本ずつ生えていたという樹。釈迦が死去すると、白色に変じたとされる。

＊異朝・本朝＝「異朝」は外国のこと。当時「外国」といえば、中国を指す。対して「本朝」は日本のこと。

＊六波羅＝今の京都市東山区六波羅蜜寺の付近。平清盛の邸宅があった。

出典解説

平家物語

鎌倉時代前期の軍記物語。信濃前司行長の作と伝えられている。平家の全盛期から、平清盛の死後、衰退して都落ちし、各地での合戦にことごとく敗れて壇の浦で滅亡するまでの興亡史と、その後日談を記す。人の世のはかなさ、滅びゆくものの美しさが、仏教的無常観を背景にして描き出されている。琵琶法師によって、琵琶の伴奏に合わせて「平曲」として語り伝えられた。

試験のポイント

① **諸行無常**　「万物は絶えず変化し生滅してとどまることがない」という、仏教の根本思想。

② **理**　「ことわり」と読む。「道理」という意味の名詞。

③ **ただ〜のごとし**　④ **ひとへに〜に同じ**　比喩を表し、「まるで〜のようだ」「まったく〜と同じだ」という意味。

⑤ **とぶらへば**　「とぶらふ」は「探す・尋ねる」という意味の動詞。

⑤ **亡じにし**　サ変動詞「亡ず」の連用形「亡じ」＋完了の助動詞「ぬ」の連用形「に」＋過去の助動詞「き」の連体形「し」。

⑥ **及ばれね**　バ行四段動詞「及ぶ」の未然形「及ば」＋可能の助動詞「る」の未然形「れ」＋打消の助動詞「ず」の已然形「ね」。已然形「ね」は、上にある係助詞「こそ」と係り結びが成立している。

伝え聞き申し上げるのは、（そのおごりを極めて横暴な様子は）想像もつかず言葉で表現することもできない。

▲娑羅双樹

ひとくち鑑賞

哀感をたたえた格調高い調べで有名な冒頭文です。仏教的な因果応報の思想と無常観がよく表れていると同時に、七五調や対句によって印象的な文体となっていますね。

じっくり！特別講座

対句

『平家物語』の文章は、**和漢混交文**（→P.112）を基調としてつづられ、多様な**対句**が見られます。文章にリズム感を与えるとともに、内容にも説得力を増している対句の例を、本文で確かめておきましょう。

祇園精舎の　鐘の声、　諸行無常の　響きあり。
娑羅双樹の　花の色、　盛者必衰の　理をあらはす。

冒頭の第一文と第二文は、**漢語**の対応と**七五調**のリズムから成り、**仏教的無常観**を述べています。

おごれる人も　久しからず、　ただ　春の夜の夢のごとし。
猛き者も　つひには滅びぬ、　ひとへに　風の前の塵に同じ。

次の第三文と第四文は、冒頭文から少し趣を変えた**和文調**です。**比喩**を並べて、**権勢の盛んな者もいつか必ず滅びる**ことを述べています。

遠く　異朝を　とぶらへば、……
近く　本朝を　うかがふに、……

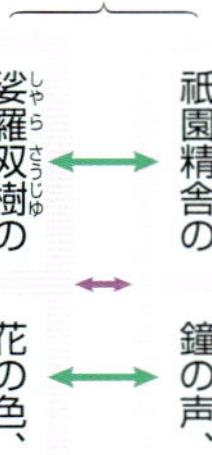

前述したことを受けて、第五文では「**異朝**」の実例、第六文では「**本朝**」の実例を挙げ、この物語の本題となる「**平清盛**」へと話を展開させていきます。

練習問題

解答→p.295

問一　――線部A「諸行無常」、B「理」の意味をそれぞれ答えよ。

問二　――線部C「おごれる人」、D「滅びぬ」、F「ありしかども」に含まれる助動詞の基本形をそれぞれ答えよ。

問三　――線部E「亡じにし者どもなり」を現代語訳せよ。

問四　本文に見られる表現上の特色を、次からすべて選べ。

ア　擬古文　　イ　和漢混交文　　ウ　対句　　エ　比喩
オ　反復　　カ　掛詞　　キ　七五調　　ク　五七調

17 木曾の最期…『平家物語』

① 木曾左馬頭、その日の装束には、赤地の錦の直垂に、唐綾威の鎧着て、鍬形打つたる甲の緒締め、厳物作りの大太刀はき、石打ちの矢の、その日のいくさに射て少々残つたるを、頭高に負ひなし、滋籐の弓持つて、聞こゆる木曾の鬼葦毛といふ馬の、きはめて太うたくましいに、黄覆輪の鞍置いてぞ乗つたりける。② 鐙ふんばり立ち上がり、大音声をあげて名のりけるは、「昔は聞きけんものを、木曾の冠者、今は見るらん、左馬頭兼伊予守、朝日の将軍源義仲ぞや。甲斐の一条次郎とこそ聞け。互ひによい敵ぞ。義仲討つて兵衛佐に見せよや。」とて、をめいて駆く。③ 一条次郎、「ただ今名のるは大将軍ぞ。あますな者ども、もらすな若党、討てや。」とて、大勢の中に取りこめて、我討つ取らんとぞ進みける。④ 木曾三百余騎、六千余騎が中を、

現代語訳

① 木曾左馬頭〔＝源義仲〕は、その日の装束には、赤地の錦の直垂に、唐綾威の鎧を着て、鍬形を打った甲の緒を締め、いかめしく豪華に作った大きな太刀を差し、石打ちの矢で、その日の戦で射て少々残ったのを、頭より高く突き出るように背負い、滋籐の弓を持って、名高い木曾の鬼葦毛という馬で、非常に肥えてたくましい馬に、黄覆輪の鞍を置いて乗っていた。② (義仲が)鐙を踏ん張って立ち上がり、大声をあげて名乗ったことには、「昔は耳にしただろうが、(我こそは)木曾の冠者、今は見て察しているだろう、左馬頭兼伊予守、朝日の将軍源義仲であるぞ。(おまえは)甲斐の一条次郎と聞く。互いによい敵だ。義仲を討って兵衛佐〔＝源頼朝〕に見せろ。」と言って、大声で叫んで駆ける。③ 一条次郎は、「ただ今名乗ったのは大将軍だぞ。取り逃すな者ども、討ちもらすな若者ども、討てよ。」と言って、大軍の中に(義仲を)取り囲んで、我こそ討ち取ろうと進み出た。④ 木曾の三百余騎は、(一条次郎の)六千余騎の中を、縦横無尽に駆け破って、

*縦さま・横さま・蜘蛛手・十文字に駆けわつて、後ろへつつと出でたれば、五十騎ばかりになりにけり。❺そこを破つて行くほどに、*土肥二郎実平、二千余騎でささへたり。❻それをも破つて行くほどに、あそこでは四、五百騎、ここでは二、三百騎、百四、五十騎、百騎ばかりが中を、駆けわり駆けわり行くほどに、主従五騎にぞなりにける。❼五騎がうちまで*巴は討たれざりけり。❽木曾殿、「おのれは、疾う疾う、女なれば、いづちへも行け。我は討死せんと思ふなり。もし人手にかからば自害をせんずれば、木曾殿の最後のいくさに、女を具せられたりけりなんど言はれんことも、しかるべからず。」とのたまひけれども、なほ落ちも行かざりけるが、あまりに言はれたてまつつて、「あつぱれ、よからう敵がな。最後のいくさして見せたてまつらん。」とて、控へたるところに、武蔵の国に聞こえたる大力、*御田八郎師重、三十騎ばかりで出で来たり。❾巴、その中へ駆け入り、御田八郎に押し並べて、むずと取つて引き落とし、我が乗つたる鞍の前輪に押しつけて、ちつとも働かさ

後方へつっと出ると、五十騎ほどになってしまった。❺(義仲が)そこを討ち破って行くうちに、土肥二郎実平が、二千余騎で守っている。❻(義仲は)それをも討ち破って行くうちに、あちらでは四、五百騎、こちらでは二、三百騎、百四、五十騎、百騎ほどの中を、駆け破り駆け破りして行くうちに、主従五騎になってしまった。❼五騎のうちまで巴は討たれなかった。❽木曾殿〔＝源義仲〕は、「おまえは、一刻も早く、女だから、どこへでも行け。自分は討死しようと思うのだ。もし人の手にかかるならば自害をする覚悟ゆえ、木曾殿の最後の戦に、女をお連れになっていたなどと言われることも、ふさわしくない。」とおっしゃったけれども、(巴は)依然として落ちて行きもしなかったが、あまりに言われ申し上げて、「ああ、よい敵がいればいいなあ。最後の戦をしてお見せ申し上げよう。」と言って、待っていたところに、武蔵の国で評判の怪力、御田八郎師重が、三十騎ほどで出て来た。❾巴は、その中へ駆け入り、御田八郎に(馬を)押し並べて、むずとつかんで(馬から)引きずり落とし、自分が乗っている鞍の前輪に押しつけて、びくとも動かさず、首をねじ切って捨ててしまった。❿その後、(巴は)武具を脱ぎ捨て、東国のほうへ落ちて行く。⓫(義仲の従者の)手塚太郎は討死する。⓬手塚の別当は逃げ

ず、首ねぢ切つて捨ててんげり[4]。⑩その後、物の具脱ぎ捨て、東国の方へ落ちぞ行く。⑪手塚太郎討死す。⑫手塚の別当落ちにけり。

⑬今井四郎、木曾殿、主従二騎になつてのたまひけるは、「日ごろは何ともおぼえぬ鎧が、今日は重うなつたるぞや。」⑭今井四郎申しけるは、「[D]御身もいまだ疲れさせたまはず。御馬も弱り候はず。何によつてか、一両の御着背長を重うは思しめし候ふべき。それは御方に御勢が候はねば、臆病でこそさは思しめし候へ。兼平一人候ふとも、[5]余の武者千騎と思しめせ。[6]矢七つ八つ候へば、しばらく[7]防ぎ矢つかまつらん。あれに見え候ふ、粟津の松原と申す。あの松の中で御自害候へ。」とて、打つて行くほどに、また新手の武者五十騎ばかり出で来たり。⑮「君はあの松原へ入らせたまへ。兼平はこの敵防ぎ候はん。」と申しければ、木曾殿のたまひけるは、「義仲、都にて[E]いかにもなるべかりつるが、これまで逃れ来るは、汝と一所で死なんと思ふ

てしまった。

⑬今井四郎と、木曾殿は、主従二騎になって（木曾殿が）おっしゃったことには、「日ごろは何とも感じない鎧が、今日は重くなっているぞ。」⑭今井四郎が申したことには、「（殿は）お体もまだお疲れになっていません。御馬も弱っていません。どうして、一着の御鎧を重くお思いになりましょうか。それは味方に御勢力がありませんので、気後れでそのようにお思いになるのです。（ここにいるのは）兼平一人でございますとしても、他の武者千騎（にあたるもの）とお思いください。矢が七本八本ありますので、しばらく防ぎ矢をいたしましょう。あちらに見えますのが、粟津の松原と申します。あの松の中で御自害なさいませ。」と言って、（馬に鞭を）打って進むうちに、またまだ戦わず疲れていない武者が五十騎ほど出て来た。⑮「殿はあの松原へお入りください。兼平はこの敵を防ぎましょう。」と（今井四郎が）申し上げたところ、木曾殿がおっしゃったことには、「義仲は、都でどのようにもなる〔＝死ぬ〕はずだった

ためなり。所々で討たれんよりも、一所でこそ討死をもせめ。」とて、馬の鼻を並べて駆けんとしたまへば、今井四郎、馬より飛び下り、主の馬の口に取りついて申しけるは、「弓矢取りは、年ごろ日ごろいかなる高名候へども、最後のとき不覚しつれば、長き疵にて候ふなり。御身は疲れさせたまひて候ふ。続く勢は候はず。敵に押し隔てられ、言ふかひなき人の郎等に組み落とされさせたまひて、討たれさせたまひなば、『さばかり日本国に聞こえさせたまひつる木曾殿をば、それがしが郎等の討ちたてまつつたる。』なんど申さんことこそ口惜しう候へ。ただあの松原へ入らせたまへ。」と申しければ、木曾、「さらば。」とて、粟津の松原へぞ駆けたまふ。

16 今井四郎ただ一騎、五十騎ばかりが中へ駆け入り、鐙ふんばり立ち上がり、大音声あげて名のりけるは、「日ごろは音にも聞きつらん、今は目にも見たまへ。木曾殿の御乳母子、今井四郎兼平、生年三十三にまかりなる。さる者ありとは、鎌倉

が、ここまで逃れて来るのは、おまえと同じ場所で死のうと思うためである。別々の場所で討たれるよりも、同じ場所で討死をしよう。」と言って、馬の鼻を並べて駆けようとなさるので、今井四郎は、馬から飛び下り、主君の馬の口にすがって申し上げたことには、「武士は、長年の間ずっとどんな高名がありましても、最期の時に過失をしてしまうと、末代までの恥となるのです。お体はお疲れになっています。後続の軍勢はありません。敵に間を押し隔てられ、つまらない人の家来に組み落とされなさって、討たれなさったならば、『あれほど日本国に名高くていらっしゃった木曾殿(=源義仲)を、だれそれの家来が討ち申し上げた。』などと申すようなことこそ残念です。とにかくあの松原へお入りください。」と申し上げたので、木曾は、「それならば。」と言って、粟津の松原へ馬を走らせなさる。

16 今井四郎はただ一騎で、五十騎ほどの中へ駆け入り、鐙を踏ん張って立ち上がり、大声をあげて名乗ったことには、「日ごろはうわさにも聞いているだろう、今はその目で御覧あれ。木曾殿の御乳母子、今井四郎兼平、生年三十三になります。そういう者がいるとは、鎌倉殿(=源頼朝)までもご存じで

殿までも知ろしめされたるらんぞ。兼平討つて見参に入れよ。」とて、射残したる八筋の矢を、さしつめ引きつめさんざんに射る。⑰死生は知らず、やにはに敵八騎射落とす。⑱その後、打ち物抜いて、あれに馳せ合ひ、これに馳せ合ひ、切つて回るに、面を合はする者ぞなき。⑲分捕りあまたしたりけり。⑳ただ「射とれや。」とて、中に取りこめ、雨の降るやうに射けれども、鎧よければ裏かかず、あき間を射ねば手も負はず。

㉑木曾殿はただ一騎、粟津の松原へ駆けたまふが、正月二十一日、入相ばかりのことなるに、薄氷は張つたりけり、深田ありとも知らずして、馬をざつと打ち入れたれば、馬の頭も見えざりけり。㉒あふれどもあふれども、打てども打てども働かず。㉓今井が行方のおぼつかなさに、振り仰ぎたまへる内甲を、三浦の石田次郎為久追つかかつて、よつ引いて、ひやうふつと射る。㉔痛手なれば、真向を馬の頭に当ててうつぶしたまへるところに、石田が郎等二人落ち合うて、つひに木

あろうぞ。兼平を討ってお目にかけよ。」と言って、射残した八本の矢を、次々につがえては引きしぼりさんざんに射る。⑰(今井四郎は)生死もかまわず、その場ですぐ敵を八騎射落とす。⑱その後、刀を抜いて、あちらに馳せ合い、こちらに馳せ合い、切って回ると、正面から立ち向かう者はいない。⑲(今井四郎は)敵の首をたくさん討ち取った。⑳(敵は)ただ「射取れ。」と言って、(今井四郎を)中に取り囲み、雨が降るように射たけれども、鎧がしっかりしているので(矢が鎧の)裏まで貫通せず、(鎧の)すき間を射ないので傷も負わない。

㉑木曾殿はただ一騎で、粟津の松原へ駆け(入り)なさるが、正月二十一日、日没ごろのことなので、薄氷が張っていたし、泥深い田があるとも知らずに、馬をざっと入れたところ、(沈んで)馬の頭も見えなくなった。㉒(義仲が鐙で馬の横腹を蹴って)励ましても励ましても、(鞭で)打っても打っても(馬は)動かない。㉓今井の行方が気にかかって、(義仲が)振り返って仰ぎ見なさった甲の内側を、三浦の石田次郎為久が追いついて、(弓を)十分に引きしぼって、ひょうふっと射る。㉔深い傷なので、甲の正面を馬の頭に当ててうつぶせになりなさったところに、石田の家来二人が合流して、とうとう木曾殿の首を

曾殿の首をば**取つてんげり**。㉕ **太刀の先に貫き、高くさし上げ、大音声をあげて、**「この日ごろ日本国に聞こえさせたまひつる木曾殿をば、三浦の石田次郎為久が討ちたてまつ**つ**たるぞや。」と名のりければ、今井四郎いくさしけるが、これを聞き、「J今**はたれをかばはんとてかいくさをもすべき**。これを見たまへ、東国の殿ばら。日本一の剛の者の自害する手本。」とて、太刀の先を口に含み、馬より逆さまに飛び落ち、**貫かつて**ぞ失せにける。㉖ **さてこそ粟津のいくさはなかりけれ**。

注

* **木曾左馬頭**＝源義仲。木曾（＝今の長野県南西部）で育ったので、木曾義仲ともよばれる。平家を都から追い落とす功をなすが、のちに後白河法皇と反目し、法皇から義仲追討の命を受けた源氏軍と対決した。
* **直垂**＝鎧の下に着るもの。
* **唐綾威**＝中国伝来の綾織の布を細く裁ったものでつづった鎧。
* **鍬形打つたる甲**＝クワガタムシの角のような形の金属の飾りを施した甲。
* **厳物作りの大太刀**＝いかめしく豪華に作った大きな太刀。
* **石打ちの矢**＝鷲や鷹の尾の両端の羽をはいだ、かたく強い矢。大将が用いる。
* **頭高**＝矢を頭より高く突き出るように背負うさま。
* **滋籐の弓**＝柄を漆で黒塗りにし、その上に籐をぎっしり巻いた弓。
* **鬼葦毛**＝強そうな、白に黒褐色の混ざった毛色。
* **黄覆輪の鞍**＝金で縁取りした鞍。
* **鐙**＝鞍の両脇に垂らして足を乗せるもの。

取ってしまった。㉕ 太刀の先に貫き、高くさし上げ、大声をあげて、「この日ごろ日本国で評判になっていらっしゃった木曾殿（＝源義仲）を、三浦の石田次郎為久がお討ち申し上げたぞ。」と名乗ったので、今井四郎は戦っていたが、これを聞いて、「今となってはだれをかばおうといって戦をしようか。これを御覧なされ、東国の殿方よ。日本一の剛の者の自害する手本。」と言って、太刀の先を口にくわえ、馬から逆さまに飛んで落ち、刺し貫かれて死んでしまった。㉖ そういうわけで粟津の戦いは終わったのだ。

＊冠者＝元服して冠をつけた若者。

＊左馬頭兼伊予守、朝日の将軍＝「左馬頭（さまのかみ）」「伊予守（いよのかみ）」は官職、「朝日の将軍」は後白河法皇から与えられた称号。

＊甲斐の一条次郎＝源頼朝（よりとも）方の武者。

＊兵衛佐＝源頼朝を指す。

＊縦さま・横さま・蜘蛛手・十文字に＝縦横無尽に暴れまわる様子の形容。「蜘蛛手（くもで）」はクモの手足のように四方八方に暴れるさま。

＊土肥次郎実平＝源頼朝方の武者。

＊巴＝義仲に愛された女性。義仲の軍に同行して戦功を立ててきた。

＊御田八郎師重＝源頼朝方の武者。

＊手塚太郎・手塚の別当＝ともに義仲の従者。

＊今井四郎＝今井四郎兼平（いまいのしろうかねひら）。義仲の乳母（めのと）の子。

＊一両の御着背長＝一着の御鎧。「両（りょう）」は鎧などを数える単位。「着背長（きせなが）」は大将が着用する鎧。

＊防ぎ矢＝敵の攻撃を防ぐために矢を射ること。

＊粟津の松原＝今の滋賀県大津市粟津町（おおつしあわづ）あたり。

＊郎等＝家来。

＊鎌倉殿＝源頼朝を指す。

＊分捕り＝敵の首や武器を取ること。

＊打ち物＝刀など、打ち鍛えた金属の武器。

＊裏かかず＝矢が鎧の裏まで貫通しない。

＊あき間を射ねば手も負はず＝鎧のすき間を射ないので傷も負わない。

＊入相＝日没。夕暮れ。

＊あふれどもあふれども＝「あふる」は鐙（あぶみ）で馬の横腹を蹴（け）って馬を励ますこと。

＊内甲＝甲（かぶと）の内側。

＊三浦の石田次郎為久＝源頼朝方の武者。

＊よつ引いて＝弓を十分に引きしぼって。

＊ひやうふつと＝矢が風を切り、物を射抜く音の形容。

＊真向＝甲の正面。

ひとくち鑑賞

源義仲（みなもとのよしなか）〔＝木曾殿（きそどの）〕と今井四郎兼平（いまいのしろうかねひら）の主従二騎が、互いに相手を思いやりながら奮戦するも、敵兵の多勢に力及ばず、壮絶な最期（さいご）を遂げる様子が胸を打ちます。誇り高い武士の悲しくも美しいドラマが、力強い文体で描かれていますね。

▲粟津の戦い（『平家物語絵巻』）
今井四郎兼平が敵を防ごうとするが（上・中央）、
源義仲〔＝木曾殿〕は泥深い田で討たれてしまう（下）。

試験のポイント

① **聞こゆる** この「**聞こゆ**」は「**名高い・評判である**」という意味の動詞。⑧「聞こえたる」の「聞こえ」も同じ。

② **昔は聞きけんものを** ② **今は見るらん** 「**けん(けむ)**」は過去推量の助動詞。「**らん(らむ)**」は現在推量の助動詞。時制を表す助動詞の効果的な使用に注意。

④ **六千余騎が中** 「**が**」は格助詞で、連体格の用法。全体で「六千余騎の中を」という意味。⑥「百騎ばかりが中」、⑦「五騎がうち」、⑮「それがし郎等(らうどう)」、⑯「五十騎ばかりが中」、㉔「石田(いしだ)が郎等」の「が」も同じ。

⑧ **おのれ** 第一人称で「私」という意味もあるが、ここでは第二人称で「**おまえ**」という意味の名詞。

⑧ **自害をせんずれば** 「**せんずれば**」は、サ変動詞「す」の未然形「せ」+意志の助動詞「んず(むず)」の已然形「んずれ」+順接確定条件の接続助詞「ば」。全体で「自害をしようと思うので」という意味。

⑧ **具せられたりけりなんど言はれんことも** 「具(ぐ)せられたりけり」の「られ」は助動詞「**らる**」の連用形で尊敬の用法。「言はれん」の「れ」は助動詞「**る**」の未然形で受身(うけみ)の用法。「**なんど**」は「など」と同じ。

⑧ **しかるべからず** 「**しかる**」は「しか・ある」がつまったもの。全体を直訳すると「そうであるべきではない」となるが、ここでは「ふさわしくない・よろしくない」などと訳す。

⑧ **のたまひけれども** 「**のたまふ**」は「言ふ」の尊敬語で、「**おっしゃる**」という意味。

⑧ **あつぱれ** 「**ああ**」という意味の感動詞「あはれ」が促音便(そく)化・半濁音化したもの。

⑧ **敵がな** 「**がな**」は願望を表す終助詞で、「**~があればいいなあ・~がほしいなあ**」という意味。

⑨ **働かさず** 「**働かす**」は「**動かす**」という意味の動詞。

⑨ **捨ててんげり** 「**てんげり**」のもとの形は「てけり」で、完了の助動詞「つ」の連用形「て」+過去の助動詞「けり」の終止形。「て」と「けり」の間に撥音(はつおん)「ん」が入り、「け」が濁音化している。㉔「取ってんげり」の「てんげり」も同じ。

⑭ **疲れさせたまはず** 「**させたまふ**」は、尊敬の助動詞「さす」の連用形「させ」+尊敬の補助動詞「たまふ」で、二重尊敬。今井四郎兼平(いまいのしろうかねひら)から源義仲(みなもとのよしなか)〔=木曾殿(きそ)〕への発言中では、義仲に対する二重尊敬の表現が多用されている。

⑭ **何によってか~思しめし候ふべき** 「**思(おぼ)しめす**」は「思(おも)ふ」の尊敬語で、「**お思いになる**」という意味。「べき」は推量

の助動詞「べし」の連体形で、係助詞「か」と係り結びが成立している。「か」は反語の用法。

⑭ **さは** 「さ」は「そのように」という意味の副詞で、前述した内容を指す。ここでは「日ごろは何(なに)ともおぼえぬ鎧(よろひ)が、今日は重うなつたるぞや。」という義仲の言葉を指している。

⑭ **兼平一人候ふとも** 「とも」は逆接仮定条件を表す接続助詞で、「〜としても」という意味。

⑭ **つかまつらん** 「つかまつる」は「いたす・申し上げる」という意味の謙譲語。

⑮ **いかにもなるべかりつる** 「いかにもなる」は直訳すると「どのようにもなる」となるが、ここでは「死ぬ」ことを遠回しに言ったもの。「べかり」は当然の助動詞「べし」の連用形、「つる」は完了の助動詞「つ」の連体形。

⑮ **一所でこそ討死をもせめ** 「一所(ひとところ)」は「同じ場所」という意味の名詞。直前の「所々(ところどころ)」はその対義語で、「別々の場所」という意味。「め」は意志の助動詞「む」の已然形で、係助詞「こそ」と係り結びが成立している。

⑮ **弓矢取り** 「弓矢を取って戦う者」、すなわち「武士」のこと。

⑮ **最後** 「命の終わり・死に際・最期(さいご)」のこと。

⑮ **不覚** 「過失・失敗」という意味。武士として恥ずかしい死に方をすることを指している。

⑮ **言ふかひなき人の郎等** 「言ふかひなし」は「つまらない・取るに足りない」という意味の形容詞。「言ふかひなき」も「人の」も、「郎等(らうどう)」に係っている。

⑮ **討たれさせたまひなば** タ行四段動詞「討つ」の未然形「討た」＋受身(うけみ)の助動詞「る」の未然形「れ」＋尊敬の助動詞「さす」の連用形「させ」＋尊敬の補助動詞「たまふ」の連用形「たまひ」＋完了の助動詞「ぬ」の未然形「な」＋順接仮定条件の接続助詞「ば」。

⑮ **木曾殿をば** 「ば」は係助詞「は」が濁音化したもの。「は」は格助詞「を」に付く場合に限って「ば」となる。

⑮ **それがし** 「だれそれ」という意味の名詞。

⑮ **さらば** 「さ・あら・ば」がつまってできた接続詞で、「それならば」という意味。

⑯ **日ごろは音にも聞きつらん、今は目にも見たまへ** 「音に聞く」は「うわさに聞く」、「目に見る」は「実際に見る」ということ。

⑯ **御乳母子** 「乳母子(めのとご)」は「若君を養育する乳母の実の子」のことで、若君と同年輩で同じ乳を飲み合って育ち、そのまま家来になる。主君とは主従関係にはあるが、兄弟同然の深い結びつきがある。

⑯ **まかりなる** 「まかる」は「退出する」という意味の謙譲語であるが、他の動詞の上に付いて丁重な言葉遣いにする用法もある。

⑯ **知ろしめされたるらんぞ** サ行四段動詞「知ろしめす」の未然形「知ろしめさ」＋尊敬の助動詞「る」の連用形「れ」＋存続の助動詞「たり」の連体形「たる」＋現在推量の助動詞「らん(らむ)」の連体形「らん」＋強意の係助詞「ぞ」。**「知ろしめす」**は「知る」の尊敬語で、**「ご存じである」**という意味。

⑰ **やにはに** **「その場ですぐ」**という意味の副詞。

⑱ **面を合はする者ぞなき** **「面を合はす」**は**「正面から立ち向かう」**という意味。「なき」は形容詞**「なし」**の連体形で、係助詞**「ぞ」**と係り結びが成立している。

㉒ **働かず** **「働く」**は**「動く」**という意味の動詞。

㉔ **痛手** **「深い傷・重傷」**という意味の名詞。

㉕ **太刀の先に貫き、高くさし上げ、大音声をあげて** 敵の首を取ったことを見せしめ、宣言している。

㉕ **たれをかばはんとてかいくさをもすべき** 「べき」は意志の助動詞**「べし」**の連体形で、係助詞**「か」**と係り結びが成立している。「か」は反語の用法。結局、「かばうべき主君もいなくなり、戦う意味もなくなった」という意味になる。

㉕ **貫かつて** 「貫かりて」の促音便形。「(刀に)刺し貫かれて」という意味。

㉖ **さてこそ粟津のいくさはなかりけれ** 「けれ」は過去の助動詞**「けり」**の已然形で、係助詞**「こそ」**と係り結びが成立している。直訳すると「そういうわけで粟津の戦いはなかったのだ」となるが、「戦いは終わったのだ」と解しておく。

▲琵琶法師(『職人尽歌合』)
『平家物語』は琵琶の伴奏に合わせて語り伝えられた。

じっくり！特別講座

軍記物語の文体

『平家（へいけ）物語』は「語り」によって伝えられた軍記物語です。そのため、次のような文体上の特徴が見られます。

1 1 音便の多用
2 擬声語（ぎせいご）・擬態語（ぎたいご）の多用

いずれも、「語り」を力強くリズミカルなものにするもので、生き生きとした描写のもととなっています。

1 音便

音便には、**イ音便・ウ音便・撥（はつ）音便・促（そく）音便**の四種類があります。撥音とは「ん」のこと、促音とは「つ」のことです。（→P.15）『平家物語』では特に促音便が多用され、**歯切れ良く、力強いリズム**を出しています。また、これらの音便にともなって、後の音が濁音化することもあります。

本文中の音便を、次の表に整理しておきましょう。

注 促音は、表記上は「つ」と大きく書かれていても、発音する時にはつまる音「ッ」となります。例えば「打つたる」は「ウッタル」と読みます。

行	種類	音便形	もとの形
2	促音便	鍬形（くはがた）打つたる	鍬形打ちたる
3	促音便	少々残つたるを	少々残りたるを
4	促音便	滋籐（しげどう）の弓持つて	滋籐の弓持ちて
5	ウ音便	きはめて太う	きはめて太く
5	イ音便	たくましいに	たくましきに
5	イ音便	鞍（くら）置いてぞ	鞍置きてぞ
5	促音便	乗つたりける	乗りたりける
6	撥音便	鐙（あぶみ）ふんばり	鐙ふみはり
9	イ音便	よい敵（かたき）ぞ	よき敵ぞ
9	促音便	義仲（よしなか）討つて	義仲討ちて
9	イ音便	をめいて	をめきて
12	促音便	討つ取らんとぞ	討ち取らんとぞ
13	促音便	駆（か）けわつて	駆けわりて
14・16	促音便	破つて行くほどに	破りて行くほどに
19	ウ音便	疾（と）う疾（と）う	疾く疾く

行	種類	音便形	もとの形
23	促音便	言はれたてまつつて	言はれたてまつりて
24	促音便	あつぱれ	あはれ
27	促音便	むずと取つて	むずと取りて
28	促音便	我が乗つたる	我が乗りたる
28	促音便	ちつとも働かさず	ちとも働かさず
29	促音便	ねぢ切つて	ねぢ切りて
29	撥音便	捨ててんげり	捨ててけり
32	促音便	主従二騎になつて	主従二騎になりて
33・35	ウ音便	重う	重く
33	促音便	なつたるぞや	なりたるぞや
35	促音便	何によつてか	何によりてか
39	促音便	打つて行くほどに	打ちて行くほどに
46	イ音便	取りついて	取りつきて
51	促音便	討ちたてまつつたる	討ちたてまつりたる
52	ウ音便	口惜しう候(さうら)へ	口惜しく候へ
55	撥音便	鐙ふんばり	鐙ふみはり
59	促音便	兼平(かねひら)討つて	兼平討ちて

行	種類	音便形	もとの形
62	イ音便	打ち物抜いて	打ち物抜きて
62	促音便	切つて回るに	切りて回るに
67	促音便	張つたりけり	張りたりけり
71	促音便	追つかかつて	追ひかかりて
71	促音便・イ音便	よつ引(び)いて	よく引(ひ)きて
73	ウ音便	落ち合うて	落ち合ひて
74	促音便・撥音便	取つてんげり	取りてけり
76	促音便	討ちたてまつつたる	討ちたてまつりたる
80	促音便	貫かつてぞ	貫かりてぞ

2 擬声語・擬態語

擬声語・擬態語とは、音や状態を感じたままに描写しようとする副詞で、躍動的な臨場感をよく表します。本文中では、

▼後ろへつつと出でたれば、(13行目)

▼むずと取つて引き落とし、(27行目)

▼馬をざつと打ち入れたれば、(68行目)

▼ひやうふつと射る。(71行目)

があります。

敬語の使用と人物関係

本文に登場する源義仲（＝木曾殿）は「朝日の将軍」とよばれる武将、今井四郎兼平はその乳母子で、二人は主従関係にあります。二人をめぐって、敬語はどのように用いられているでしょうか。

▼今井四郎、木曾殿、主従二騎になつてのたまひけるは、(32行目)
……地の文。

「のたまふ」は「言ふ」の尊敬語なので、「のたまひける」の主語は木曾殿で、今井四郎ではありません。ここでは、物語の語り手(作者)からの、義仲に対する敬意を表しています。

▼今井四郎申しけるは、(33行目)……地の文。

「申す」は「言ふ」の謙譲語で、「申す」という動作を受ける人物を敬います。今井四郎の会話の相手は義仲なので、ここでも、物語の語り手(作者)からの、義仲に対する敬意を表しています。

▼御身もいまだ疲れさせたまはず。(34行目)……今井四郎の言葉。

▼余の武者千騎と思しめせ。(37行目)……今井四郎の言葉。

「させたまふ」は、尊敬の助動詞「さす」と尊敬の補助動詞「たまふ」を重ねた二重尊敬。「思しめす」は「思ふ」の尊敬語。書かれてはいませんが、どちらも主語は今井四郎から見ての「あなた」にあたる義仲です。会話主の今井四郎からの、義仲に対する敬意を表しています。

▼御馬も弱り候はず。(34行目)……今井四郎の言葉。

「候ふ」は丁寧の補助動詞。「～です・～ます・～ございます」という意味を添えて、言い方を丁寧にするものです。ここでは、会話主の今井四郎からの、聞き手の義仲に対する敬意を表しています。今井四郎は、義仲に対して丁寧な口調で話しているのです。

練習問題

解答→p.295

問一 ══線部1「残つたる」、2「持つて」、3「太うたくましいに」、4「捨ててんげり」の、音便の生じていないもとの形をそれぞれ答えよ。

問二 ──線部A「もし人手にかからば自害をせんずれば」、C「あつぱれ、よからう敵がな」、G「音にも聞きつらん」、H「手も負はず」をそれぞれ現代語訳せよ。

問三 ──線部B「しかるべからず」とは、どういうことを言ったものか。説明せよ。

問四 ──線部D「御身もいまだ疲れさせたまはず」、F「御身は疲れさせたまひて候ふ」は、今井四郎の源義仲（＝木曾殿）に対するどのような思いを表したものか。それぞれ説明せよ。

問五 ══線部5「余の武者千騎と思しめせ」、6「矢七つ八つ候へば」、7「防ぎ矢つかまつらん」に含まれる敬語の種類をそれぞれ次から選べ。

ア 尊敬語　イ 謙譲語　ウ 丁寧語

問六 ──線部E「都にていかにもなるべかりつる」とは、具体的にどのようなことを言ったものか。説明せよ。

問七 ──線部I「打てども打てども働かず」を、主語などを補ってわかりやすく現代語訳せよ。

問八 ──線部J「今はたれをかばはんとてかいくさをもすべき」とは、今井四郎のどのような思いを表したものか。説明せよ。

問九 (1)「直垂」、(2)「鎧」、(3)「甲」、(4)「太刀」、(5)「鞍」、(6)「郎等」、(7)「乳母子」、(8)「入相」の読み方を、現代仮名遣いの平仮名でそれぞれ答えよ。

18 旅立ち…『奥の細道』

1 月日は百代の過客にして、行きかふ年もまた旅人なり。2 舟の上に生涯を浮かべ、馬の口とらへて老いを迎ふる者は、日々旅にして旅をすみかとす。3 古人も多く旅に死せるあり。4 予もいづれの年よりか、片雲の風に誘はれて、漂泊の思ひやまず、海浜にさすらへ、去年の秋、江上の破屋に蜘蛛の古巣を払ひて、やや年も暮れ、春立てる霞の空に、白河の関越えんと、そぞろ神のものにつきて心を狂はせ、道祖神の招きにあひて取るもの手につかず、ももひきの破れをつづり、笠の緒つけかへて、三里に灸すうるより、松島の月まづ心にかかりて、住める方は人に譲り、杉風が別墅に移るに、

草の戸も住み替はる代ぞ雛の家

表八句を庵の柱に掛け置く。

現代語訳

1 月日は永遠に旅を続ける旅人(のようなもの)であって、来ては去り去っては来る年もまた旅人(のようなもの)である。2 (船頭として)舟の上で一生を送り、(馬子として)馬のくつわを取って老いを迎える者は、毎日が旅であり旅をすみかとしている。3 昔の人も多く旅(の途中)で亡くなった人がいる。4 私もいつの年からか、ちぎれ雲がさらわれる風に(旅へと)誘われて、あてどない旅にさまよい出たいという気持ちがやまず、海辺をさすらい歩き、去年の秋、(隅田)川のほとりのあばら屋に(戻り)蜘蛛の古巣を払って(住むうちに)、やがて年も暮れ、春になって霞が立ちこめる空のもとに、白河の関を越えようと、(人の心を落ち着きなくさせる)そぞろ神がとりついて心を狂わせ、道祖神の招きを受けて何をするにも手につかず、ももひきの破れを継ぎ合わせ、笠の緒を付け替えて、(脚の)三里に灸をすえるやいなや、松島の月がまず気にかかって、住んでいた家は人に譲り、杉風の別宅に(門出のために)移る際に、

私がわびしく住んでいたこの草庵も、人が住み替わる時が来た。新しい一家には女の子もおり、ちょうど雛祭りの折から、雛人形が飾られて華やかになることだろう。
（これを発句とする連句の）初めの八句を庵の柱に掛けておく。

＊月日は百代の過客にして＝中国・唐代の李白の文章「春夜桃李の園に宴するの序」の一節「夫れ天地は万物の逆旅にして、光陰は百代の過客なり」をふまえる。
＊江上の破屋＝隅田川のほとりのあばら屋。「芭蕉庵」を指す。
＊白河の関＝今の福島県白河市あたりにあった関所。歌枕。
＊三里＝膝の下の外側のくぼんだ所。
＊松島＝今の宮城県松島町の景勝地。歌枕。
＊杉風＝作者の松尾芭蕉の門人。
＊別墅＝別宅。
＊表八句＝百句から成る連句（＝百韻連句）の初めの八句。

▲旅立つ芭蕉（左）と
同行者の門人・曾良（左から二番目）
（与謝蕪村筆『奥の細道画巻』）

ひとくち鑑賞

名文として名高い冒頭文です。年月や人生の本質を旅ととらえ、旅にあって漂泊を続ける生き方へのあこがれから、それを実行するまでの経緯が、巧みな語り口で格調高く記されていますね。作者の松尾芭蕉はそれまでにも各地を旅し、紀行文を多く書きましたが、『奥の細道』の旅はそれらの集大成ともいうべき内容となりました。

出典解説　奥の細道

江戸時代前期の、松尾芭蕉作の俳諧紀行文。東北・北陸地方への、行程約二千四百キロメートル、五か月に及ぶ旅を、発句を織りまぜて記す。各地の歌枕や旧跡をめぐって先人をしのびつつ、句作し風雅を追究するありさまが、韻文的な和漢混交文でつづられている。芭蕉は、伝統を重んじながらも新しい俳諧の姿を模索し、「不易流行」の精神に基づいた蕉風俳諧を確立した。（→P.37）

試験のポイント

❶ **月日は百代の過客にして**　「百代」は「永遠・長い年月」、「過客」は「旅人」のこと。全体で「月日は永遠に旅を続ける旅人（のようなもの）であって」という意味。

❷ **舟の上に生涯を浮かべ**　「浮かべ」は、生涯を「送り・過ごし」と言うのが通常なところを、「舟」との関連から縁語的に「浮かべ」と表現したもの。

❸ **古人**　中国・唐代の詩人の李白や杜甫、日本の歌人の西行や連歌師の宗祇など、作者の松尾芭蕉が敬愛した昔の人を指す。

❹ **予**　第一人称で、「私」という意味の名詞。

❹ **片雲の風に誘はれて**　「片雲」は「ちぎれ雲」のこと。「誘はれて」には「ちぎれ雲が風にさらわれて」と「芭蕉自身が旅へと誘われて」の二つの意味が掛けられている。

❹ **海浜にさすらへ**　『奥の細道』の旅の一年前に、芭蕉は須磨や明石〔＝ともに今の兵庫県の瀬戸内海に面した地〕を訪れ、俳諧紀行文『笈の小文』を著した。

❹ **春立てる霞の空**　「立てる」は、タ行四段動詞「立つ」の已然（命令）形「立て」＋完了の助動詞「り」の連体形「る」。「立つ」には「春が立つ〔＝立春を迎える・春になる〕」と「霞が立つ」の二つの意味が掛けられている。

❹ **そぞろ神**　「人の心を落ち着きなくさせる神」のこと。

❹ **道祖神**　「旅人を守る神」のこと。道端の石などに刻んで祭ってある。

❹ **すうるより**　「すうる」はワ行下二段動詞「据う」の連体形。この「より」は即時を表す格助詞で、「〜やいなや・〜とすぐに」という意味。

❹ **杉風が別墅**　「が」は格助詞で、連体格の用法。

❹ **草の戸も住み替はる代ぞ雛の家**　「ぞ」は切れ字。季語は「雛」で、季節は春。「雛の家」は、女の子がいる家庭で、三月三日の雛祭りに雛人形を飾るような家のことを表現したもの。

じっくり！特別講座

漢語の効果

本文中には、次のような漢語が多用されています。

▼百代　▼過客　▼古人　▼死　▼予　▼片雲
▼漂泊　▼海浜　▼江上　▼破屋　▼三里　▼別墅

これらの簡潔でリズム感のある音読語によって、文章が引き締まっていることが感じられます。また、これらの言葉によって、含蓄に富んだ内容が表現されていると言えるでしょう。とりわけ、❹「予もいづれの年よりか……」の一文はとても長いのですが、さほど読みにくさを感じないわけは、漢語を含む各部分が意味をとりやすくしているからだと考えられます。

「百代」「過客」は中国・唐(とう)代の詩人である李白(りはく)の文章をふまえた言葉ですが、作者の漢文の素養をうかがわせる、こうした表現も見逃せません。

練習問題

解答→p.295

問一 「月日は百代(はくたい)の過客(くわかく)にして」(1行目)から「漂泊(へうはく)の思ひやまず」(4行目)までの内容についての説明として最も適当なものを次から選べ。

ア　時間と人間を対比させて、その違いを明らかにし、時間とかかわりなく生きる人間の一人として自己を位置付け、時空を越えた旅に出る喜びに満たされている。

イ　時は永遠に旅を続ける旅人のようなものであり、人生もその本質は旅であると規定し、旅にあこがれる自分自身の生き方を自覚している。

ウ　時は休みなく流れていき、人間はやがてそれに取り残されて死んでしまうものであるから、自分も死を覚悟して旅に出ようと決意している。

エ　時の流れや人々の生き方から人生の意味を導き出し、旅の途中で死んだ昔の人をあわれに思いつつも、自分自身もやがて迎える死をしかたがないものとして受けとめている。

オ　どんな生活形態であっても、人間に与えられた時間は平等であるということに気づき、自分がたとえ小さな存在だとしても嘆くにはあたらないと慰めを見いだしている。

問二 ――線部A「春立てる霞(かすみ)の空」を、掛詞(かけことば)に注意して現代語訳せよ。

問三 「草の戸も」の句から季語を抜き出し、その季節を答えよ。

19 平泉…『奥の細道』

1 三代の栄耀一睡のうちにして、大門の跡は一里こなたにあり。2 秀衡が跡は田野になりて、金鶏山のみ形を残す。3 まづ高館に登れば、北上川、南部より流るる大河なり。4 衣川は和泉が城をめぐりて、高館の下にて大河に落ち入る。5 泰衡らが旧跡は、衣が関を隔てて南部口をさし固め、夷を防ぐと見えたり。6 さても、義臣すぐってこの城にこもり、功名一時の草むらとなる。7「国破れて山河あり、城春にして草青みたり。」と、笠うち敷きて、時の移るまで涙を落としはべりぬ。

8 夏草や兵どもが夢の跡

9 卯の花に兼房見ゆる白毛かな　曾良

10 かねて耳驚かしたる二堂開帳す。11 経堂は三将の像を残し、光堂は三代の棺を納め、三尊の仏を安置す。12 七宝散り

現代語訳

1 奥州藤原氏三代〔＝藤原清衡・基衡・秀衡〕の栄華も（「一炊の夢」の故事にあるとおり）一眠りの間の夢のようにはかなく消えて、大門の跡は一里手前にある。2 秀衡の（居館の）跡は田や野原になって、金鶏山だけが（当時の）形を残す。3 まず（源義経の住んだ）高館（の跡）に登（って望み見）ると、北上川は、南部地方から流れる大河である。4 衣川は（秀衡の三男の忠衡の居城であった）和泉が城をめぐって、高館の下で大河〔＝北上川〕に流れ込む。5（秀衡の次男の）泰衡らの旧跡は、衣が関を間において南部地方との出入り口をしっかりと守り固め、蝦夷（の侵入）を防ぐものと見えている。6 それにしても、（義経が）忠義の家来をよりすぐってこの城〔＝高館〕にこもり、（奮戦したが、その）功名も一時の（もので、今では）草むらとなる。7「国は破壊されたが、山や河は（昔のままで）あり、（荒廃した）町中に（いま）春が訪れ、草が（昔と変わらず）青々としている。」と（杜甫の詩をふまえて口ずさみ）、笠を敷いて（腰をおろし）、ずいぶん時がたつ

失せて、珠の扉風に破れ、金の柱霜雪に朽ちて、すでに頽廃空虚の草むらとなるべきを、四面新たに囲みて、甍を覆ひて風雨をしのぐ。⑬しばらく千歳の記念とはなれり。

⑭**五月雨の降り残してや光堂**

注

＊三代＝奥州藤原氏三代。藤原清衡・基衡・秀衡。

＊一睡のうち＝中国の故事「一炊の夢」（「黄粱一炊の夢」「邯鄲の夢」とも）をふまえる。

＊大門＝藤原氏三代の館の正門。

＊一里＝約三・九キロメートル。「里」は距離の単位。

＊金鶏山＝藤原秀衡が平泉鎮護のために築いた小山。

＊高館＝源 義経の居館。

＊南部＝南部藩の領地。今の岩手県盛岡市を中心とする地方。

＊衣川＝北上川の支流。歌枕。

＊和泉が城＝藤原秀衡の三男、忠衡の居城。

＊衣が関＝高館の近くにあった古い関所。歌枕。

＊南部口＝平泉と南部地方との間の出入り口。

＊夷＝古代、東北・北海道に居住していた人々。蝦夷。

＊国破れて山河あり、城春にして草青みたり＝中国・唐代の杜甫の詩「春望」の一節「国破れて山河在り　城春にして草木深し」をふまえる。（→P.241）

＊兼房＝源義経の家臣。老齢ながら義経に従って奮戦し、義経の最期を見届けてから壮絶な討死を果たした。

＊曾良＝作者の松尾芭蕉の門人。『奥の細道』の旅を芭蕉とともにした。

＊二堂＝中尊寺の経堂と光堂〔＝金色堂〕。

まで涙を流しました。

⑧夏草が茂っているよ。ここは、かつて兵士たちが功名を夢見て戦い、藤原氏三代が栄華の夢にふけった跡なのだ。その名残も夢のようにはかなく消えてしまったが。

⑨(白い)卯の花を見ると、(義経の家来の)兼房の、白髪を振り乱して戦った姿が目に浮かんでくるよ。　曾良

⑩かねてから評判を聞いて驚嘆していた(中尊寺の)二つの堂が開帳する。⑪経堂は(藤原氏)三代の将軍の像を残し、光堂は三代の棺を納め、三尊の仏像を安置する。⑫(装飾の)七宝は散り失せて、珠玉をちりばめた扉は風のために破れ、金箔をおした柱も霜や雪のために朽ちて、(本来であれば)とっくに崩れ落ちて何もない草むらとなるはずのところを、(堂の外側の)四面を新しく囲み、屋根瓦をふいて風雨をしのぐ。⑬しばらくの間は千年の昔をしのぶ記念物となっている。

⑭すべてを朽ちさせる五月雨が、ここだけよけて降り残したのだろうか。今も昔のまま光り輝いているこの光堂は。

▲ 芭蕉（右）と曾良
（与謝蕪村筆『奥の細道画巻』）

平泉は『奥の細道』の旅における最奥の地、クライマックスともいうべき場面です。かつて奥州藤原氏が拠点を置いて栄華を誇った地に立った作者の松尾芭蕉には、人の世が常に移り変わってゆくありさまが、時空を超えて感じられたのではないでしょうか。「国破れて山河あり……」という杜甫の詩の引用が印象的ですね。

試験のポイント

1 **一睡のうちにして** 中国の故事「一炊の夢」（「黄粱一炊の夢」「邯鄲の夢」とも）をふまえた表現。青年が栄華を極める夢を見たが、それは黄粱〔＝大粟の一種〕がまだ煮えないほどのほんの短い間の夢であったという故事から、「一眠りの間の夢のようにはかなく消えて」という意味。人生の栄華のはかなさを表す。

6 **さても** 「それにしても」という意味の接続詞。

6 **すぐつて** 「すぐりて」の促音便形。「すぐる」は「よりすぐる・選び出す」という意味の動詞。

7 **落としはべりぬ** この「はべり」は丁寧の補助動詞。「ぬ」は完了の助動詞。

8 **夏草や兵どもが夢の跡** 「や」は切れ字。季語は「夏草」で、季節は夏。（→特別講座）

9 **卯の花に兼房見ゆる白毛かな** 「かな」は切れ字。季語は「卯の花」で、季節は夏。（→特別講座）

10 **耳驚かしたる** 「耳驚かす」は「評判を聞いて驚嘆する」という意味。

⑫ **すでに頽廃空虚の草むらとなるべきを**　「すでに」は「とっくに・もはや」という意味の副詞。「なるべきを」は、ラ行四段動詞「なる」の終止形＋当然の助動詞「べし」の連体形「べき」＋格助詞「を」。全体で「とっくに……となるはずのところを」という意味。「を」を接続助詞と見て「とっくに……となるはずなのに」と逆説で解釈することもできる。

⑭ **五月雨の降り残してや光堂**　「や」は切れ字。季語は「五月雨（さみだれ）」で、季節は夏。「五月雨」は「さみだれ」と読む。陰暦五月ごろに降り続く長雨で、「梅雨」のこと。（→特別講座）

▲高館（たかだち）から北上川（きたかみがわ）を望む（岩手県平泉町）

じっくり！特別講座

季語（季題）・切れ字

発句（ほっく）に特有な季語（季題）と切れ字があることは、38ページで解説しましたが、ここでもう一度確認しておきましょう。

1 季語……春・夏・秋・冬の季節を表す言葉。
季語の季節は陰暦にもとづくため、一～三月が春、四～六月が夏、七～九月が秋、十～十二月が冬となる。

2 切れ字……句中や句末にあって、意味の切れ目を示す言葉。「や」「かな」「けり」など。感動の中心を表すことが多い。

また、季語で注意しておきたいのは、実際には複数の季節を通して見られるものでも、伝統的な美意識に基づく約束事として季節が決まっているものがあることです。「月」は年中見ることができますが、秋の季語です。「蛙」は春の季語で、「火事」は冬の季語となります。

それでは、本文中の句から、季語と切れ字を確認しておきましょう。

▼夏草や兵どもが夢の跡

「夏草」が夏の季語で、「や」が切れ字。

▼卯の花に兼房見ゆる白毛かな

「卯の花」が夏の季語で、「かな」が切れ字。「卯の花」は初夏に咲く白い花です。この花から白髪の兼房を連想したのでしょう。切れ字が句末に置かれる場合、句全体のまとまりと余情が表されます。

▼五月雨の降り残してや光堂

「五月雨」が夏の季語で、「や」が切れ字。「五月雨」は梅雨のことです。陰暦は現代の暦より約一か月遅れているため、昔の五月は今の六月ごろにあたり、季節区分は夏となります。

練習問題

解答→p.296

問一 ――線部A「一睡のうちにして」、B「功名一時の草むらとなる」を、必要な語句を補ってそれぞれ現代語訳せよ。

問二 ――線部C「国破れて山河あり、城春にして草青みたり。」は、中国の有名な詩人の詩の一節をふまえたものである。その詩人を次から選べ。

ア 孟浩然　イ 李白　ウ 杜甫　エ 杜牧　オ 白居易

問三 (1)「夏草や」、(2)「卯の花に」の句から切れ字をそれぞれ抜き出せ。

問四 (1)「卯の花に」、(2)「五月雨の」の句から季語をそれぞれ抜き出せ。

20 立石寺…『奥の細道』

①山形領に立石寺といふ山寺あり。②慈覚大師の開基にして、ことに清閑の地なり。③一見すべきよし、人々の勧むるによつて、尾花沢よりとつて返し、その間七里ばかりなり。④日いまだ暮れず。⑤ふもとの坊に宿借りおきて、山上の堂に登る。⑥岩に巌を重ねて山とし、松柏年ふり、土石老いて苔なめらかに、岩上の院々扉を閉ぢて、物の音聞こえず。⑦岸をめぐり岩をはひて、仏閣を拝し、佳景寂寞として心澄みゆくのみおぼゆ。

⑧閑かさや岩にしみ入る蝉の声

注
＊慈覚大師＝平安時代前期の僧で、天台宗山門派の祖。
＊尾花沢＝今の山形県尾花沢市。
＊七里＝約二十七キロメートル。「里」は距離の単位で、一里は約三・九キロメートル。

現代語訳

①山形藩の領内に立石寺という山寺がある。②慈覚大師が開いた寺で、とりわけ清澄閑寂の地である。③一度見ておくのがよいということを、人々が勧めるのに従って、尾花沢から引き返し、(立石寺に出かけたが、)その間は七里ほどである。④日はまだ暮れない。⑤ふもとの宿坊に宿を借りておいて、山上の御堂に登る。⑥岩の上に大岩を積み重ねて山とし、松やひのきなどの常緑樹は年を経て古木となり、土や石も古びて苔がなめらかに(覆い)、岩の上の寺院はどれも扉を閉じて、物音が聞こえない。⑦崖(のふち)をめぐり岩をはって、仏閣を参拝すると、すばらしい景観はひっそりと静まっていてただ心が澄みきっていくようにばかり感じられる。

⑧静かさがよりいっそう感じられるよ。岩にしみ入るように聞こえてくる蝉の声で。

試験のポイント

❷ **ことに** ここでは「殊に」という字があてはまる。「とりわけ・特に」という意味の副詞。

❸ **一見すべきよし** サ変動詞「一見す」の終止形＋当然・適当の助動詞「べし」の連体形「べき」＋名詞「よし」。「よし」は「(〜という)こと」という意味の名詞。(→特別講座)

❸ 人々の勧むるに**よつて**、尾花沢より**とつて**返し　「よつて」「とつて」はそれぞれ「よりて」「とりて」の促音便形。

❻ 松柏年**ふり**、土石**老いて**　「ふり」はラ行四段動詞「旧る(古る)」の連用形。「旧る(古る)」は「年を経て古くなる」という意味。「老い」はヤ行上二段動詞「老ゆ」の連用形。

❽ 閑かさ**や**岩にしみ入る蟬の声　「や」は切れ字。季語は「蟬」で、季節は夏。

▲ 立石寺（山形市）
現在は「りっしゃくじ」とよばれている。通称「山寺」。

ひとくち鑑賞
平泉から日本海側をめざして旅を続ける途中、足を延ばしたのが立石寺です。ここは、山奥の清閑な地。岩山を登りきって参拝するのはひと苦労ですが、むしろ作者の松尾芭蕉はすがすがしい思いに満たされているようです。「閑かさや……」の句はあまりにも有名ですね。

じっくり！特別講座

「よし」

名詞**「よし」**は「由（よし）」と書き、**物事の関係**を広く表します。次のようにさまざまな訳し方があります。

原因・理由・手段・方法・事情・様子・情趣・由緒（ゆいしょ）・縁故

文脈から、どの訳語がふさわしいかを考えるようにしましょう。

では、本文中の、

▼一見すべき**よし**、人々の勧むるによつて、（2行目）

この「よし」はどう考えればよいでしょうか。これは、上の「一見すべき」という修飾語を受けて、

（〜という）こと・（〜という）趣旨

という意味を表す働きをしているのです。もとの意味が薄れ、**補助的・形式的**に用いられるので、これをとくに**形式名詞**とよびます。形式名詞には、「よし」「ほど」「ゆゑ」「こと」「もの」などがあります。

練習問題 解答→p.296

問一 ——線部A「一見すべきよし」を現代語訳せよ。

問二 ——線部B「ふり」の表記を、漢字と送り仮名に改めよ。

問三 「閑（しづ）かさや」の句について、次の問いにそれぞれ四十字程度で答えよ。

(1) 「閑かさ」と「蟬（せみ）の声」の対比による効果を説明せよ。

(2) 「岩」と「蟬の声」の対比による効果を説明せよ。

今は漕ぎ出でな…『万葉集』

①熟田津に　舟乗りせむと　月待てば
潮もかなひぬ　今は漕ぎ出でな
額田王

②憶良らは　今はまからむ　子泣くらむ
それその母も　吾を待つらむぞ
山上憶良

③若の浦に　潮満ち来れば　潟をなみ
葦辺をさして　鶴鳴き渡る
山部赤人

④多摩川に　さらす手作り　さらさらに
何そこの児の　ここだかなしき
東歌

⑤うらうらに　照れる春日に　ひばり上がり
心がなしも　ひとりし思へば
大伴家持

現代語訳

①熟田津で、舟に乗ろうと月(の出)を待っていると、(月も出て)潮もよい具合になった。さあ漕ぎ出そう。

②私め憶良はそろそろおいとましましょう。(家では)子が泣いているだろう。また、その母親も私を待っているだろう(から)。

③若の浦に潮が満ちて来ると、干潟がないので、葦の生えているあたりを目指して鶴が鳴きながら飛んでいく。

④多摩川にさらす手作り布がさらさらしているという「さら」ではないが、ますます、どうしてこの子がこんなにいとしいのだろうか。

⑤のどかに照っている春の日に雲雀が飛び上がり、心が悲しいことだよ。一人でもの思いに沈んでいると。

注

＊熟田津＝今の愛媛県松山市あたりの海岸。
＊若の浦＝今の和歌山市和歌浦あたりの海岸。
＊多摩川＝今の山梨県・東京都・神奈川県を流れる川。
＊手作り＝手織りの布。

出典解説

万葉集

奈良時代の、大伴家持撰とされる歌集。収められている約四千五百首の歌は、皇族・官僚から無名の庶民まで、広い階層の人々によるものである。歌の内容により、雑歌・相聞〔＝男女や親子などが詠みかわした歌〕・挽歌〔＝死者を悼む歌〕に大きく分類される。「ますらをぶり」とよばれる男性的で力強い歌風が特徴的である。

ひとくち鑑賞

「熟田津に」の歌は、新羅への出兵に際して詠まれたそうです。おおらかで勇壮な表現が印象的ですね。作者の額田王は、天智・天武両天皇に愛された女性で、『万葉集』には、彼女の情熱的な恋愛の歌も収められています。家族思いの山上憶良、自然を見事に表した山部赤人、労働者の生活や素朴な情愛の様子がうかがえる東歌、うららかな春の日にかえって深まる悲しみを歌う大伴家持など、『万葉集』の歌や歌人の多彩さの一端にふれてください。

試験のポイント

❶ **かなひぬ**　「**かなふ**」は「**よい具合になる・都合よくなる**」という意味の動詞。「**ぬ**」は**完了**の助動詞。

❶ **漕ぎ出でな**　この「**な**」は**意志・願望**を表す上代の終助詞で、「**～(よ)う・～たい**」という意味。

❷ **憶良らは**　この「**ら**」は**謙譲**の気持ちを表す接尾語。全体で「私め憶良は」と訳すとよい。

❷ **まからむ**　「**まかる**」は「**(尊い所から)退出する・おいとまする**」という意味の**謙譲語**。「**む**」は**意志**の助動詞。(→特別講座)

❷ **泣くらむ**　❷ **待つらむぞ**　「**らむ**」は**現在推量**の助動詞。(→特別講座)「**ぞ(ぞ)**」は**強意**の助詞で、文末に置かれる場合**強い断定**を表す。この「ぞ」は古くは清音であったと考えられるが、上代には「そ」と「ぞ」が混用されている。

❸ **潟をなみ**　「**をなみ**」は、格助詞「を」＋形容詞「なし」の語幹「な」＋接尾語「み」。全体で「干潟がないので」という意味。(→特別講座)

④ **多摩川にさらす手作り**　「手作り」は「**手織りの布**」のことで、「さらす」は「**布を川の流れで洗い乾かす**」こと。「多摩川にさらす手作り」は、「さらす」の「さら」の音と、布の触感の「さらさら」したイメージから、第三句の「さらさらに」を導き出す序詞になっている。

④ **何そ**　「**どうして・なぜ**」という疑問を表す。

④ **ここだかなしき**　「ここだ」は「**これほどひどく**」という意味の副詞。「かなしき」は形容詞「かなし」の連体形で、第四句の「何そ」を受ける結びとなっている。この「かなし」は「この児（こ）」に対するせつないほどの情感として「いとしい・かわいい」と訳すのがふさわしい。

⑤ **照れる春日**　「**る**」は完了・存続の助動詞「り」の連体形。「**〜ている**」と訳す。

⑤ **心がなしも**　「**がなし**」は「**かなし**」で、胸に迫るせつない情感を表す形容詞。この「**も**」は詠嘆の終助詞。

⑤ **ひとりし思へば**　「**し**」は強意の副助詞。

じっくり！特別講座

句切れ

短歌は、初句（しょく）（五音）・二句（七音）・三句（五音）・四句（七音）・結句（けっく）（七音）から成ります。**句切れ**とは、**結句以外の句で文が終止する**ことで、初句で切れる場合を**初句切れ**、以下順に**二句切れ**・**三句切れ**・**四句切れ**といいます。最後まで句切れのない歌もあります。句切れは文末表現に相当しますので、

終止形・命令形　**係り結びの成立**　**終助詞**

が句切れを見つける目安になります。

「熟田津（にきたつ）に」「憶良（おくら）らは」「うらうらに」の歌の句切れを指摘してみましょう。

▼熟田津に　舟乗りせむと　月待てば
潮もかなひ**ぬ**　今は漕（こ）ぎ出（い）でな

「舟乗りせむ」は意志の助動詞「む」の終止形があるため、ここで文が切れているように見えますが、これは下の「と」で受ける心中部分なのです。つまり、わかりやすく示すと、

熟田津に「舟乗りせむ」と月待てば……

ということなので、「舟乗りせむ」で句切れになるとは見なしません。では、「潮もかなひぬ」はどうでしょうか。「かなひ」は四

段動詞「かなふ」の連用形。連用形接続の「ぬ」は完了の助動詞「ぬ」の終止形ですから、「潮もよい具合になった。」と、ここでいったん文が完結することがわかります。**四句切れ**ですね。後の「今は漕ぎ出でな」は、また別の文として「さあ漕ぎ出そう。」となります。

▼憶良(おくら)らは　今はまからむ　子泣くらむ
　それその母も　吾(わ)を待つらむそ

初句の「憶良らは」と二句の「まからむ」が主・述の関係、三句の「子」と「泣くらむ」も主・述の関係であることに注意しましょう。「まからむ」の「む」が意志の助動詞の終止形なので、ここで句切れとなり、さらに、「子泣くらむ」の「らむ」が現在推量の助動詞の終止形なので、ここでも句切れとなります。この歌には、**二句切れ・三句切れ**という二つの句切れがあるのです。

▼うらうらに　照れる春日(はるひ)に　ひばり上がり
　心がなしも　ひとりし思へば

第四句の「がなしも」は、形容詞「かなし」の終止形に詠嘆を表す助詞の「も」が付いたもので、「悲しいことだよ。」という文末表現になり、ここで句切れとなります。**四句切れ**ですね。また、四句の「心がなしも」と結句の「ひとりし思へば」は、自然な語順なら「一人でもの思いに沈んでいると、心が悲しいことだよ。」となるところを倒置した表現となっています。

なお、「若(わか)の浦(うら)に」「多摩(たま)川に」の歌には句切れはありません。

「らむ」の識別

「憶良らは」の歌には、「らむ」が三回出てきますが、それぞれの文法的説明をきちんとできますか。「らむ」は、同じ表記であっても、まったく別の成り立ちである場合があり、識別問題によく出されます。接続と活用のルールをきちんとおさえ、正しい品詞分解ができるようにしましょう。

▼今はまからむ

この「らむ」は、**ラ行四段動詞「まかる」の未然形「まから」の活用語尾「ら」**と、**意志の助動詞「む」の終止形**から成っています。

▼子泣くらむ

この「らむ」は、**現在推量の助動詞「らむ」の終止形**です。直前の「泣く」が終止形であることに注目しましょう。**助動詞「らむ」は終止形接続**なのです。

▼吾(わ)を待つらむそ

この「らむ」は、**現在推量の助動詞「らむ」の連体形**です。ここでも直前の「待つ」が終止形であることに注目してください。

この歌では、宴席にいる憶良が、

現在推量の助動詞「らむ」によって家で待っている妻子を思いやり、意志の助動詞「む」によってそろそろ失礼しようと言っているのです。

「○○(を)〜み」

形容詞の語幹の用法（→P.20・135）の一つに、和歌を中心とする用法として、いわゆる**ミ語法**があります。一定の形と訳し方を覚えておきましょう。

○○(を)形容詞語幹み（○○ガ〜ノデ）
……「を」は格助詞、「み」は接尾語。

「若の浦に」の歌にミ語法が含まれています。

▼**潟をなみ**

これは「干潟がないので」と訳します。この「な」は形容詞「なし」の語幹です。

練習問題 解答→p.296

問一 (1)「熟田津に」、(2)「憶良らは」の歌の句切れを答えよ。

問二 ——線部A「潮もかなひぬ」、B「潟をなみ」、C「照れる春日」をそれぞれ現代語訳せよ。

問三 ═線部1・2「らむ」をそれぞれ文法的に説明せよ。

問四 『万葉集』の成立時代と、撰者と見られている人物を一人答えよ。

22 袖(そで)ひちて…『古(こ)今(きん)和歌集』

❶ *袖(そで)ひちて　むすびし水の　凍(こほ)れるを　春立つけふの　風やとくらむ
紀貫之(きのつらゆき)

❷ ひさかたの　光のどけき　春の日に　しづ心なく　花の散るらむ
紀友則(きのとものり)

❸ 花の色は　うつりにけりな　[A]いたづらに　わが身よにふる　ながめせしまに
小野小町(をののこまち)

❹ 五月(さつき)待つ　花橘(はなたちばな)の　香(か)をかげば　昔の人の　袖の香ぞする
よみ人知らず

❺ [B]秋来(き)ぬと　目にはさやかに　[C]見えねども　風の音にぞ　おどろかれぬる
藤原敏行(ふぢはらのとしゆき)

現代語訳

❶ (夏には)袖(そで)が水にぬれるままに(両手を合わせて)すくった水が(冬の間)凍っていたのを、(今ごろは)立春を迎える今日の風が解かしているだろうか。

❷ 日の光がのどかな春の日に、どうして落ち着いた心もなく桜の花は散っているのであろうか。

❸ 花の色は移ろいあせてしまったなあ。むなしく私が時を過ごし、降り続く長雨の中でもの思いにふけっていた間に。

❹ 五月になるのを待って咲く橘(たちばな)の花の香りをかぐと、かつての(親しかった恋)人の袖(にたきしめた香(こう))の匂(にお)いがするよ。

❺ 秋が来たと目にははっきり見えないけれど、風の音ではっと気づかずにはいられなかった。

＊袖ひちて＝袖が水にぬれて。

出典解説 **古今和歌集**

平安時代前期に、醍醐天皇の命により、紀貫之・紀友則・凡河内躬恒・壬生忠岑が撰進した歌集。最初の勅撰和歌集である。約千百首の歌が、四季や離別・羇旅・恋などのテーマに分類して収められている。「たをやめぶり」とよばれる女性的で流麗な歌風で、見事な修辞を駆使した歌も多い。紀貫之による「仮名序」は、『古今和歌集』の内容紹介にとどまらず、普遍的な和歌のすばらしさを表した、文学・芸術論としても高度なものである。

ひとくち鑑賞

紀貫之の「袖ひちて」の歌は、巧みな構成や表現により、夏・冬・春の季節が一首の中に詠み込まれています。お見事としか言いようがありませんね。桜への思いを散り行く様子に込めた紀友則、橘の花の香りを叙情豊かに歌う「よみ人知らず」の歌、秋の到来を風によって感じとった藤原敏行の歌など、季節の風物への繊細な感性がうかがえます。小野小町の歌は掛詞を用いた重層的な内容が特徴的ですが、彼女が恋愛のせつなさを詠んだ歌も、『古今和歌集』には多く収められています。

試験のポイント

❶ **むすびし** 「掬ぶ」は「(両手を合わせて水を)すくう」という意味の動詞。「し」は過去の助動詞「き」の連体形。

❶ **凍れる** ラ行四段動詞「凍る」の已然(命令)形「こほれ」＋存続の助動詞「り」の連体形「る」。

❶ **春立つ** 「立春を迎える・春になる」という意味。

❶ **袖・むすぶ・はる・たつ・とく** 「むすぶ」は「掬ぶ」と「結ぶ」、「はる」は「春」と「張る」、「たつ」は「立つ」と「裁つ」のそれぞれ掛詞。また、「結ぶ」「張る」「裁つ」「解く」は「袖」の縁語。

❷ **ひさかたの** 「光」を導き出す枕詞。

❷・❸ **花** 特に「桜の花」を指す。

❸ **うつりにけりな** ラ行四段動詞「うつる」の連用形「うつり」＋完了の助動詞「ぬ」の連用形「に」＋詠嘆の助動詞「けり」の終止形＋詠嘆の終助詞「な」。ここで句切れとなる。意味的には「いたづらにわが身よにふるながめせしまに」から「花の色はうつりにけりな」へと続き、倒置になって

いる。

3 いたづらに 「いたづらなり」は「むなしい」という意味の形容動詞。

3 ふる・ながめ 「ふる」は「経る」と「降る」、「ながめ」は「眺め」と「長雨」のそれぞれ掛詞。また、「経る―眺め」、「降る―長雨」という意味のつながりがある。

3 ながめせしまに 「せしまに」は、サ変動詞「す」の未然形「せ」＋過去の助動詞「き」の連体形「し」＋名詞「間」＋格助詞「に」。過去の助動詞「き」は連用形接続であるが、サ変・カ変動詞には未然形にも接続する。

4 昔の人 かつて親しかった恋人のことであろう。

4 袖の香ぞする 「袖の香」は「着物の袖にたきしめた香の匂い」のこと。係助詞「ぞ」と、サ変動詞「す」の連体形「する」で、係り結びが成立している。

5 秋来ぬ 「ぬ」は完了の助動詞「ぬ」の終止形。カ行変格活用動詞「来」はここでは連用形として「き」と読む。後の「と」が引用を表す助詞なので、「秋来ぬ」はひとまとまりの文として完結している。

5 見えねども ヤ行下二段動詞「見ゆ」の未然形＋打消の助動詞「ず」の已然形＋逆接の接続助詞「ども」。

5 風の音にぞおどろかれぬる 係助詞「ぞ」と完了の助動詞「ぬ」の連体形「ぬる」で、係り結びが成立している。この「おどろく」は「はっと気付く」という意味。「れ」は助動詞「る」の連用形で自発の用法。

じっくり！ 特別講座

過去や現在の時制を表す助動詞

過去の時制を表す助動詞は、「き」「けり」「けむ」の三つです。これらのポイントを整理しておきましょう。

1 き……直接体験の過去を表す。活用に注意。
2 けり……間接体験の過去を表す。詠嘆の用法もある。
3 けむ……過去推量を表す。

一方、現在の時制を表す助動詞に「らむ」があります。

らむ……現在推量を表す。眼前にない現在の事態について「(今ごろは)～ているだろう」と推量するのが基本。眼前の事実について原因を推量したり、婉曲・伝聞の意を含めたりする用法もある。

「袖ひちて」「ひさかたの」「花の色は」の歌の中で、これらの助動詞に注目してみましょう。

▼袖ひちてむすびし水の凍れるを
春立つけふの風やとくらむ

「し」は過去の「き」の連体形です。ここからもわかるように、水をすくったのは過去のこと。歌を詠んでいる立春の今日から見ると、去年の夏のことです。つまり、春の風が氷を解かすのは現在のこと。ただし、実際にその様子を目の前で見ているのではなく、「(今ごろは)風が解かしているだろうか」と現在推量の「らむ」によって想像しています。

▼ひさかたの光のどけき春の日に
しづ心なく花の散るらむ

歌を詠んでいる今は春で、桜の花が散る様子を目の前にしているのでしょう。しかし、花の気持ちそのものは想像するしかありませんので、「どうして落ち着いた心もなく散っているのであろうか」と原因推量の「らむ」によって推量しています。

▼花の色はうつりにけりないたづらに
わが身よにふるながめせしまに

桜の花の色があせてしまったことに今はっと気づき、心動かされているということが、詠嘆の「けり」によってよく表されています。「し」は過去の「き」の連体形。直接体験の過去を表すこの助動詞によって、長雨が降ったり、ぼんやりとものの思いにふけっていたりしたことを実体験的に述べています。

練習問題

解答→p.296

問一 「袖ひちて」の歌は春の歌であるが、歌の中で春以外の季節を暗示している部分を二つ抜き出し、その季節をそれぞれ答えよ。

問二 ——線部A「いたづらに」、B「秋来ぬ」、C「見えねども」をそれぞれ現代語訳せよ。

問三 「花の色は」の歌から掛詞を二つ抜き出し、何と何が掛けられているのかをそれぞれ答えよ。

問四 「五月待つ」の歌の季節を答えよ。

問五 枕詞とそれが導き出す語をすべて抜き出せ。

問六 係り結びになっている部分をすべて抜き出せ。

問七 『古今和歌集』の成立時代と撰者を一人答えよ。

23 夕べは秋と…『新古今和歌集』

❶ 見渡せば　山もとかすむ　水無瀬川　夕べは秋と　なに思ひけむ

後鳥羽院

❷ 昔思ふ　草の庵の　夜の雨に　涙な添へそ　山ほととぎす

藤原俊成

❸ 寂しさは　その色としも　なかりけり　真木立つ山の　秋の夕暮れ

寂蓮

❹ 志賀の浦や　遠ざかりゆく　波間より　凍りて出づる　有明の月

藤原家隆

❺ 玉の緒よ　絶えなば絶えね　ながらへば　忍ぶることの　弱りもぞする

式子内親王

現代語訳

❶ 見渡すと、山のふもとが（春霞に）かすんでいる水無瀬川（が見えることだよ）。夕暮れ時は秋（が一番趣深いもの）だと、（今まで）どうして思っていたのだろうか（、それは思い違いだったのに）。

❷（宮中に出仕していたころの）昔を思いつつ草ぶきの粗末な家で過ごす夜の雨模様に、（もの悲しい声で鳴いて）涙を添えるな〔＝さらに涙を誘うな〕、山ほととぎすよ。

❸ 寂しさは、特にどの様子（のため）というわけでもないのだなあ。杉やひのきなどが立っている山の秋の夕暮れ（はどこともなくもの寂しさがあるものだよ）。

❹ 志賀の浦の、（岸から順に湖面が凍るにつれて）遠ざかっていく波の間から、凍ったような冷たい光を放って出る有明の月だよ。

❺（私の）命よ、絶えてしまうなら絶えてしまえ。生き長らえたら、堪え忍ぶ気持ちが弱って（秘めた恋が人に知られて）しまうと困るから。

注

＊水無瀬川＝今の大阪府島本町を流れ、淀川に合流する川。そのほとりに後鳥羽院の離宮があった。

＊夕べは秋＝清少納言の『枕草子』の一節「秋は夕暮れ」をふまえる。

＊昔思ふ……＝中国・唐代の白居易の詩の一節「蘭省の花の時の錦帳の下、廬山の雨の夜の草庵の中」をふまえる。

＊真木＝杉やひのきなどの常緑樹。

＊志賀の浦＝今の琵琶湖。

＊玉の緒＝命。

▲後鳥羽院（『新三十六歌仙図帖』）

ひとくち鑑賞

「見渡せば」の歌は、『新古今和歌集』撰集の命を下し、みずからも収録歌の加除修正に携わった後鳥羽院によるものです。夕暮れは秋のものを最も風情があるとする伝統的な美意識に対し、春の夕暮れのすばらしさを絵画的な詠みぶりで強調しています。もの寂しい草庵の様子を有名な漢詩を下敷きに詠んだ藤原俊成の歌と同様に、さりげない表現の中に複合的な情趣がかもし出されていますね。寂蓮の歌は、秋の夕暮れを歌った「三夕の歌」の一つ。琵琶湖にうかぶ冬の月を描く藤原家隆の歌や恋愛の葛藤を詠んだ式子内親王の歌など、多彩な題材と情感あふれる表現を味わってください。

新古今和歌集

鎌倉時代に、後鳥羽院の命により、源通具・藤原有家・藤原定家・藤原家隆・藤原雅経・寂蓮が撰進した歌集。第八番目の勅撰和歌集である。歌風は絵画的・幻想的で、初句切れ・三句切れの七五調が独特のリズム感をなし、体言止めにより余情を漂わせる歌も多い。本歌取り〔＝先行するある歌の一部を用いて、その歌の情趣を取り入れる技法〕などの修辞法も多用されている。

試験のポイント

❶ **水無瀬川**　「水無瀬川（みなせがは）」が体言止めで、ここで句切れとなる。（→特別講座）

❶ **なに思ひけむ**　「なに」は「どうして」という意味の副詞。全体で「どうして思っていたのだろうか」という意味。

❷ **草の庵**　「草ぶきの粗末な家」のこと。自分の家のことをいっている。

❷ **涙な添へそ**　「な～そ」は禁止を表し、「～(する)な・～(し)てはならない」という意味。（→P.71）

❷ **山ほととぎす**　鳥の名。「山ほととぎすよ」と呼びかけている。

❸ **その色としも**　副助詞「し」、係助詞「も」はともに強意を表す。

❸ **なかりけり**　形容詞「なし」の連用形「なかり」＋詠嘆の助動詞「けり」の終止形。ここで句切れとなる。

❸ **秋の夕暮れ**　「秋の夕暮れ」を詠（よ）んだ寂蓮（じゃくれん）の「寂しさはその色としもなかりけり真木（まき）立つ山の秋の夕暮れ」、西行（さいぎょう）の「心なき身にもあはれは知られけり鴫（しぎ）立つ沢の秋の夕暮れ」、藤原定家（ふじわらのさだいえ（ていか））の「見渡せば花も紅葉（もみぢ）もなかりけり浦の苫（とま）屋（や）の秋の夕暮れ」の三首を、三夕（さんせき）の歌とよぶ。いずれも『新古今和歌集（しんこきんわかしゅう）』に収められている。

❹ **凍りて出づる**　沖まで氷が張りかけている湖面から、凍ったような冷たい光を放って出る月の様子を表現したもの。

❹ **有明の月**　「夜明けごろに空に出る月」のこと。月の出・月の入りが遅い月末の月である。

❺ **絶えなば絶えね**　「絶え」はともにヤ行下二段動詞「絶ゆ（た）」の連用形。「なば」は、完了の助動詞「ぬ」の未然形「な」＋順接仮定条件の接続助詞「ば」。「ね」は完了の助動詞「ぬ」の命令形。全体で「絶えてしまうなら絶えてしまえ」という意味。ここで句切れとなる。

❺ **ながらへば**　ハ行下二段動詞「ながらふ」の未然形「ながらへ」＋順接仮定条件の接続助詞「ば」。全体で「生き長らえたら」という意味。

❺ **弱りもぞする**　「もぞ」は懸念を表し、「～と困る」という意味。係助詞「ぞ」と、サ変動詞「す」の連体形「する」で、係り結びが成立している。

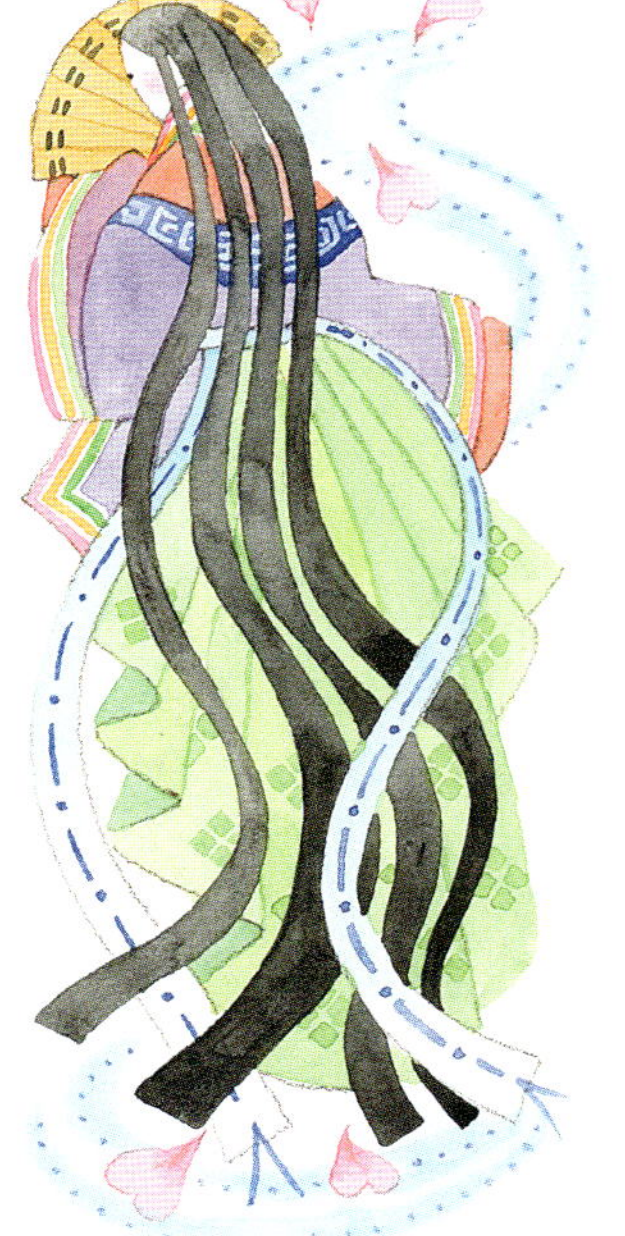

じっくり！特別講座

体言止め

体言止めは和歌の修辞法の一つで、**体言で文を終える**技法です。述語の省略によって、**余情**が生まれます。ここでとり上げた歌の中から、体言止めを指摘し、語句を補足しながら解釈してみましょう。

▼見渡せば山もとかすむ**水無瀬川**

訳 見渡すと、山のふもとが(春霞に)かすんでいる水無瀬川**が見えることだよ**。

▼涙な添へそ**山ほととぎす**

訳 涙を添えるな、山ほととぎす**よ**。

▼真木立つ山の**秋の夕暮れ**

訳 杉やひのきなどが立っている山の秋の夕暮れ**はどことなくもの寂しさがあるものだよ**。

▼凍りて出づる**有明の月**

訳 凍ったような冷たい光を放って出る有明の月**だよ**。

練習問題

解答→p.296

問一 「見渡せば」の歌はどのような伝統的美意識をふまえているか。二十五字以内(句読点を含む)で説明せよ。

問二 ――線部A「涙な添へそ」、B「弱りもぞする」をそれぞれ現代語訳せよ。

問三 「寂しさは」の歌と、西行の「心なき身にもあはれは知られけり鴫立つ沢の秋の夕暮れ」の歌、藤原定家の「見渡せば花も紅葉もなかりけり浦の苫屋の秋の夕暮れ」の歌の三首を合わせて何とよぶか。

問四 ＝線部1「し」、2「る」、3「ね」をそれぞれ文法的に説明せよ。

問五 『新古今和歌集』の成立時代と撰者を一人答えよ。

Tea Time

愛はどこから？…「愛す」の訳し方

恋人どうしはしばしば「愛してる」なんて言い合っています。「愛してる」はまちがいなく日本語です。それならば、昔から「愛してる」という言葉はあったのでしょうか？

古語に「愛す」というサ変動詞があります。「す」は現代語の「する」にあたる言葉です。よって、「愛す」を現代語的に言えば「愛する」となります。

しかし、古語の「愛す」の意味は、現代語の「愛する」とは異なります。「愛す」は主として、親が子を大切にし、かわいがる場合や、人が動物などをかわいがる場合に用いられました。もちろん、夫が妻を大切にする場合にも用いられましたが、それは対等の愛というよりも、夫が妻の庇護(ひご)者であり、夫が妻よりも上の立場にいるという前提があってのものでした。したがって、古語の「愛す」は、

――かわいがる

と訳すべき言葉なのです。

では、現代語の「愛する」はどこからきたのでしょうか？　おそらくは、ＬＯＶＥを翻訳する際に訳者が探し出してきたものだと思われます。ＬＯＶＥが頻繁に出てくる書物、それは聖書です。

聖書はいうなれば、神の、人に対する愛が書かれた書物です。神が下さる愛を表現するのに「愛す」はぴったりの言葉だったのでしょう。ただし、聖書には神の愛だけでなく、さまざまな愛が語られています。それらの多様なＬＯＶＥをすべて「愛す」と訳したところから、現代語の「愛する」の意味が生まれてきたと考えられます。

なお、古文では、おもしろいことに、物に対しても「愛す」が用いられました。その場合は「かわいがる」とは訳さずに、「執着する・賞美する」などと訳します。ものであれ、人であれ、執着するのはよくないと仏教では考えられていました。

5章 漢文学習の基本

1 漢文の基礎知識

1 漢文ってナニ?

古文と漢文とをあわせて〝**古典**〟という言い方をします。例えば『万葉集』や『源氏物語』、『竹取物語』などの古文は、「日本人にとっての〝古典〟」と言われても納得できます。しかし、漢文が「日本人にとっての〝古典〟」と言われてもピンときません。『韓非子』や『孟子』、ましてや古代中国の歴史を描いた『史記』のどこが日本人の〝古典〟なのか、不思議ですね。

間違いなく言えることは、**漢文が今も日本人の考え方や生き方に大きな影響を与えているということです。**「それって、ムジュンしてない？」なんて言い方を今でもしますが、「矛盾」というのは『韓非子』に載っている故事（→P.220）からできた言葉です。そもそも漢字自体が中国からいただいたものです。

漢文のルールは平安時代にはほぼ完成しています。中国の文章をできる限りそのままの形で、当時の日本語、すなわち**「古文」**として読んで理解していこうとしたのです。ある意味で画期的な発想です。明治期に英語が入ってきたときも、「一・二点」などを付けようかと思った知識人もいたようですが、本当にそうしてくれていたら、英語はすごくわかりやすくなっていたかもしれません。

◀万里の長城

2 漢文の読み方のルールはこれ！

では、次に**漢文の読み方のルール**について説明していきましょう。漢文は日本語とは語順が異なります。むしろ英語の方に近いのです。英語はＳ（主語）＋Ｖ（動詞）の順番です。**漢文も基本はＳ＋Ｖ**の順番です。日本語は主語があって（ない場合も多いですが）、次に目的語とかがいろいろとあって最後に動詞が来ます。

つまり、

英語・漢文――Ｓ＋Ｖ＋その他

日本語――Ｓ＋その他＋Ｖ

ということなので、漢文を日本語にして読むには〈その他〉をＶより先に読む必要があり、そのために**レ点などのさまざまな記号＝返り点**が発明されたのです。

では、**さまざまな記号＝返り点**を見ていきましょう。

レ点

下から返って読みます。

例 読ムレ書ヲ → 書を読む

■ **レ点の連続**……連続してレ点が用いられることがあります。

例 不ずレ読マレ書ヲ → 書を読まず

チェックテスト 1

問 次の①～⑧に、読む順番にしたがって返り点を付けよ。

例 2 1 4 3 → 2レ 1 4レ 3

① 2 3 1

② 3 2 1

③ 4 3 1 2

④ 4 1 3 2

⑤ 4 1 2 3

⑥ 3 1 2 6 4 5

⑦ 6 3 1 2 5 4

⑧ 6 1 5 4 2 3

解答

① 2二‐3 1一

② 3レ 2レ 1

解説 3三 2二 1一 とはしません。一・二・三点は二字以上離れたときに用います。

一・二点

「一」から「二」へ戻ります。

例 読ム二小説ヲ一 → 小説を読む

■**一・二点の連続**……連続して一・二点が用いられることがあります。

例 読ミ二小説ヲ一学ブ二文章ヲ一 → 小説を読み文章を学ぶ

■**三・四点**……三・四点まで使うこともありますが、四点はあまり出てきません。

例 父使ム三我ヲシテ学バ二文章ヲ一 → 父我(ちちわれ)をして文章を学ばしむ

上・下点

一・二点を挟(はさ)んで「上」から「下」に戻ります。

例 有リ下読ム二小説ヲ一者上 → 小説を読む者有(あ)り

■**中点**……上・中・下という形で中点も使うときがあります。
その他「甲・乙・丙点」などもありますが、ほとんど出てきません。

例 不(ず)下為ニ二児孫ノ一買ハ中美田ヲ上 → 児孫(じそん)の為(ため)に美田(びでん)を買はず

二字熟語の返り点

熟語を一語として扱い、熟語の間にハイフンを入れて、そのハイフンのところに返り点を付けます。

例 二二-分ス国ヲ一 → 国を二分す

---

③ 4レ 3二 1 2一

解説 4三 3二 1 2一 とはしません。一・二・三点は二字以上離れたときに用います。

また、4二レ 3 1 2一 ともなりません。一点の次に読むのは二点のところです。

④ 4二 1 3レ 2

解説 4二 1 3レ 2一 とはなりません。「レ」という形を覚えておきましょう。

⑤ 4二 1 2 3一

⑥ 3二 1 2一 6二 4 5一

⑦ 6下 3二 1 2一 5上レ 4

解説 6下 3二 1 2一 5レ 4上 とはなりません。上点の次に読むのは下点のところです。「上レ」という形を覚えておきましょう。

⑧ 6二 1 5レ 4二 2 3一

解説 6三 1 5レ 4二 2 3一 とはなりません。二点の次に読むのは三点のところです。

3 書き下し文は古文で！

語順がわかれば次は**書き下し文**のやり方です。漢文と日本語の違いはいくつかありますが、書き下し文にするときに問題になるのは、**日本語にはたくさんの助詞・助動詞があったり動詞などが活用したりする点**です。日本語といってもあくまでも**古文に書き換えるのだ**と思っておいてください。したがって、活用といっても文語文法にのっとった活用です。ルールをいくつか挙げておきます。

ルール1　文語文法に従う。

例　何ノ故ニ至レル　→　何の故(ゆゑ)に至(いた)れる

「至れる」の「る」は古文の完了の助動詞「り」の連体形。上に疑問詞があるので、係り結びの法則がはたらき、文末が連体形になっています。

ルール2　送り仮名は歴史的仮名遣い(かなづかい)・ひらがなで書く。

例　笑フ　→　笑ふ　現代語風に「笑う」とはしません。

ルール3　日本語(古文)の助詞・助動詞にあたる語は、ひらがなで書く。

例　見(る)レ疑ハ　→　疑(うたが)はる　「見」は、古文の助動詞「る・らる」にあたる語です。

ルール4　置き字は書かない。

例　志ス二于学ニ一　→　学に志す

「于」は置き字なので書き下し文では書きません。無視します。

チェックテスト 2

問　次の文章を書き下し文にせよ。ただし、「而」と「于」は置き字である。

① 子曰(し)ハク、「吾(われ)十有五ニシテ而*志ス二于*学ニ一。② 三十ニシテ而*立ツ。③ 四十ニシテ而*不レ惑(ず)ハ。④ 五十ニシテ而*知ル二天命ヲ一。⑤ 六十ニシテ而*耳(みみ)順(したが)フ。⑥ 七十ニシテ而*従ヘドモ二心ノ所ニレ欲(ほつ)スル、不レ踰(こ)エ二矩(のり)ヲ一。」

解答　① 子曰(しい)はく、「吾(われ)十有五(じふいうご)にして学(がく)に志(こころざ)す。② 三十(さんじふ)にして立(た)つ。③ 四十(しじふ)にして惑(まど)はず。④ 五十(ごじふ)にして天命(てんめい)を知(し)る。⑤ 六十(ろくじふ)にして耳順(みみした)がふ。⑥ 七十(しちじふ)にして心(こころ)の欲(ほつ)する所(ところ)に従(したが)へども、矩(のり)を踰(こ)えず」と。

(意味などは278ページ)

4 置き字ってナニ?

前のページでいきなり置き字という言葉が出てきて戸惑った人もいたかもしれません。置き字というのは、文中に置かれて(書かれて)あるのだけれど、読まないと決められた字のことをいいます。置き字は次の四種類です。

而

文中に出てきて接続助詞の働きをします。「て・で・して・ども」と上の語に送り仮名をつけて読んで、この字そのものは読みません。

例 学ビテ而時ニ習レフ之ヲ。

書き下し文 学(まな)びて時(とき)に之(これ)を習(なら)ふ。

現代語訳 学問をして機会あるごとにこれを復習する。

ここで「テ」と送り仮名をつけて読んでいるので、「而」そのものは読みません。

於・于・乎

「ニ・ヨリ・ヨリモ・ヲ」と下の語につけて読んで、この字そのものは読みません。

■自動詞+〈於・于・乎〉+名詞……「ニ・ヨリ・ヲ」

例 出デテ二於幽谷一ヨリ、遷ル二于喬木一ニ。

書き下し文 幽谷(いうこく)より出(い)でて、喬木(けうぼく)に遷(うつ)る。

現代語訳 幽谷から出て、高い樹木のところに移る。

ここで「ヨリ」「ニ」と送り仮名をつけて読んでいるので、「於」「于」そのものは読みません。

■他動詞+〈於・于・乎〉+名詞……「ニ」

プラスα 置き字以外の用法

置き字として扱われる漢字がいつも置き字というわけではありません。置き字以外の用法もあります。

●「而」の置き字以外の用法

① 文頭などに出てきたときは接続詞として、「しかうシテ・しかシテ・しかルニ・しかレドモ・しかモ」、あるいは「すなはチ」と読みます。

② 文末に「已」や「矣」と連なって、「而已」や「而已矣」の形で「のみ」と読みます。

③ 文頭や文中に出てきて、「なんぢ(〝お前〟という意味)」と読みます。

●「於・于・乎」の置き字以外の用法

① 「於・于」は返読文字として、「おいテ・おいテス」と読むことがあります。

② 「乎」は終尾詞として句末にきて、「や・か・かな」と読むことがあります。

③ 「乎」は「や・こ」と読んで、呼びかけの場合に使われることがあります。

例 不レ信ゼラレ二乎朋友一ニ。

（ここで「二」と送り仮名をつけて読んでいるので、「乎」そのものは読みません。）

書き下し文 朋友(ほういう)に信(しん)ぜられず。

現代語訳 朋友に信用されない。

■形容詞＋〈於・于・乎〉＋名詞……「ヨリ・ヨリモ」

例 苛政ハ猛シ二於虎一ヨリモ也。

（ここで「ヨリモ」と送り仮名をつけて読んでいるので、「於」そのものは読みません。）

書き下し文 苛政(かせい)は虎(とら)よりも猛(たけ)し。

現代語訳 きびしい政治は虎のいるところに住むよりもきつい。

矣・焉

文末にきて、断定などの意味を表します。この字は**読みもしません**し、**訳しもしません**。また、「也」も断定を表す置き字として用いられることがあります。

例 夕ベニ死ストモ可ナリ焉。

（読まないし、訳しもしません。）

書き下し文 夕(ゆふ)べに死(し)すとも可(か)なり。

現代語訳 夕方に死んでもかまわない。

兮

漢詩に出てきます。この字は**読みもしません**し、**訳しもしません**。

例 力抜キレ山ヲ兮気蓋フレ世ヲ

（読まないし、訳しもしません。）

書き下し文 力(ちから)　山(やま)を抜(ぬ)き　気(き)　世(よ)を蓋(おほ)ふ

現代語訳 その力は山を引き抜き気力は世の中全体をおおうくらいだ

---

④「於・于・乎」は文頭にきて、「ああ」と読む詠嘆を表すことがあります。

●「矣・焉」の置き字以外の用法

①「矣」は文末にきて、「かな」と読む場合があります。また、「矣乎・矣哉」という形になった場合も、「矣乎・矣哉」を「かな」と読むことがあります。

②「焉」は文頭にきて疑問詞となり、「いづクンゾ・なんゾ・いづクニ」と読みます。

③「焉」は句末にきて、「これ・ここニ」と読む場合があります。

5 返読文字は漢文の基礎！

漢文には下から返って読むことが決まっている文字があります。これを返読文字（へんどくもじ）といいます。返読文字はたくさんありますが、ここでは特に、読みなどで注意しなければならないものをあげておきます。

見・被

古文の助動詞「る・らる」（現代語の「れる・られる」）にあたります。したがって、ひらがなで書きます。受身（うけみ）形です。「見」を「みる」と読まず、「る・らル」と読むことに注意しましょう。

例　見（る）レ疑ハ。

書き下し文　疑（うたが）はる。

現代語訳　疑われる。

「見」を「る」と読むことに注意。

勿・莫

形容詞の「なし」ですが、禁止の意味のときに命令形で「なカレ」と読みます。相手に「〜するな」というときに用います。「無」「毋」も同じように用いられます。

例　勿（なカレ）レ愁（うれフル（コト））。

書き下し文　愁（うれ）ふる（こと）勿（な）かれ。

現代語訳　心配するな。

「こと」を入れて読む場合もあります。

チェックテスト 3

問　次の文章を書き下し文にせよ。（＊は置き字）

① 忠ナレドモ而＊被レ謗（そし）ラ。
② 勿カレ施スコト二於＊人一ニ。
③ 非ザル不ルニ能（あた）ハ也。
④ 若シ二火之始（はじ）メテ然（も）エ、泉之始メテ達スルガ一。
⑤ 不レ如カ学ブニ也＊。
⑥ 貧ト与ハ賤、是レ人之所レ悪（にく）ム也。
⑦ 雖モレ不レ中（あた）ラ、不レ遠カラ矣＊。
⑧ 病ハ自リレ口入ル。

解答
① 忠（ちゅう）なれども謗（そし）らる。
訳　忠実であるのに悪口を言われる。
② 人（ひと）に施（ほどこ）すこと勿（な）かれ。
訳　人にしてはいけない。

不レ能

「不」も「能」も返読文字です。合わせて「あたハず」と読みます。「〜できない」と不可能を意味します。

例 不レ能レ救。

書き下し文 救ふ(こと)能はず。

現代語訳 救うことができない。

「こと」を入れて読む場合もあります。

如・若

古文の助動詞「ごとし」にあたります。「〜ノ(ガ)ごとシ」と読みます。「若」と「如」は同じものと考えて構いません。

例 人生如レ旅。

書き下し文 人生旅の如し。

現代語訳 人生は旅のようだ。

不レ如・不レ若

「〜ニしカず」と読み、「〜には及ばない」という意味です。

例 百聞不レ如二一見一。

書き下し文 百聞は一見に如かず。

現代語訳 百回耳で聞くことは一回でも実際に見ることには及ばない。

---

③ 能はざるに非ざるなり。

訳 できないのではない。

④ 火の始めて然え、泉の始めて達するが若し。

訳 火が燃え始め、泉が流れ出すのと同じようなものである。

⑤ 学ぶに如かず。

訳 学ぶことに及ばない。

⑥ 貧と賤とは、是れ人の悪む所なり。

訳 貧しさといやしさとは、これは人がきらうものである。

⑦ 中らずと雖も遠からず。

訳 あたらないといっても遠くはない。

⑧ 病は口より入る。

訳 病気は口から入るものである。

与

「AトBと」のように二つのものを並べるときに用います。「与」自体を「と」と読みますが、「Aト」となる送り仮名の「ト」を忘れないようにしましょう。

例 富ト与ハレ貴キ、是レ人ノ所レ欲スル也。

書き下し文 富と貴きとは、是れ人の欲する所なり。

現代語訳 富と高い位とは、これは人の求めるところのものである。

雖

「〜トいへどモ」と読みます。「〜けれども」、「たとえ〜だとしても」という意味です。

例 雖モレ然リト

書き下し文 然りと雖も

現代語訳 たとえその通りだとしても

自・従・由

「より」と読み、助詞にあたる語なので、ひらがなで書きます。動作・時間・場所などの起点を表します。

例 禍ハ従リレ口出ヅ。

書き下し文 禍ひは口より出づ。

現代語訳 わざわいは口から出る。

◀嘉峪関　万里の長城の最西端にある砦。

6 再読文字は試験の定番!

漢文には二度読むことになっている文字があります。これを再読文字といいます。

再読文字は一回目は副詞として読み、二回目は返り点に従って助動詞や動詞「す」として読みます。再読文字を含んだ部分が問題にされることが多いので、例文を丸暗記しておくのがベストです。

未

「いまダ〜ず」と読みます。

「まだ〜ない」という意味です。

例 未ダレ覚メ。

書き下し文 未だ覚めず。

現代語訳 まだ(眠りから)覚めない。

将・且

「まさニ〜(ント)す」と読みます。「将」や「且」は〈未来〉や〈意志〉を表すので、「今にも〜しようとする」「〜しよう」と訳します。

例 将ニレ食セント。

書き下し文 将に食せんとす。

現代語訳 今にも食べようとしている。

「ント」となることに注意しましょう。

チェックテスト 4

問 次の文章をすべてひらがな(歴史的仮名遣い)の書き下し文にせよ。(再読文字に関する部分は、送り仮名・返り点を省いてある。)

① 未還。
② 矢且尽。
③ 応知。
④ 須重レ仁ヲ。
⑤ 宜髄。
⑥ 猶古。
⑦ 盍学乎。

(解答は次ページ)

当・応

「まさニ〜ベシ」と読みます。

「当」には〈当然〉・〈推量〉・〈意志〉の三つの意味があるので、「当然〜すべきだ」「〜にちがいない」「〜しよう」と訳します。「応」は〈推量〉の意味で多く用いられます。

例 当（まさニ）（ベシ）レ然（ル）。

書き下し文 当（まさ）に然（しか）るべし。

現代語訳 当然そうあるべきだ。

「ベシ」の「べ」は読み仮名なのでひらがな、「シ」は送り仮名なのでカタカナです。

須

「すべかラク〜ベシ」と読みます。

「須」は〈必須〉という意味なので、「必ず〜する必要がある」「ぜひ〜すべきだ」と訳します。

例 須（すべかラク）（ベシ）レ知（ル）。

書き下し文 須（すべか）らく知（し）るべし。

現代語訳 必ず知っておく必要がある。

「ベシ」の「べ」は読み仮名なのでひらがな、「シ」は送り仮名なのでカタカナです。

宜

「よろシク〜ベシ」と読みます。

「〜する方がよい」と訳します。

解答

① いまだかへらず。 訳 まだ帰らない。

② やまさにつきんとす。 訳 矢が今にも尽きようとしている。

③ まさにしるべし。 訳 知っているにちがいない。

④ すべからくじんをおもんずべし。 訳 必ず仁を重んじる必要がある。

⑤ よろしくしたがふべし。 訳 したがう方がよい。

⑥ なほいにしへのごとし。 訳 ちょうど昔と同じようである。

⑦ なんぞまなばざるや。 訳 どうして勉強しないのか。した方がよい。

例 人之過誤ハ宜レ恕ス。

書き下し文 人の過誤は宜しく恕すべし。

現代語訳 人の過ちはとがめずにいた方がよい。

「ベシ」の「べ」は読み仮名なのでひらがな、「シ」は送り仮名なのでカタカナです。

猶

「なホ～(ノ)ごとシ」「なホ～(ガ)ごとシ」と読みます。

「ちょうど～のようだ」と訳します。

例 過ギタルハ猶ホレ不ルガレ及バ。

書き下し文 過ぎたるは猶ほ及ばざるがごとし。

現代語訳 いきすぎはちょうど不十分なのと同じだ。

盍

「なんゾ～ざル」と読みます。「盍」は「何不」と同音であったため「何不」の代わりに用いられたのです。

「どうして～しないのか。～した方がよい」と訳します。

例 盍ゾレ言ハ二爾ノ志ヲ一。

書き下し文 盍ぞ爾の志を言はざる。

現代語訳 どうしてあなたの志を言わないのか。言った方がよい。

◀乾清宮 紫禁城内にある建物の一つ。

7 句法で攻める！

句法は英語でいう構文です。決まった言い方ですし、**重要句法は試験で必ず出題される**ので覚えておきましょう。逆に、句法を覚えておくと得点をゲットしやすくなります。つまり、**句法こそが得点をゲットする最大の武器**なのです。

句法には否定の形・使役の形などたくさんありますが、難しいのが否定の形の中の**部分否定**と**二重否定**です。また厄介(やっかい)なのが**疑問の形と反語の形の区別**です。ここでは、それらについて簡単に説明しておきましょう。

部分否定と二重否定

- **部分否定**…否定詞の下に副詞があると、その副詞を否定詞が否定します。この形は**「〜とは限らない」**といった意味になり、**一部を否定することになる**ため、これを「部分否定」といいます。
- **二重否定**…否定が二つ重なっているものをいいます。内容的には強い肯定の意味になります。

疑問の形と反語の形の区別

① 読み方に注意。反語形の場合は**「〜(ん)や」**となります。

② 文章中では、次のような場合見分けがつきます。

- **その疑問に対する返答が次の会話でなされている場合は疑問形。**
- **次の文などを見てもその疑問に対する返答がない場合は反語形。**

次のページから、重要な句法を一覧にして載せてあります。

上にあげた、それぞれの句法の具体的な例文をあげておきます。

- **部分否定**

例 不ニ常ニハ勝タ一。

書き下し文 常(つね)には勝(か)たず。

現代語訳 いつも勝つとは限らない。

- **二重否定**

例 無シニ人トシテ不ルハレ死セ。

書き下し文 人(ひと)として死(し)せざるは無(な)し。

現代語訳 どんな人でも死なないことはない。（人ならば誰でも死ぬ。）

- **疑問の形**

例 誰カ知ル。

書き下し文 誰(たれ)か知(し)る。

現代語訳 誰が知っているのか。

- **反語の形**

例 誰カ知ランヤ。

書き下し文 誰(たれ)か知(し)らんや。

現代語訳 誰が知っているのか。いや、誰も知らない。

重要句法一覧

- 上段に句法、中段に読み、下段に意味を示しています。
- 句法の［　］には同じ意味・用法で用いられる漢字を示しています。

否定・禁止の形

句法	読み	意味
不［弗］二～一	～ず	～しない
非［匪］二～一	～ニあらズ	～ではない
無［莫・毋・勿］二～一	～なシ	～がない
無［莫］レ不二～一	～ざル(ハ)なシ	～しないことはない
無［莫］レ非二～一	～ニあらザル(ハ)なシ	～でないものはない
非レ不二～一	～ざルニあらズ	～しないのではない
無二A不一レB	AトシテBざルハなシ	どんなAでもBしないものはない
未三嘗不二～一	いまダかつテ～ずンバアラず	今まで～しなかったことはない
不三必不二～一	かならズシモ～ずンバアラず	必ずしも～しないとは限らない
不三敢不二～一	あヘテ～ずンバアラず	どうしても～しないではいられない
不二常～一	つねニハ～ず	いつも～とは限らない
不二倶～一	ともニハ～ず	一緒に～ということはない
不二必～一	かならズシモ～ず	必ず～とはいえない
不二甚～一	はなはダシクハ～ず	そうひどくは～ない
不二復～一	まタ～ず	二度とは～しない
不二敢～一	あヘテ～ず	決して(進んで)～しない
勿［無・莫・毋］二～一	～なカレ	～してはいけない
不レ可二～一	～ベカラず	～してはいけない・～できない
不レ能二～一	～あたハず	～できない
不レ得二～一	～ヲえず	～できない

疑問の形

句法	読み	意味
何［奚］～	なにヲ(カ)～	何を～か・どれを～か
誰［孰］～	たれカ～(ゾ・ヤ)	だれが～か
何［胡・曷・奚・寧］～	なんゾ～(ヤ)	どうして～か
安［悪・寧・焉］～	いづクンゾ～(ヤ)	どうして～か
孰～	いづレカ～	どちらが～か
安［悪・何・焉］～	いづク(ニカ)～	どこに(どこへ)～か
幾～	いく～(カ・ゾ)	どれくらいの～か
何為［胡為］～	なんすレゾ～(ヤ)	どうして～か
幾何［幾許］	いくばく	どれくらいか

〜如何(いかん(セン))[奈何]	〜いかん(セン)	どうしたらよいか
何如(いかん)[何若]	いかん	どうか
何以(なにヲもつテ)〜	なにヲもつテ〜	どのようにして〜か・どうして〜か
乎(か(や))[邪・耶・哉・与・也・夫・歟]	や・か	〜か

反語の形

何(なんゾ)[胡・奚・曷・寧・庸]〜ン(ヤ)	なんゾ〜ン(ヤ)	どうして〜か、いや〜でない
誰(たれカ)[孰]〜ン(ヤ)	たれカ〜ン(ヤ)	だれが〜か、いやだれも〜でない
何(なにヲカ)[奚]〜ン(ヤ)	なにヲカ〜ン(ヤ)	何を〜か、いや〜ではない
安(いづクンゾ)[焉・悪・烏・寧]〜ン(ヤ)	いづクンゾ〜ン(ヤ)	どうして〜か、いや〜ない
安(いづクニカ)[焉・悪・何]〜ン(ヤ)	いづクニカ〜ン(ヤ)	どこに〜か、いやどこにも〜ない
何為(なんすレゾ)[胡為]〜ン(ヤ)	なんすレゾ〜ン(ヤ)	どうして〜か、いや〜ではない
幾何(いくばく(ゾ))[幾許]	いくばく(ゾ)	どれくらいか、いやどれほどもない
何如(いかん)[奈何]〜ン(ヤ)	いかんゾ〜ン(ヤ)	どうして〜か、いや〜ではない
如(い)二〜(ヲ)一何(かんセン)	〜ヲいかんセン	〜をどうしたらよいか、いやどうしようもない
何以(なにヲもつテ)〜ン(ヤ)	なにヲもつテ〜ン(ヤ)	どうして〜か、いや〜ない
〜乎((ン)や)[邪・耶・哉・与・也・夫]	〜(ン)や	〜か、いや〜ない
豈(あニ)〜哉((ン)や)[乎]	あニ〜(ン)や	どうして〜か、いや〜ない
独(ひとリ)〜哉((ン)や)[乎]	ひとリ〜(ン)や	どうして〜か、いや〜ない
敢(あヘテ)不(ざラン(ヤ))二〜一(乎)	あヘテ〜ざラン(ヤ)	どうして〜しないでいられようか、いや進んで〜する
何(なんゾ)不(ざル)二〜一 盍(なんゾ)二〜一(ざル)	なんゾ〜ざル	どうして〜しないのか、したらいいではないか

詠嘆の形

嗚呼(ああ)[于嗟・嗟・嗟乎・噫]	ああ	ああ
哉(かな)(や)(か)[矣・夫・与・乎・也・耶]	かな・か・や	〜だなあ
何(なんゾ)〜也(や)	なんゾ〜や	なんと〜ことよ
豈(あニ)不(ず)二〜一哉(や)	あニ〜ずや	なんと〜ではないか
不(ず)二亦(また)〜一乎(や)	また〜ずや	なんと〜ではないか

使役の形

使(しム)二A(ヲシテ)B一	AヲシテBしム	AにBさせる
命(めいジテ)レA(ニ)B(シム)	AニめいジテBシム	Aに命令してBさせる

受身の形

句形	読み方	意味
見[被・為・所]二～一	～る・らル	～れる・られる
B二於A一	AにBル・ラル	AにBれる・られる
為二A所一レB	AノBスルところトなル	AによってBされる

仮定の形

句形	読み方	意味
如[若・仮]～	もシ～バ・トモ	もし～ならば・～としても
苟～	いやしクモ～バ・トモ	かりにも～ならば・～としても
縦[縦令・仮令]～	たとヒ～トモ	たとえ～としても
雖二～一	～トいへどモ	たとえ～としても
～則[即]	～バすなはチ	～すれば
不レA不レB	Aずンバ・ざレバBず	AしなければBしない
無レA不レB	Aなクンバ・なケレバBず	AがなければBしない
非レA不レB	Aニあらズンバ・あらザレバBず	AでなければBしない
使二A B一	AヲシテBしメバ	もしAにBさせたならば

限定の形

句形	読み方	意味
唯[惟・只・但・徒・直・祇]～	たダ～(ノミ)	ただ～だけだ
独～	ひとリ～(ノミ)	ただ～だけだ
～耳[耳・已・而已・而已矣]	～のみ	～だけだ・～のだ

比較の形

句形	読み方	意味
A～二於[于・乎]B一	AハBヨリモ～	AはBよりも～だ
A不レ如[若]レB	AハBニしカず	AはBに及ばない
莫レ如レ～	～ニしクハなシ	～に及ぶものはない
A莫二～於B一	AハBヨリ～(ナル)ハなシ	AについてはBより～はない
莫レ～レ焉	これヨリ～(ナル)ハなシ	これよりも～はない

選択の形

句形	読み方	意味
寧A無レB	むしロAトモBスル(コト)なカレ	いっそAしてもBするな
孰-与[孰-若]	いづレゾ	どちらが～か
与レA寧B	AよりハむしロB	AよりはBのほうがよい
与レA不レ如レB	AよりハBニしカず	AよりはBのほうがよい
与レA孰二若B一	AよりハBニいづレゾ	AよりはBのほうがよい

抑揚の形

A(ハ)B、(而)況(しかルヲいはンヤ)C(ヲ)乎(や)	AハB、(しかルヲ)いはンヤCヲや	AはBだ、ましてCはなおさら(B)だ
A(スラ)且(かツ)(猶(なホ))B、況(いはンヤ)C(ヲ)乎(や)	Aスラかツ(なホ)B、いはンヤCヲや	AでさえBだ、ましてCはなおさら(B)だ
A(スラ)且(かツ)(猶(なホ))B、安(いづクンゾ)C(セン)乎(や)	Aスラかツ(なホ)B、いづクンゾCセンや	AでさえBだ、ましてどうしてCしようか、いやしない

累加の形

不(ず)唯(ただニ)(独(ひとり))A(ノミナラ)、B	ただニ(ひとり)Aノミナラず、B	ただAだけでなく、B
非(あらズ)唯(ただニ)(独(ひとり))A(ノミニ)、B	ただニ(ひとり)Aノミニあらズ、B	ただAだけでなく、B
豈(あニ)惟(ただニ)～(ノミナラン)(乎(や))	あニただニ～ノミナラン(や)	どうしてただ～だけだろうか、いや～ない
何(なんゾ)独(ひとり)～(ノミナラン)(乎(や))	なんゾひとリ～ノミナラン(や)	どうしてただ～だけだろうか、いや～ない

比況の形

如(ごとシ)[若]～(ノ・ガ)	～(ノ・ガ)ごとシ	～のようだ
似(にタリ)～(ニ)	～ニにタリ	～に似ている・～のようだ

願望の形

請(こフ)～(ン)	こフ～(ン)	どうか～させて(して)ください
願(ねがハクハ)～(ン)	ねがハクハ～(ン)	どうか～させてください
願(ねがハクハ)～(ヨ)	ねがハクハ～(ヨ)	どうか～してください
冀(こひねがハクハ)[庶・庶幾]～	こひねがハクハ～	どうか～したい(させてください)
欲(ほつス)～(ント)	～(ント)ほつス	～したいと思う・～したがる

接続の形

則(すなはチ)	すなはチ ～レバすなはチ…	{そこで・そして それは・それこそ} ～すれば…
乃(すなはチ)	すなはチ	そこで・そして それなのに・そのくせ それでこそ・はじめて
即(すなはチ)	すなはチ ～レバすなはチ…	{すぐに・たちどころに とりもなおさず・そのまま} ～すれば…
便(すなはチ)	すなはチ	すぐに・そのまま
輒(すなはチ)	すなはチ	そのたびごとに
載(すなはチ)	すなはチ	～しながら
然(しかラバ(レバ))	しかラバ・しかレバ	そうであるならば
然(しかルニ(レドモ))	しかルニ しかレドモ	そうではあるが

Tea Time

「科挙」…中国は受験大国

日本や韓国の受験競争が厳しいことは世界的に知られている事実です。しかし、もっと厳しい受験競争が展開されているのは中国です。中国でも大学進学率はかなり上昇してきていますが、それでも人口に比して圧倒的に大学の数が少なく、しかもエリート校の数はさらに限られています。エリート校に入れるのは百人に一人くらいです。

▲科挙の受験生の下着　カンニングのため漢文が書き込まれている。

そこでは苛烈な受験競争が展開されていますが、それよりもさらに苛烈であったのが「科挙」という官吏登用試験で、隋代から清代末までの千三百年間にわたって行われました。この試験に合格するためにはまず四書（『大学』『中庸』『論語』『孟子』）五経（『易経』『書経』『詩経』『礼記』『春秋』）をすべて暗記しなければなりません。重複する部分を省いても四十三万字を覚えなくてはならないのです。その上で漢詩が作れて論文も書ける能力が要求されます。

「科挙」の受験資格を得るのには、まず「県試」→「府試」→「院試」の三つの関門をクリアする必要があります。これら三つの試験をクリアすると「生員」という身分を得ます。それから「歳試」や「科試」といった学力試験をクリアしてようやく「科挙」の第一次試験である「郷試」の受験資格が得られます。

この「郷試」の競争率は約百倍で、これに合格すると「挙人」という身分を得ます。「挙人」になりうるのは約二万名余りです。その後に「省試」「殿試」があり、「科挙」に合格し、最終的に「進士」となれるのは三百人余りにすぎません。いかに苛烈かがわかります。

浪人も一浪・二浪は常識で、十浪くらいなら普通です。五十浪という人も少なくなかったようです。

あの白居易（白楽天）は優秀で、科挙に合格し進士となったのは二十九歳のときです。後に詩聖と呼ばれた杜甫は、何度も落第し、結局合格できませんでした。

▲清代の科挙の試験場を復元したもの　独房のようになっている。

2 漢文の種類

1 漢文ってどんな文章？

入試問題で出題される漢文は、大きく分けると次の三つになります。

a 説話・物語・エピソードなど、小話になっているもの。
（史伝の中のある人物に関するエピソードなどもここに入れます。）

b 評論・思想・随筆など、思いや考えを述べたもの。

c 漢詩。

もっと細かく分ける方が一般的ですが、実際に問題文を読んでいくにはこれくらいの分類で十分なのです。これをもっと簡略化すると、こういうことになります。

a お話になっているもの

b お話にはなっていないもの

c 漢詩

では、これらの文章をどういった点に気を付けながら読んでいけばいいのでしょうか。それはこの後、具体的な例を見ながら説明していきましょう。

◀桂林（けいりん） 中国有数の景勝地。

2 ここに注意したい漢文の読み方

先に挙げたａのような文章、すなわちお話になっているものが入試ではいちばん多く出題されます。お話を読む上で大事なのは、いうまでもなくどんなお話だったかを理解することです。お話というのは、要は〈誰かが、いつか、どこかで、何かをした〉というものです。したがって、読んでいくときに注意しなければならないのは次の四点になります。

①誰が(＝主語)
②いつ(＝時間)
③どこで(＝場所)
④何をしたか(＝行動)

この中でもっとも重要なのは、〈①誰が(＝主語)〉という要素です。誰の動作か。会話文なら、誰の発言か。それさえわかれば話の概要がかなりつかめます。ただし、〈①誰が(＝主語)〉を理解するときに注意しなければならないのは、王侯などの偉い人が出てくる話の場合です。偉い人の周りには必ず多くの家来たちがいます。王侯などは命令するだけで、多くのことは家来たちが行います。このことを覚えておきましょう。

それでは、実際に漢文を見ていきましょう。次のような文章が「ａお話になっているもの」です。

宋人有耕田者。田中有株。兎走触株、折頸而死。因釈其耒而守株、冀復得兎。兎不可復得、而身為宋国笑。今欲以先王之政治当世之民、皆守株之類也。

（『韓非子』より）

第一文で、このお話の主人公が紹介されています。

「宋人」とは、「そうひと」と読んで、宋の国の人という意味です。その宋人が〈①誰が（＝主語）〉です。しかも、さらに説明があって、この宋人は「田を耕す者」と書かれています。

〈②いつ（＝時間）〉については詳しく語られてはいませんが、当然、宋という国が存在していた時代ということになります。

〈③どこで（＝場所）〉も、宋の国で、しかも「田中」とわかります。

第二文の主語は「株」です。

畑の中に木の切り株がそのまま残されているという状況は、今の日本の畑などからは想像できない特殊な状況に思えます。この人物が適当な性格だからこの切り株をそのまま残していたのか、それとも切り株が土に深く根を下ろしていたためにどうしても除去できなかったのか、それはわかりません。大事なことは、こういった**場面をきちんとイメージしながら**読んでいくことです。

第三文の主語は「兎」です。

切り株に当たって首を折って死ぬなんて、本当に馬鹿なうさぎです。普通ならまずあ

書き下し文

宋人に田を耕す者有り。田中に株有り。兎走りて株に触れ、頸を折りて死す。因りて其の耒を釈てて株を守り、復た兎を得んことを冀ふ。兎復た得べからずして、身は宋国の笑ひと為れり。今先王の政を以て当世の民を治めんと欲するは、皆株を守るの類なり。

現代語訳

宋の国の人に畑を耕す者がいた。畑の中に木の切り株があった。うさぎが走ってきて切り株に当たり、首を折って死んだ。そこで（男は）耒を捨てて切り株を見守って、再びうさぎを手に入れようと願った。（しかし）うさぎは二度とは手に入れることができず、自身は宋の国の人たちの笑いものになった。

今、昔の聖王の政治のやり方で現在の民を治めようとするのは、切り株を見守っているのと同類である。

注 耒＝田を耕す道具。

りえないことです。よほどさまざまな偶然が重なって、このうさぎは死んでしまったのでしょう。

第四文で主語は再び「宋人」に戻ります。ここで、この主人公の〈④何をしたか（＝行動）〉が問題となります。

彼は耕作をやめて、株に当たって死ぬうさぎが再び現れるの待つという行動にでました。その結果、第五文に書かれているように世間の笑い者になってしまったというのが、このお話の内容です。

最後の文は何なのでしょうか？　漢文では「ａお話になっているもの」がよく出題されます。そういったものの方が面白いからということもあるでしょうが、昔の中国の人がお話を好んだという事実も見過ごせません。

大の大人であっても、自分の意見を述べる際、好んでたとえ話を語りました。それには、ダイレクトに意見だけを述べて相手に拒絶された場合死刑にもされかねないという政治的な理由もあるのですが、それだけではありません。たとえ話の方が、よりよく理解してもらえるという考えがあったためだと推測されます。

第五文まではあくまでもたとえ話で、筆者が本当に語りたいのは第六文なのです。

次に、「b お話にはなっていないもの」を見ていきましょう。

お話になっていないものを読むときには、**何がイイタイのか**をつかまえることが大事です。次の文章を読んで下さい。

> 季康子問政於孔子。
> 孔子対曰、「政者正也。子帥以正、孰敢不正。」
>
> （『論語』より）

一見、二人の人物が語り合っていて、お話になっているように見えます。

しかし、これだけでは季康子の人物像もわかりませんし、この孔子の言葉を聞いて季康子がどう思ったのか、そして、彼の行動なりにどんな変化が現れたのか、一切わかりません。この文章では、そんなことはどうでもよいのです。**孔子の言葉を伝えたい、というのがこの文章が書かれた目的**だからです。

この孔子の言葉は短いですが、ここの部分が長くなり、その部分だけが書かれたものが「b お話にはなっていないもの」の典型です。

この文章において第一に読みとらなければならないのは、したがって、**孔子の主張**ということになります。孔子は「政者正也。」と、とてもコンパクトで明確な言葉で主張を述べています。そして、次に「子帥以正、孰敢不正」というように、そのためにはどのようにすればよいのか、きちんと指示しています。

書き下し文

季康子　政を孔子に問ふ。
孔子　対へて曰はく、「政は正なり。子　帥ゐるに正を以つてせば、孰か敢へて正しからざらん。」と。

現代語訳

季康子が政治について孔子に尋ねた。
孔子がお答えになったことには、「政治は正です。あなたが率先して正しいことをされたら、だれがわざわざ不正を行おうとするでしょうか、いや、だれも不正を行おうとはしません。」と。

3 漢詩のルールはこれ！

漢詩にはいろいろとルールがあり、それが試験で狙われます。まずはルールを覚えておきましょう。

ルール1　五言か七言か

教科書や入試に出る漢詩はほとんどが近体詩です。近体詩は一句の文字数が決まっています。

一句がすべて五文字 ⟶ 五言
一句がすべて七文字 ⟶ 七言

ルール2　絶句か律詩か

四句でできている漢詩を絶句といい、八句でできている漢詩を律詩といいます。

「ルール1」の五言・七言と組み合わせると、次の四種類になります。

五文字×四句 ⟶ 五言絶句
七文字×四句 ⟶ 七言絶句
五文字×八句 ⟶ 五言律詩
七文字×八句 ⟶ 七言律詩

◀岳陽楼　杜甫の詩で有名な楼閣。（↓P.216）

一句の文字数が五文字でも七文字でもなかったり、句数が四句でも八句でもなかったりするものは**古体詩**(こたい)です。他に**排律**(はいりつ)というのもありますが、これはあまり教科書や入試には出ません。

試験でよく問われるのは**五言絶句・七言絶句・五言律詩・七言律詩の区別**です。例えば、次の漢詩はこのどれにあたるのでしょうか。

空山不レ見レ人ヲ
但ダ聞クノミ二人語ノ響ヲ一
返景入リ二深林ニ一
復タ照ラス青苔ノ上
(王維「鹿柴(ろくさい)」)

書き下し文

空山(くうざん)　人(ひと)を見(み)ず
但(ただ)だ　人語(じんご)の響(ひび)くを聞(き)くのみ
返景(へんけい)　深林(しんりん)に入(い)り
復(ま)た照(て)らす　青苔(せいたい)の上(うへ)

五文字なので五言

一句が**五文字**なので**五言**です。また**四句**でできているので**絶句**です。したがって、この漢詩は**五言絶句**ということになります。

ルール3　押韻

句の最後の文字の音(母音)を合わせることを**押韻**(おういん)といいます。

例えば、先ほどの「鹿柴(ろくさい)」を見てみましょう。

この詩の第二句末の「響」と第四句末の「上」は[kyō]と[jyō]と読めます。つま

現代語訳

人気(ひとけ)のないさびしい山では人を見ることはなく
ただ人の話し声が響いてくるのを聞くだけだ
夕日の照り返しが深い林に入り込んできて
ふたたび青い苔(こけ)の上を照らす

注　**鹿柴**＝鹿を飼うための囲いの柵(さく)。

り、最後の［ō］が同じになっています。（［kyou］・［jyou］と読んでも最後の母音は同じになります。）下の図で確認しておきましょう。

五言の場合――→偶数句末
七言の場合――→第一句末と偶数句末

が押韻になることを覚えておきましょう。

ルール4 対句

律詩には対句（ついく）があります。対句というのは文字通りセット（＝対）になっている句です。対句になっている二句は内容もよく似ているし、返り点の付き方も大体同じになります。

対句になるのは、基本的には、

①第三句と第四句
②第五句と第六句

ですが、これ以外のところも対句になっていることがあります。また、対句は漢詩以外の文章でもよく用いられます。

次の五言律詩を見てみましょう。第三句と第四句、第五句と第六句が対句になっています。また、この漢詩では第一句と第二句も対句になっています。

押韻と対句の方法は217ページの表で、まとめて覚えておこう！

空山不レ見レ人ヲ
但ダ聞クノミ二人語ノ響クヲ一　kyō
返景入リ二深林ニ一
復タ照ラス青苔ノ上　jyō

ōが同じ
押韻

◀白帝城（はくていじょう）　李白（りはく）など多くの詩人が訪れた。

▲ 洞庭湖と岳陽楼（中央）

昔聞ク洞庭ノ水
今上ル岳陽楼
呉楚東南ニ坼ケ
乾坤日夜浮カブ
親朋無ク一字
老病有リ孤舟
戎馬関山ノ北
憑リテ軒ニ涕泗流ル
（杜甫「登ル岳陽楼ニ」）

昔 聞ク 洞 庭ノ 水	今 上ル 岳 陽 楼
名詞	動詞　名詞

呉 楚 東 南ニ 坼ケ	乾 坤 日 夜 浮カブ
名詞	名詞　動詞

親 朋 無ク 一 字	老 病 有リ 孤 舟
名詞　用言　名詞	

それぞれの句の対応はこのようになっているよ。

書き下し文

昔聞く　洞庭の水
今上る　岳陽楼
呉楚　東南に坼け
乾坤　日夜浮かぶ
親朋　一字無く
老病　孤舟有り
戎馬　関山の北
軒に憑りて　涕泗流る
（杜甫「岳陽楼に登る」）

現代語訳

昔から聞いていた洞庭湖の水
今、岳陽楼に上る
呉と楚が東と南にすっぱりと分かれていて
日と月が日夜この湖に浮かんで見える
親戚や朋友から一字の便りもなく
老いて病んでいるわが身にあるものは一そうの小舟だけだ
関所のある山々の北では戦争が行われている
楼のらんかんによりかかって涙を流している

注
洞庭＝洞庭湖。
岳陽楼＝洞庭湖に臨む楼閣。ここからの風景は絶景である。
乾坤＝乾は日、坤は月。乾は天、坤は地とする説もある。
親朋＝親戚や朋友。
無二一字一＝一字の便りもないこと。
戎馬＝もともとは兵馬という意味だが、そこから戦争を意味するようになった。
関山＝関所のある山。国境にある。
涕泗＝涙。

それでは、ルール3の押韻とルール4の対句の方法を次の表でまとめて覚えておきましょう。（●が押韻する字）

〈五言絶句〉

		〈七言絶句〉
起句	○○○○○	○○○○○○●
承句	○○○○●	○○○○○○●
転句	○○○○○	○○○○○○○
結句	○○○○●	○○○○○○●

〈五言律詩〉 〈七言律詩〉

	〈五言律詩〉	〈七言律詩〉
首聯	○○○○○ ○○○○●	○○○○○○● ○○○○○○●
頷聯（対句）	○○○○○ ○○○○●	○○○○○○○ ○○○○○○●
頸聯（対句）	○○○○○ ○○○○●	○○○○○○○ ○○○○○○●
尾聯	○○○○○ ○○○○●	○○○○○○○ ○○○○○○●

① 近体詩の内容は、基本的に「起承転結」になっている。
② 絶句では、四句がそのまま起・承・転・結に相当する。
③ 律詩では、二句ずつが意味上のまとまりになり、その二句ずつを順に「首聯」「頷聯」「頸聯」「尾聯」と呼ぶ。

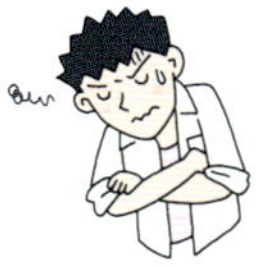

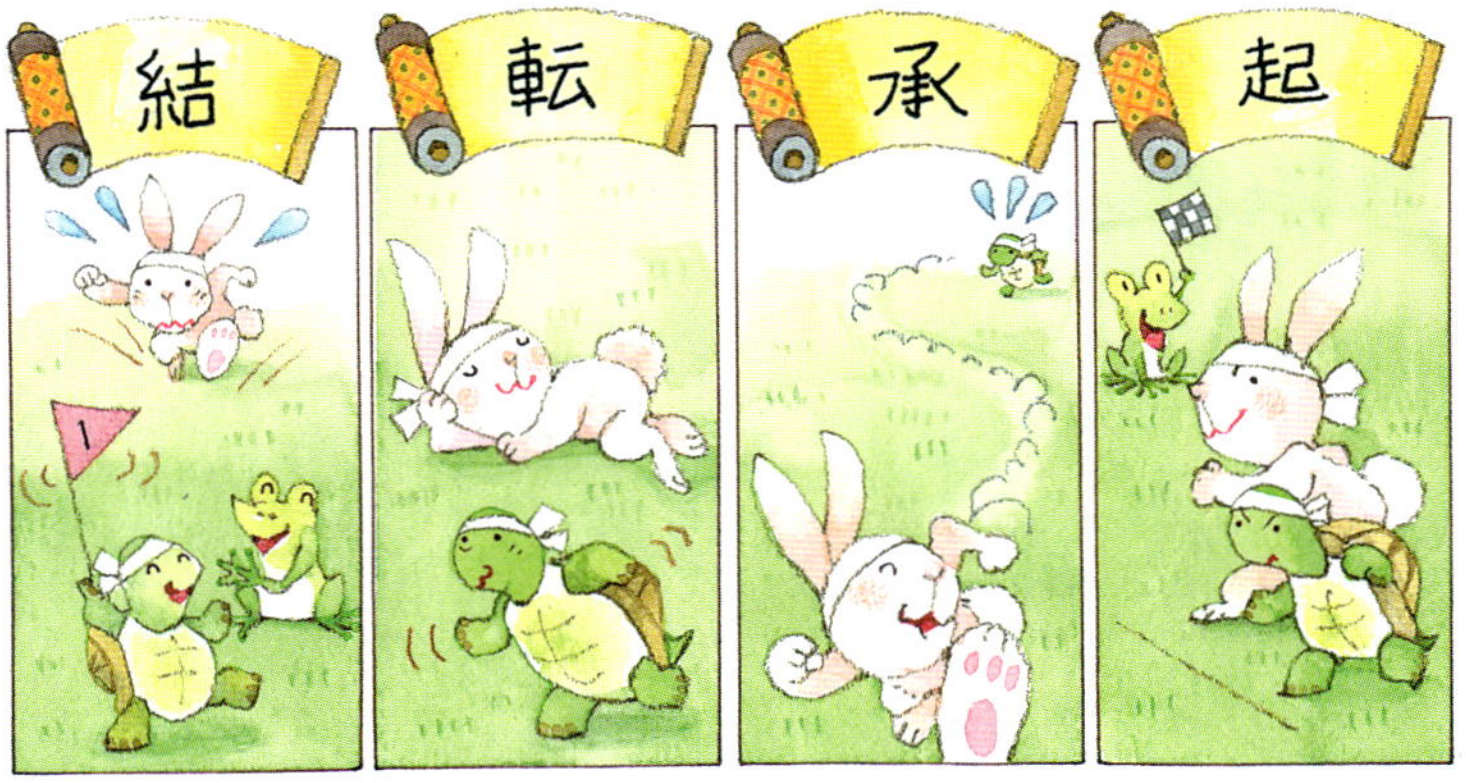

6章の漢詩のところで、もう一度これらのルールについて確認しましょう。

「起承転結」とは、「起」である内容を述べ起こし、「承」で起を承けて展開させ、「転」で起・承と続いた内容をがらりと一転させ、「結」で全体をまとめて結ぶ、という構成のこと。

Tea Time

中国人は「天」が好き！

「天」というのは日本語では〝天空〟を意味しますが、漢文では主として「宇宙の主宰者である造化の神」という意味で出てきます。「天」には「天帝」がいて、この「天帝」が宇宙のあらゆることを取り仕切っています。「虎の威を借る」で「狐」が「今、子(あなた)我を食らはば、是れ天帝の命に逆らふなり」(→P.227)といっているあの「天帝」です。「天帝」に逆らう者はすべて滅ぶといわれています。

その「天帝」から与えられた使命が「天命」です。『論語』に「五十にして天命を知る」(→P.278)と書かれてあるあの「天命」です。「天命」というのは日本語ではふつう「宿命として決まっていた寿命」のことをいいます。

「天」の思想を信奉する限り、人は「天命」を遂行しなければならず、「天命」である限り、ことは必ず成就します。逆に「天命」でないものはうまく事が進まないのです。人生にはうまくいかないことがたくさんあります。そんなとき日本人は自分の努力が足りないからだとか、自分の能力が及ばないからだと反省し落ち込みます。それに対して、中国人は「天」の思想を信じているので、日本人のように落ち込んだりしません。うまくいかないのは「天命」でないからで、自分のせいではないのです。

『老子』の中に「天網恢々疎にして漏らさず」という言葉があります。〝天が悪人を捕らえるために張る網は広く、網目は大きく疎略に見えるが結局取り逃がすことはない〟という意味です。「天」は何もしていないように見えてもきちんと悪人を懲らしめるという考えです。

また、「天子」という言葉がありますが、これは皇帝のことをいいます。「天帝」の「命」を受けて「天帝」に代わって民を治める者という意味です。

6章 頻出漢文の対策

1 矛盾（むじゅん）…『韓非子（かんぴし）』

1 楚人有下鬻二楯与レ矛者上。2 誉レ之曰、「吾楯之堅、莫二能陥一也。」3 又誉二其矛一曰、「吾矛之利、於レ物無レ不レ陥也。」4 或曰、「以二子之矛一、陥二子之楯一、何如。」5 其人弗レ能レ応也。

書き下し文

1 楚人に楯と矛とを鬻ぐ者有り。
楚の国の人で楯と矛とを売る者がいた。

2 之を誉めて曰はく、「吾が楯の堅きこと、能く陥すもの莫きなり。」と。
これ〔＝楯〕を誉めて言うには、「私の楯が堅いことといったら、突き通すことができるものはない。」と。

3 又其の矛を誉めて曰はく、「吾が矛の利きこと、物に於いて陥さざる無きなり。」と。
またその矛を誉めて言うには、「私の矛が鋭いことといったら、どんなものでも突き通さないものはない。」と。

4 或ひと曰はく、「子の矛を以て、子の楯を陥さば、何如。」と。
ある人が言うには、「あなたの矛で、あなたの楯を突いたら、どうなるか。」と。

5 其の人　応ふる能はざるなり。
その人は答えることができなかった。

韓非子（かんぴし）

法家（ほうか）の思想を伝える書物。著者は韓非（かんぴ）。名は非。韓の国の王子。戦国時代の諸子百家（しょしひゃっか）の一人だが、口べたであったために諸国を遊説（ゆうぜい）せず、著作により自らの法家の思想を説いた。法家の思想とは、法術による富国強兵・君権確立である。

ひとくち鑑賞

あるエピソード（＝故事）があってできあがった言葉を故事成語といいます。「矛盾（むじゅん）」という言葉は、現在「つじつまが合わないこと」という意味で用いられていますが、元は「矛（ほこ）（＝槍（やり））」と「盾（たて）」という意味です。実話かどうかわかりませんが、本当によくできたお話です。

試験のポイント

① **楚人**　「そひと」と読む。この読み注意。「楚の国の人」という意味。

① **楯与レ矛**　「与」は返読文字で「と」と読むが、上の文字にも「と」と送り仮名を打つ。これがポイント。「楯ト」の「ト」を忘れないこと。（→P.198）

A_ト 与_レ（と） B …… AとBと

② **能**　「よク」と読む。英語のｃａｎにあたる。「できる」という意味。

④ **子**　「し」と読み、男性に対する二人称で、「あなた」という意味。「こ」と読み、「こども」という意味の場合もあるが、試験で問われるのは、「あなた」という意味の場合のみと考えてよい。

覚えよう！ 重要句法

否定 ③

▼於レ物無レ不レ陥也

訳 どんなものでも突き通さないものはない

「無」も「不」も否定の語なので、「無不」は二重否定（→P.202）になります。したがって、「於物無不陥也」は「どんなものでも突き通さないものはない」と直訳しますが、要するに「どんなものでも突き通す」という意味になります。

疑問 ④

▼何如

訳 どうなるか

「いかん」と読み、「どうなるか・どのようか」という意味になります。読み・意味とも注意。「何若」「何奈」も同じ意味。「如何（若何・奈何）」の場合は、「いかん（せん）」と読み、「どうしようか」という意味になります。（→P.271）

練習問題

解答→p.297

楚人(a)有鬻楯与矛者(①)。誉レメテ之ヲ曰ハク、「吾ガ楯之堅キコト、莫能陥也(②)。」又誉二メテ其ノ矛ヲ一曰ハク、「吾ガ矛之利キコト、於レイテ物ニ無レキ不レル陥サ也ト(③)。」或ヒト曰ハク、「以テ(b)二子之矛ヲ一、陥二サバ子之楯ヲ一、何如(c)ト。」其ノ人弗レル能ハ応フル也。

問一 ——線部a「楚人」の読みをひらがなで書き、意味も答えよ。

問二 ——線部b・cの読みをひらがなでそれぞれ書け。

問三 ——線部①「有鬻楯与矛者」、②「莫能陥也」をそれぞれ書き下し文にせよ。

問四 ——線部③「於物無不陥也」を現代語訳せよ。

問五 「矛盾」と同じ意味の語句を次の中から一つ選べ。

ア 自家撞着（じかどうちゃく）　イ 辻褄（つじつま）　ウ 表裏一体　エ 五十歩百歩

五十歩百歩…『孟子』

❶孟子対へて曰はく、「王好む戦ひを。❷請ふ以て戦ひを喩へん。❸塡然として鼓之、兵刃既に接す。❹棄て甲を曳きて兵を而走る。❺或いは百歩にして而後に止まり、❻或いは五十歩にして而止まる。以て五十歩を笑はば百歩を、則ち何如。」❼恵王曰はく、「不可なり。❽直だ不ざる百歩ならのみ耳。❾是れも亦た走るなり也。」

注
＊塡然＝でんでんという太鼓を打つ音。
＊鼓之＝「之」はここでは語調を整えるだけの助字なので読まない。
＊兵刃＝「兵」も「刃」も武器という意味。
＊甲＝よろい。
＊而＝置き字なので読まない。❺も同じ。

書き下し文

❶孟子対へて曰はく、「王戦ひを好む。
孟子がお答えして言うには、「王は戦いを好まれます。
❷請ふ戦ひを以て喩へん。
どうか戦いによって喩えさせてください。
❸塡然として鼓し、兵刃既に接す。
（進撃の太鼓が）でんでんと鳴り、武器がすでに接しあっている。
❹甲を棄て兵を曳きて走る。
よろいを捨てて武器を引きずって逃げる。
❺或いは百歩にして後に止まり、或いは五十歩にして後に止まる。
ある者は百歩（逃げてそのあと）で止まり、ある者は五十歩（逃げてそのあと）で止まった。
❻五十歩を以て百歩を笑はば、則ち何如。」と。
五十歩（しか逃げなかった）という理由で百歩（逃げた人）を笑うならば、どうでしょうか。」と。
❼恵王曰はく、「不可なり。
恵王が言うには、「よくない。
❽直だ百歩ならざるのみ。
ただ百歩でなかっただけである。
❾是も亦た走るなり。」と。
この者もまた逃げたのである。」と。

孟子

儒教思想を確立した書物。「四書」（『大学』『中庸』『論語』『孟子』）の一つ。著者は孟子。（→P.287）戦国時代、孟子が遊説した折の問答や門人との議論などを集めたもの。孟子の死後、弟子がまとめたとされる。孟子は孔子が唱えた「仁」にさらに「義」を加えた「仁義」によって治める王道政治を諸侯に説いて回ったが、受け入れられなかった。

ひとくち鑑賞

「五十歩百歩」は現在では「大差ないこと（似たりよったり）」という意味で用いられています。『火垂るの墓』などで有名な作家の野坂昭如氏は五十歩逃げるのと百歩逃げるのとではやはり異なると、自らの戦争体験を踏まえて述べていますが、そういうことが言われるのもこの「五十歩百歩」という言葉が本当にポピュラーなためだと思われます。

試験のポイント

❶ **対** 「こたフ」と読む。意味は「（目上の人に）お答えする」。この読みと意味、ともに要注意。

❷ **請以レ戦喩** 「請」は「こフ」と読み、文の初めについて

> 1 どうか〜していただきたい。
> （相手に対してお願いや丁寧な命令をする）
>
> 2 どうか〜させてほしい。
> （自分がこうしたいと述べる）

という意味を表す。本文は2で「どうか〜させてほしい」という意味。2の場合は「請ふ〜ん（意志の助動詞）」という形になる。

❹ **走** 「はしル」と読んで、「逃げる」という意味。

❺ **或〜** 「或〜、或〜」の場合、「あるもの（人）は〜、（また）あるもの（人）は〜」という意味になる。

❻ **則** 「すなはチ」と読む。ここは仮定条件を受けて「〜ならば」という意味。

❼ **不可** 「ふかナリ」と読む。「可」は下に動詞がある場合は「ベシ」と読む。

❾ **是亦** 「是」は「これ」、「亦」は「まタ」と読み、「亦」は上の文字に「モ」を送って読む。このことから「亦」は「モ亦」と呼ばれている。したがって「是亦」で「これモまタ」と読む。

覚えよう！ 重要句法

疑問 6

▼何如

訳 どうなるか

「いかん」と読み、「どうなるか・どのようにか」という意味になります。読み・意味とも注意。「何若」「何奈」も同じ意味。「如何（若何・奈何）」の場合は、「いかん（せん）」と読み、「どうしようか」という意味になります。（↓P.271）

限定 8

▼直不㆓百歩㆒耳

訳 ただ百歩でなかっただけである

「直」は「たダ」、「耳」は「のみ」と読みます。「ただ〜だけだ」と訳します。読み・意味とも注意。

● 直（たダ）〜耳（のみ）。…ただ〜だけだ。

● 〜耳（のみ）。……〜だけだ。

練習問題

解答→p.297

孟子対曰、「王好戦。請以戦喩。填然鼓之、兵刃既接。棄甲曳兵而走。或百歩而後止、或五十歩而後止。以五十歩笑百歩、則何如。」

恵王曰、「不可。直不百歩耳。是亦走也。」

問一 ――線部a〜eの読みを、送り仮名の必要なものは送り仮名を補い、歴史的仮名遣いのひらがなでそれぞれ答えよ。

問二 ――線部A「甲」、B「兵」の意味をそれぞれ答えよ。

問三 ――線部①「請以戦喩」を現代語訳せよ。

問四 ――線部②「不可」とあるが、何に対して恵王は「不可」と述べたのか、最も適当なものを次の中から一つ選べ。

ア 戦いの喩えで孟子が恵王に話をしたこと。

イ 何歩であろうが戦いの最中に逃げ出すこと。

ウ 五十歩走った者が百歩走った者を笑うこと。

エ 五十歩逃げた者が百歩逃げた者を笑うこと。

問五 ――線部③「是」が指しているものは何か、七字以内で答えよ。

問六 「五十歩百歩」の意味を十字以内で答えよ。

3 虎の威を借る…『戦国策』

①虎求百獣而食之。②得狐。③
狐曰、「子無敢食我也。④天帝使
我長百獣。⑤今、子食我、是逆天
帝命也。⑥子以我為不信、為
子先行。⑦子随我後観。⑧百獣
之見我、而敢不走乎。」
⑨虎以為然。⑩故遂与之行。⑪
獣見之皆走。⑫虎不知獣畏己
而走也。⑬以為畏狐也。

書き下し文

①虎 百獣を求めて之を食らふ。
虎は百獣をさがしもとめて食べていた。

②狐を得たり。
狐をつかまえた。

③狐曰はく、「子 敢へて我を食らふこと無かれ。
狐が言うには、「あなたは決して私を食べてはいけません。

④天帝 我をして百獣に長たらしむ。
天帝が私を百獣の長にさせています。

⑤今、子 我を食らはば、是れ天帝の命に逆らふなり。
今、あなたが私を食べれば、これは天帝の命令に逆らうことになります。

⑥子 我を以て信ならずと為さば、吾 子の為に先行せん。
あなたが私のことを信じられないということならば、私はあなたのために前を歩きましょう。

⑦子 我が後に随ひて観よ。
あなたは私の後にしたがって見てください。

⑧百獣の我を見るや、敢へて走らざらんや。」と。
百獣が私を見ると、どうして逃げないことがありましょうか、いや、必ず逃げます。」と。

⑨虎 以て然りと為す。
虎は（狐の言葉を聞いて）なるほどと思った。

⑩故に遂に之と行く。
そこでそのまま狐についていった。

＊百獣＝多くの獣。

＊而＝置き字なので読まない。③「也」・⑧・⑫も同じ。

＊天帝＝天の神。中国古代の信仰から生まれた。地上の万物を支配しているのが天で、そこにいる帝。（→P.218）

⑪ 獣之を見て皆走る。

獣たちは、この様子を見て皆逃げてゆく。

⑫ 虎獣の己を畏れて走るを知らざるなり。

虎は、獣たちが自分を畏れて逃げていることを知らなかった。

⑬ 以為へらく狐を畏るるなりと。

狐を畏れているのだと思った。

ひとくち鑑賞

この故事は二つの成語を生みました。一つは「虎の威を借る」です。これは「力のないものが権勢のある人の威光をかさに威張る」という意味です。もう一つは「虎の威を借る狐」で、これは「他人の威光をかさに威張る小人物」という意味で用いられます。

戦国策

三三巻からなる。前漢の劉向（紀元前七七～紀元前六）の編。戦国時代の各国の史実や、遊説の諸子が各国を訪れて諸侯相手に自らの秘策を説いた記録を国別に集めた歴史書。

試験のポイント

① **食** この読みに注意。「くラフ」と読む。

③ **子** 「し」と読み、男性に対する二人称で「あなた」という意味。

③ **無** 「無」は「莫」と同様、ふだんは「なシ」と読むが、文脈によっては、「なカレ」と読み、「……するな」という禁止の意味を表す。ここは、その禁止の用法。禁止の言い方では「勿・毋」の字の方が用いられることが多い。

無・莫…①なシ　②なカレ

勿・毋…①なカレ

③ 敢 「あへテ」と読み、ここでは「決して」くらいの意味。後の⑧「敢不レ走乎」とは区別すること。

⑥ 以レ我為レ不レ信 「以テレAヲ為スレBト」のパターン。試験に頻出。「AをBとみなす(AをBだと思う)」という意味。

> 以テレAヲ為スレBト…AをBとみなす(AをBだと思う)

⑨ 以為レ然 「以テレAヲ為スレBト」のAが抜けたパターン。これも試験に頻出。Aがわかりきっている場合に省略される。「Bとみなす(Bと思う)。」という意味。

この場合は、「以為」を「おもへラク」と読むこともできる。

「おもへラク」と読んだ場合は、最後に「ト」をつける。そして、「思うことには～(～だと思う)」と訳す。

> 以テ為スレBト　読 もってBとなス　訳 Bとみなす(Bだと思う)
>
> 以為おもへラクBト　読 おもへラクBと　訳 思うことにはBである(Bだと思う)

⑩ 遂 「つひニ」と読んで、「そのまま・その結果」という意味。「とうとう」という意味ではないので注意。「卒ニ」「終ニ」「竟ニ」も「つひニ」と読み、こちらは「とうとう・最後に・結局」という意味になる。

⑩ 与レ之行 「与」は返読文字で「と」と読む。(→P.198)

⑪ 走 「はしル」と読んで、「逃げる」という意味。

⑬ 以為レ畏レ狐 「以為」を「おもへラク」と読んでいる。もちろん「以為」を「おもへラク」と読まず、⑨のように「以テ為スレ畏ルルトレ狐ヲ」として「以て狐を畏おそるると為す」と読むことも可能。

覚えよう！ 重要句法

使役 ④

▼天帝使㆔我長㆓百獣㆒

訳 天帝が私を百獣の長にさせている

「A使(ム)㆓B(ヲシテ) C(セ)㆒」という形をとります。「使」は「令」「遣」「教」などとともに「しム」と読む使役の助字です。日本語の助動詞にあたるので、必ずひらがなで書き下します。「A BをしてC(せ)しむ」の形を覚えること。

反語 ⑧

▼敢不㆑走乎

訳 どうして逃げないことがあろうか、いや、必ず逃げる

「敢(ヘテ)不(ラン)㆓～㆒乎」で「どうして～ないことがあろうか、いや、必ず～する」という意味になります。文末の「乎」がないときでも、「不」のところに「不(ざランヤ)」と「ヤ」を送って読みます。「不㆓敢～㆒」の場合は否定形で、「決して～しない」という意味になります。

練習問題

解答→p.297

虎求百獣而食之。得狐。狐曰、「子無敢食我也。天帝使我長百獣。今、子食我、是逆天帝命也。子以我為不信、吾為子先行。子随我後観。百獣之見我、而敢不走乎。」虎以為然。故遂与之行。獣見之皆走。虎不知獣畏己而走也。以為畏狐也。

問一 ——線部a・bの読みを送り仮名を補い、歴史的仮名遣いのひらがなでそれぞれ答えよ。

問二 ——線部A〜C「之」は何を指すか。それぞれ一語で答えよ。

問三 ——線部②「天帝使我長百獣」を書き下し文にし、現代語訳せよ。

問四 ——線部③「以我為不信、吾為子先行」を現代語訳せよ。

問五 ——線部①「子無敢食我也」、④「百獣之見我、而敢不走乎」を用いられた句法のちがいに注意して、それぞれ現代語訳せよ。

問六 この故事からできた故事成語を二つ答えよ。

4 春暁：孟浩然

1 春眠不レ覚エレ暁ヲ
2 処処*聞ク二啼鳥ヲ一
3 夜来*風雨ノ声
4 花落ツルコト知ル多少*

注
* 処処＝あちらこちらで。
* 夜来＝昨夜。「来」は時間を表す語につく助字で特に意味はない。
* 多少＝どれくらい。「知多少」は直訳すると「どれくらいかわかるだろうか（いやわからない）」という意味。

書き下し文

春暁
春の夜明け頃

1 春眠　暁を覚えず
春の眠りは（心地よくて）夜明けにも気づかない

2 処処　啼鳥を聞く
あちらこちらで鳥のさえずりが聞こえる

3 夜来　風雨の声
昨夜は風や雨の音がしていた

4 花落つること　知る多少
花はどれくらい散っているのだろうか

〔詩型〕 五言絶句
〔韻字〕 暁・鳥・少
（第一句末も押韻している）

ひとくち鑑賞

広く愛誦されている作品です。心地よい春のまどろみの中で、鳥のさえずりや昨夜の風雨の音から、庭の様子を想像しているところに、悠然とした気持ちの広がりが感じられます。

作者紹介　孟浩然

六八九～七四〇年。盛唐の詩人。山中に隠棲していたが、四十歳ごろ長安に出て詩人として有名になる。自然をおおらかに歌い上げる詩風から、田園詩人とも称される。李白とも親交があり、「黄鶴楼にて孟浩然の広陵に之くを送る」（→P.238）に登場する。

5 江雪（こうせつ）…柳宗元（りゅうそうげん）

❶ *千山鳥飛絶
❷ *万径*人蹤滅
❸ 孤舟蓑笠翁
❹ 独釣寒江雪

注
* 江＝川。作者が左遷されていた先の湘水（しょうすい）かとされる。
* 千山・万径＝すべての山・すべての道。「千」「万」は数え切れないほど多いことを表すもの。
* 人蹤＝人の足跡。

書き下し文

江雪（こうせつ）
川辺の雪景色

❶ 千山（せんざん）　鳥飛ぶこと絶え
すべての山々には鳥の飛ぶ姿も絶え
❷ 万径（ばんけい）　人蹤滅す（じんしょうめっす）
すべての道には人の足跡も消えてしまった
❸ 孤舟（こしゅう）　蓑笠の翁（さりゅうのおう）
一そうの舟に蓑と笠をつけた老人がいて
❹ 独り釣る　寒江の雪に（かんこうのゆきに）
独り寒々とした川辺の雪景色の中で釣り糸を垂れている

〔詩型〕五言絶句（ごごんぜっく）
〔韻字〕絶・滅・雪（第一句末も押韻（おういん）している）

ひとくち鑑賞

一面雪におおわれた広大で静寂な自然の中、ただ一そうの舟で釣り糸を垂れている老人の姿を詠んだ詩です。淡々とした描写の中に、なんとも言えない孤独感・寂寥感（せきりょうかん）が表現されています。

作者紹介　柳宗元（りゅうそうげん）

七七三〜八一九年。中唐の詩人・文章家。自然を歌う田園詩人として有名。文章では、韓愈（かんゆ）とともに古文復興に努めた。唐宋八大家（とうそうはちたいか）の一人に数えられる。（→P.275）

▲寒江独釣図（かんこうどくちょうず）（朱端筆）

覚えよう！ 漢詩のルール

漢詩の詩型

唐代の初め頃までに「近体詩」と呼ばれる一定の詩型が定められました。一句の字数と一編の句数により、次のように呼ばれます。

一句が五字でできているもの → 五言（ごごん）
一句が七字でできているもの → 七言（しちごん）
一編が四句でできているもの → 絶句（ぜっく）
一編が八句でできているもの → 律詩（りっし）

これを組み合わせて、

五字×四句 → 五言絶句
五字×八句 → 五言律詩
七字×四句 → 七言絶句
七字×八句 → 七言律詩

といいます。このほか、一編が十句以上でできているものを「排律（はいりつ）」といい、近体詩の形式からはずれるものを「古体詩（こたい し）」といいますが、あまり気にしなくてよいです。前記の四種の詩型のみしっかり押さえておきましょう。（→P.213）

起承転結

近体詩の基本的な構成を「起・承・転・結」といいます。

起 → 詩を詠（よ）み起こす。
承 → 起句を承（う）けてさらに展開する。
転 → 内容を一転させる。
結 → 全体を結ぶ。

絶句は四句がそのまま起・承・転・結に相当します。また、律詩は四つの聯（れん）（二句ずつのまとまり。首（しゅ）・頷（がん）・頸（けい）・尾（び））がそれぞれ起・承・転・結に相当します。（→P.217）

「江雪」で「起・承・転・結」を確かめてみましょう。

起　千山鳥飛絶 → 生物の気配もない山の様子から詠み起こしている。
承　万径人蹤滅 → さらに、人の足跡も消えるほどの雪深さを述べる。
転　孤舟蓑笠翁 → 一転してたった一そうの舟とそれに乗る老人を認める。
結　独釣寒江雪 → 一面の雪景色と一人の老人の姿を印象付けてまとめる。

練習問題

解答→p.297

④ 春暁

春眠不覚暁
処処聞啼鳥
夜来風雨声
花落知多少

⑤ 江雪

千山鳥飛絶
万径人蹤滅
孤舟蓑笠翁
独釣寒江雪

問一 この詩の形式を答えよ。

問二 ――線部①「不覚暁」を書き下し文にせよ。

問三 ――線部a「処処」、b「啼鳥」、c「多少」の意味をそれぞれ簡潔に答えよ。

問四 作者はどんな場でこの詩を詠んでいると考えられるか。簡潔に答えよ。

問一 この詩の形式を答えよ。

問二 押韻している文字をすべて抜き出せ。

問三 起句・承句で述べられていることの理由にあたるものを詩中から抜き出せ。

問四 この詩の起句・承句のように対応する二句を何というか。漢字二字で答えよ。

6 送元二使安西 王維

渭城朝雨浥軽塵
客舎青青柳色新
勧君更尽一杯酒
西出陽関無故人

注
* 元二＝人名。「元」は姓、「二」は排行。「排行」とは親類一族の中での出生順序のこと。したがって「元二」は「元家で二番目に生まれた男」という意味。
* 安西＝今の新疆ウイグル自治区の地名。
* 渭城＝渭水の北方にある町。西へ旅立つ人をここまで見送り、酒を飲み明かす習慣があった。
* 客舎＝旅館。
* 陽関＝敦煌の西南にある関所。

書き下し文

元二の安西に使ひするを送る
元二が安西に使者として派遣されて行くのを見送る

1 渭城の朝雨　軽塵を浥し
渭城の朝の雨は軽いほこりをしっとりとうるおし

2 客舎　青青　柳色新たなり
旅館のあたりは青々として柳の色が新鮮である

3 君に勧む　更に尽くせ　一杯の酒
さあ君よもう一杯酒を飲みほしてくれ

4 西のかた陽関を出づれば　故人無からん
西に行って陽関を出ると親しい友人もいないだろうから

〔詩型〕七言絶句
〔韻字〕塵・新・人

ひとくち鑑賞

古来、送別の際に愛誦された詩です。うるわしい景色の中、友人と杯を酌み交わしながら別れを惜しんでいる様子や、見知らぬ土地へ行く友人を深く気遣う思いがよく表れています。明るく、しかも友情深く友を送り出そうとしているのです。

試験のポイント

④ **故人** 「古くからの友人」のこと。現在の「故人（＝死んだ人）」とは意味が全く異なるので注意。

覚えよう！ 漢詩のルール

漢詩の訓読

漢詩を訓読する際は、詩としてのリズムを重視することから、倒置的な読み方を多くします。例えばこの詩の第三句は、通常の散文なら、

勧(ム)三 君(ニ) 更(ニ) 尽(クサン コトヲ)二 一 杯(ノ) 酒(ヲ)一

→君に更に一杯の酒を尽くさんことを勧む

と読むところですが、「勧君」「更尽」「一杯酒」という語のまとまりに合わせて、

勧(ム)レ 君(ニ) 更(ニ) 尽(クセ) 一 杯(ノ) 酒

→君に勧む　更に尽くせ　一杯の酒

という語順で訓読しています。漢詩本来のリズムを生かそうとする工夫なのです。

作者紹介 **王維**（おうい）

六九九？～七六一？年。盛唐の詩人。自然を詠（よ）んだ詩が多く、孟浩然（もうこうねん）（→P.232）や柳宗元（りゅうそうげん）（→P.233）らとともに田園詩人として有名。

◀陽関

7 黄鶴楼送孟浩然之広陵（くわうかくろうニテおくルまうかうねんノゆクヲくわうりようニ）…李白

❶ 故人西辞黄鶴楼
❷ 烟花三月下揚州
❸ 孤帆遠影碧空尽
❹ 惟見長江天際流

注
＊黄鶴楼＝湖北省武漢市武昌にあった楼閣。
＊孟浩然＝盛唐の詩人。（→P.232）
＊広陵＝揚州（今の江蘇省揚州市一帯）付近にあった地名。
＊烟花＝花霞。花が一面に咲き、また春霞がかかって、けぶるように見える風景。
＊孤帆＝一そうの帆かけ舟。ここでは孟浩然の乗る舟のことをいっている。
＊碧空尽＝青空の中に見えなくなる。
＊長江＝揚子江。

書き下し文
黄鶴楼にて孟浩然の広陵に之くを送る
黄鶴楼で孟浩然が広陵に行くのを送る

❶ 故人　西のかた黄鶴楼を辞し
古くからの友人は西方の黄鶴楼に別れを告げ

❷ 烟花三月　揚州に下る
花霞にけむる三月、揚州に（向けて長江を）下って行く

❸ 孤帆の遠影　碧空に尽き
一そうの帆かけ舟の遠ざかる姿が（やがて）青空の中に消え

❹ 惟だ見る　長江の天際に流るるを
（後には）ただ長江が天の果てまで流れていくのが見えるだけだ

〔詩型〕七言絶句
〔韻字〕楼・州・流

▲黄鶴楼

＊天際＝天の果て。水平線のかなた。

李白（りはく）

七〇一〜七六二年。盛唐の詩人。玄宗（げんそう）皇帝に仕えたが追放され、各地を放浪して生涯を閉じた。無類の酒好きであったとされる。豪放な性格のよく表れた才気あふれる詩風から、「詩仙」と称される。

ひとくち鑑賞

友人と別れる悲しみを、雄大な自然のありさまと人間の営み（いとなみ）とを対照させるように描いた詩です。けむるように咲く花、青空、長江の流れといった鮮やかな自然の中を、一そうの帆かけ舟で去っていく友人と、高楼から見えなくなるまでそれを見送る作者。一幅（いっぷく）の絵のような情景が、読む者の目にも浮かぶようです。

試験のポイント

① **故人** 「古くからの友人」のこと。（→P.237）

① **辞** ここでは「辞去する・別れを告げる」という意味。

④ **惟** 「たダ」と読み、限定を表す。

④ **見長江天際流** 本来なら「長江の天際に流るるを見る」と読むところであるが、ここでは「〜ヲ」の成分が長いために倒置的に読んでいる。

覚えよう！ 漢詩のルール

押韻

朗詠した際、心地よく聞こえるように句の末尾を同じ響きの字でそろえることを押韻（おういん）（韻を踏む）といいます。原則として、五言の詩は偶数句の末尾で、七言の詩は第一句と偶数句の末尾で押韻します。（→P.214）

●五言絶句

●七言絶句（●が押韻する字）

解答→p.297

6 送㆔元二ノ使ヒスルヲ㆓安西ニ㆒

渭城ノ朝雨浥シ㆓軽塵ヲ㆒
①客舎青青柳色新タナリ
a勧ム㆑君ニ更ニb尽クセ一杯ノ酒
西ノカタ出ヅレバ㆓陽関ヲ㆒無カラン㆓②故人㆒

7 黄鶴楼ニテ送ル㆔孟浩然ノ之クヲ㆓広陵ニ㆒

故人西ノカタa辞シ㆓黄鶴楼ヲ㆒
①烟花三月b下ル㆓揚州ニ㆒
孤帆ノ遠影碧空ニc尽キ
惟ダ見ル長江ノ天際ニ流ルルヲ

6

問一 この詩の形式を答えよ。

問二 ――線部①「客舎」、②「故人」の意味をそれぞれ答えよ。

問三 ――線部a「勧」、b「尽」の主語をそれぞれ答えよ。

7

問一 押韻している文字をすべて抜き出せ。

問二 ――線部a「辞」、b「下」、c「尽」の各語の主語を詩中から抜き出してそれぞれ答えよ。

問三 ――線部①「烟花三月」の意味として最も適当なものを次の中から一つ選べ。

ア 炊事の煙が華やかに立ちのぼる初春のころ
イ 花火が空に美しくあがる春の夜
ウ 花が咲き乱れ、霞たなびく晩春のころ
エ 火葬の煙が絶えない三か月の間

問四 結句の訓点は倒置的に付されている。これを通常の語順で現代語に訳せ。

8 春望…杜甫

❶ 国破山河在　城春草木深

❷ 感時花濺涙　恨別鳥驚心

❸ 烽火連三月　家書抵万金

❹ 白頭掻更短　渾欲不勝簪

書き下し文

春望(しゅんぼう)
春の眺め

❶ 国破(くにやぶ)れて　山河(さんが)在(あ)り
国は敗戦で破壊されたが、山や河は昔のままである

城春(しろはる)にして　草木深(そうもくふか)し
町中にまた春が訪れ、草木が繁っている

❷ 時(とき)に感(かん)じては　花(はな)にも涙(なみだ)を濺(そそ)ぎ
この時世を思って花を見ても涙を流し

別(わか)れを恨(うら)んでは　鳥(とり)にも心(こころ)を驚(おどろ)かす
家族との別れを悲しんで鳥の鳴き声にも心を騒がせる

❸ 烽火(ほうくわ)　三月(さんぐわつ)に連(つら)なり
戦ののろしは三月になっても続いており

家書(かしょ)　万金(ばんきん)に抵(あ)たる
家族からの便りは万金にも値する（ほど待ち遠しく思われる）

❹ 白頭(はくとう)　掻(か)けば更(さら)に短(みじか)く
白髪頭を掻きむしれば掻きむしるほど髪は抜けて短くなり

渾(す)べて　簪(しん)に勝(た)へざらんと欲(ほっ)す
もうすっかり冠を留めるかんざしも挿せなくなりそうだ

〔詩型〕五言律詩(ごごんりっし)

〔韻字〕深(しん)・心(しん)・金(きん)・簪(しん)

〔対句〕第一句と第二句
第三句と第四句
第五句と第六句

注

＊国破レテ＝安禄山（あんろくざん）の乱により、国都長安が破壊されて。
＊城＝町のこと。周りを城壁で囲まれていた。
＊感ジテレ時ニ＝今の時を思い嘆いて。
＊別レ＝家族との別れ。
＊烽火＝敵の襲撃を知らせるのろし。戦火。
＊三月＝三ヶ月（長い間）と解することもある。
＊家書＝家族からの手紙。
＊万金＝貴重なもの。
＊渾ベテ＝すっかり。
＊欲ス＝ここでは「〜しようとしている」という意味。願望ではない。
＊簪＝冠を留めるかんざし。

ひとくち鑑賞

都が戦乱のために破壊され、愛する家族とも離れ離れになってしまったやりきれない悲しみを詠（よ）んだ詩です。「山河」「春」「草木」「花」「鳥」などの自然と、「国」「城」「烽火」「家書」「白頭」「簪」など人の世のありさまや営みとが対照的に描かれています。後に日本の松尾芭蕉（まつおばしょう）が『奥の細道』の一節に引用したことでも有名です。（→P.167）

杜甫（とほ）

七一二〜七七〇年。盛唐の詩人。若い頃科挙（かきょ）に落第して以来、不遇の時を過ごす。四十歳を過ぎてやっと官職を得たが、安禄山の乱の後、左遷されたために官を捨て、放浪の旅のうちに湖南で病没する。悲壮感の漂う詩風で、社会の矛盾や不遇な生活への憂（うれ）いを詠んだものが多い。「詩聖」と呼ばれ、唐代の代表的詩人。

試験のポイント

❶ 山河在　「在」は「存在する」という意味。

❹ 欲レ不レ勝　「勝」は「たフ」と読んで「もちこたえる・耐える」という意味がある。ここでは「不勝」で「もちこたえられない・耐えられない」という意味になる。「欲」は、ここでは「〜しようとしている」という意味。

覚えよう！ 漢詩のルール

対句

語順や内容が対応する二句の組み合わせのことを対句（ついく）といいます。（↓P.215）

律詩では、原則として第三・四句（頷聯（がんれん））、第五・六句（頸聯（けいれん））を対句にするというきまりがありますが、この詩では第一・二句（首聯（しゅれん））も対句となっています。各句の対応を確認しておきましょう。

国破レテ山河在リ
↑主 ↑述 ↑主 ↑述
城春ニシテ草木深シ

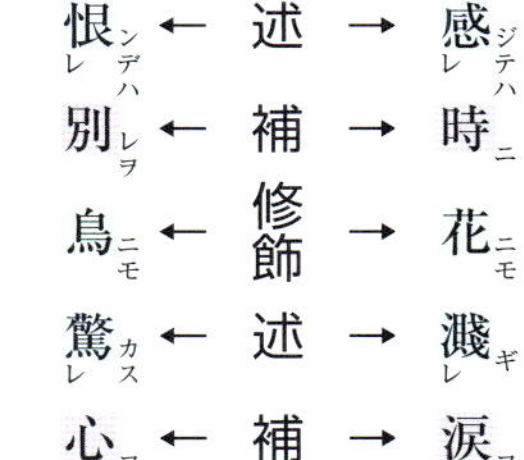

感ジテハレ時ニ花ニモ濺ギレ涙ヲ
↑述 ↑補 ↑修飾 ↑述 ↑補
恨ンデハレ別レヲ鳥ニモ驚カスレ心ヲ

烽火連ナリ二三月一ニ
↑主 ↑述 ↑補
家書抵タル二万金一ニ

▲烽火台（ほうかだい）

練習問題

解答→p.298

国破レテ山河在リ
城春ニシテ草木深シ
感ジテハレ時ニ花ニモ濺ギレ涙ヲ
恨ンデハレ別レヲ鳥ニモ驚カスレ心ヲ
烽火連ナリ二三月一ニ
家書抵タル二万金一ニ
白頭掻ケバ更ニ短ク
①渾欲不勝簪

問一　この詩の形式を答えよ。
問二　対句になっている句の組み合わせをすべて答えよ。
問三　押韻している文字をすべて抜き出せ。
問四　――線部①「渾欲不勝簪」を書き下し文にし、また、主語を補って現代語訳せよ。
問五　この詩の首聯(しゅれん)(第一句・第二句)を自らの俳諧(はいかい)紀行文で引用している日本の俳人の名を漢字で記し、その紀行文の書名を書け。

9 香炉峰下、新卜山居、草堂初成、偶題東壁…白居易

1
日高睡足猶慵起
小閣重衾不怕寒

2
遺愛寺鐘欹枕聴
香炉峰雪撥簾看

3
匡廬便是逃名地
司馬仍為送老官

4
心泰身寧是帰処
故郷何独在長安

書き下し文

香炉峰下、新たに山居を卜し、草堂初めて成り、
香炉峰のふもとに、新たに山の住まいを定め、草ぶきの庵ができたばかりで、

偶東壁に題す
ふと東の壁に書きつける

1
日高く睡り足りて　猶ほ起くるに慵し
日は高く（上り）、十分に眠ったが、やはりまだ起きるには億劫である

小閣に衾を重ねて　寒を怕れず
小さな家でふとんを重ねているので、寒さの心配はない

2
遺愛寺の鐘は　枕を欹てて聴き
遺愛寺の鐘は（寝たまま）枕を傾けて聴き

香炉峰の雪は　簾を撥げて看る
香炉峰の雪は簾を上げて見ている

3
匡廬は　便ち是れ名を逃るるの地
ここ匡廬はつまり（世俗の）名利から逃れる（にうってつけの）地であり

司馬は　仍ほ老いを送るの官たり
司馬はやはり老後を送る（にふさわしい）官職である

4
心泰く　身寧きは是れ帰する処
心穏やかで体も安寧でいられるのが、身を落ち着ける場所である

故郷　何ぞ独り長安に在るのみならんや
（私の）故郷はどうしてただ長安にあるだけであろうか

注

＊香炉峰＝江西省北部九江県にある廬山北峰の名。山頂が香炉の形に似ているのでこう名づけられた。

＊卜ス＝土地の良し悪しを見定めること。

＊草堂＝草ぶきの庵。白居易は八一八年、ここに居を構えた。

＊題ス二東壁ニ一＝東側の壁に書きつける。

＊小閣＝「閣」は二階建て以上の建物のこと。小さい二階屋。

＊衾＝夜具。かけぶとん。

＊遺愛寺＝香炉峰の北にある寺。

＊欹テレ枕ヲ＝枕を斜めに傾けて高くし、頭をのせて。

＊匡廬＝廬山の別名。

＊名＝世俗的な名誉や利益などのこと。

＊司馬＝州の長官の補佐役。当時は名ばかりの閑職であった。白居易は八一五年に江州司馬に左遷された。

＊帰ス＝落ち着ける。まかせゆだねる。

〔詩型〕七言律詩

〔韻字〕寒・看・官・安（第一句末は韻を踏んでいない。これを「踏み落とし」という。）

〔対句〕第三句と第四句　第五句と第六句

▲香炉峰

僻地での悠悠自適の生活の様子と、それを受け入れ、満足する理由や心情とが巧みに歌われています。この詩の第四句は、『枕草子』の一節で、中宮定子と清少納言との機知にあふれたやりとりの前提として引用されています。（→P.104）当時の日本人の教養がこうした中国古典によるものであったことがうかがえます。

白居易

七七二〜八四六年。中唐の詩人。名は居易、字は楽天。十六歳ですでに天才詩人と称される。二十九歳で進士に及第し、宮廷に仕え、官は刑部尚書（法務大臣）にまでなった。詩文集『白氏文集』は、全七十五巻（うち現存は七十一巻）、約三千八百編を収める。日本には平安時代に伝わり、当時の貴族らの間で愛読された。

試験のポイント

＊ **偶** 「たまたま」と読み、「ふと・たまたま」という意味の副詞。このように重ねて読む場合は、「偶〻」と書くこともある。

① **猶** 「なホ」と読み、「やはり」という意味の副詞。「猶」には、比喩を表す再読文字の用法（→P.201）もあるが、ここは異なるので注意。

③ **便是** 「すなはチこレ」と読み、「つまり〜である」という意味。

③ **仍為** 「なホ〜たリ」と読み、「やはり〜である」という意味。

覚えよう！ 重要句法

累加 ④

▼故郷何独在㆓長安㆒

訳 故郷はどうしてただ長安にあるだけだろうか、いや、長安にあるだけではない（草庵を構えたこの地も故郷と同じように良い所である）

1 何 「なんゾ」と読み、ここでは反語の用法。

何在㆓長安㆒ → 「何ぞ長安に在らんや」と読みます。

2 独 「ひとリ〜ノミ」と読み、限定を表します。文末の「ノミ」は、「耳」など「のみ」と読む字が置かれる場合と、送り仮名で「ノミ」と補う場合があります。

独在㆓長安㆒ → 「独り長安に在るのみ」と読みます。

この1と2を合わせると、

何独在㆓長安㆒

「何ぞ独り長安に在るのみならんや」となります。

この文は、累加を表し、「ただ単に〜だけでない（＝〜以外にもある）」という意味になります。

解答→p.298

日高ク睡リ足リテ[a]猶慵シレ起クルニ
小閣ニ重ネテレ衾ヲ不レ怕レ寒ヲ
遺愛寺ノ鐘ハ欹テテレ枕ヲ聴キ
香炉峰ノ雪ハ撥ゲテレ簾ヲ看ル
匡廬ハ[b]便是レ[①]逃ルルノレ名ヲ地
司馬ハ[c]仍為リ二送ルノレ老イヲ官一
心泰ク身寧キハ是レ帰スル処
[②]故郷何独在長安

問一 この詩の形式を答えよ。

問二 ――線部a～cの読みを送り仮名を補い、歴史的仮名遣いのひらがなでそれぞれ答えよ。

問三 ――線部①「逃名地」とはどのような場所のことか。「名」の意味を明らかにして説明せよ。

問四 ――線部②「故郷何独在長安」を書き下し文にせよ。

問五 この詩の作者の心情を説明したものとして最も適当なものを次の中から一つ選べ。

ア 出世の道を絶たれて失望している。
イ 世間から見放されて孤独を感じている。
ウ 故郷から離れた寂しさを実感している。
エ 悠々自適の生活ができることを喜んでいる。

問六 日本の古典作品で「香炉峰雪撥簾看」の句をふまえたエピソードを収めるものを次の中から一つ選べ。

ア 伊勢物語　イ 枕草子　ウ 徒然草
エ 方丈記

10 鶏鳴狗盗…『十八史略』

①秦昭王聞其賢、乃先納質於斉、以求見。②至則止囚、欲殺之。③孟嘗君使人抵昭王幸姫求解。④姫曰、「願得君狐白裘。」⑤蓋孟嘗君嘗以献昭王、無他裘矣。⑥客有能為狗盗者。⑦入秦蔵中、取裘以献姫。⑧姫為言得釈。⑨即馳去、変姓名、夜半至函谷。⑩関法、鶏鳴方出客。⑪恐秦

書き下し文

①秦の昭王　其の賢を聞き、乃ち先づ質を斉に納れて、以て見んことを求む。

秦の昭王は彼（＝孟嘗君）が賢人であることを聞き、そこでまず人質を斉に送って、そして（彼に）面会することを求めた。

②至れば則ち止め囚へて、之を殺さんと欲す。

（孟嘗君が）やって来るとすぐに拘留し、彼を殺そうとした。

③孟嘗君　人をして昭王の幸姫に抵りて解かんことを求めしむ。

孟嘗君は人を昭王の寵愛している姫のもとに行かせ釈放を求めさせた。

④姫曰はく、「願はくは君の狐白裘を得ん。」と。

姫は言った、「（見返りに）あなたの（持つ）狐の白い皮衣が欲しい。」と。

⑤蓋し孟嘗君嘗て以て昭王に献じ、他の裘無し。

実は孟嘗君は（それを）以前に昭王に献上しており、それ以外に皮衣はなかった。

⑥客に能く狗盗を為す者有り。

（孟嘗君の）食客に犬のまねをして盗みを働く者がいた。

⑦秦の蔵中に入り、裘を取りて以て姫に献ず。

秦の蔵に忍び込み、皮衣を取って来て（孟嘗君はそれを）姫に献上した。

⑧姫　為に言ひて釈さるるを得たり。

姫は（孟嘗君の）ためにとりなして釈放してもらうことができた。

王ノ後ニ悔イテ追レハンコトヲ之ヲ。⑫客ニ有下リ能ク為二ス鶏鳴ヲ一者上。⑬鶏尽ク鳴ク。⑭遂ニ発レス伝ヲ。⑮出デテ食頃ニシテ、追フ者果タシテ至ル。⑯而シテ不レ及バ。⑰孟嘗君帰リテ怨ミレ秦ヲ、与二韓・魏一伐レ之ヲ、入ル二函谷関ニ一。⑱秦割キテレ城ヲ以テ和ス。

注

* 其ノ＝孟嘗君のこと。斉の国の出身で、賢明な人柄を慕って何千人もの食客が集まる人物であった。
* 質＝人質。
* 於＝置き字なので読まない。⑤「矣」も同じ。
* 抵ル＝「あたル」と読む動詞で、「至る・そちらへ行く」という意味。
* 幸姫＝寵愛されている女性。
* 狐白裘＝狐の脇毛の白いものを集めて作った皮衣。貴重な品であった。

---

* 客＝食客。客待遇の私的な家来。
* 狗盗＝犬のふりをして忍び込み、盗みを働く者。
* 函谷関＝河南省霊宝県に秦が置いた関所。
* 出レ客ヲ＝この「客」は旅行者のこと。
* 為二ス鶏鳴ヲ一＝鶏の鳴きまねをする。
* 食頃＝わずかな時間。
* 割キテレ城ヲ＝「城」は城壁で囲まれた町のこと。秦国が土地を分割して与えたことをいう。

⑨即ち馳せ去り、姓名を変じて、夜半函谷関に至る。
すぐに（孟嘗君は）馬を走らせて去り、名前を偽って、夜中に函谷関に着いた。

⑩関の法、鶏鳴きて方に客を出だす。
関所の規則では、鶏が鳴いてから（門を開いて）旅人を通すことになっていた。

⑪秦王の後に悔いて之を追はんことを恐る。
（孟嘗君は）秦王が後悔して自分を追って来るのではないかと恐れていた。

⑫客に能く鶏鳴を為す者有り。
食客の中に鶏の鳴きまねがうまくできる者がいた。

⑬鶏尽く鳴く。
（その者が鳴きまねをするとつられて）鶏が皆鳴いた。

⑭遂に伝を発す。
その結果（関所の役人は）乗り継ぎの馬車を通した。

⑮出でて食頃にして、追ふ者果たして至る。
（孟嘗君が）出て間もなく、追手が案の定やって来た。

⑯而して及ばず。
しかしそういうわけで追いつけなかった。

⑰孟嘗君　帰りて秦を怨み、韓・魏と之を伐ち、函谷関に入る。
孟嘗君は（自国に）帰って秦を怨み、韓・魏とともにこれ（＝秦）を伐ち、函谷関に攻め入った。

⑱秦　城を割きて以て和す。
秦は城を割譲して和睦した。

十八史略（じゅうはっしりゃく）

元の曾先之（そうせんし）の撰。伝説時代から宋代までの歴史を編年体でまとめたもの。歴史の初学者向けに編纂（へんさん）されており、日本でもよく読まれた。

ひとくち鑑賞

油断のならない戦国の世で、意外な能力が意外な働きをして、見事に危機を脱したというエピソードです。孟嘗君（もうしょうくん）を慕って集まった食客（しょっかく）には、あらゆる階層や経歴の人物がいたといいます。孟嘗君は彼らを隔てなく受け入れ、まさに適材適所を心得た起用をしたということです。

試験のポイント

1 **乃** 「すなはチ」と読み、「そこで」という意味。この文章中にはあと二つ「すなはチ」と読む字があり、2「則」はここでは「〜するとすぐに」、9「即」は「すぐに」という意味である。

2 **欲レ殺レ之** 「欲」は、「(〜ント)ほつス」と読み、願望や意志を表す。「之（これ）を殺さんと欲す」で、「これを殺そうとした」となる。

4 **願得二君狐白裘一** 「願」は「ねがハクハ(〜ン)」と読み、願望を表す。「願はくは君の狐白裘（こはくきゅう）を得ん」と読む。

5 **蓋** 「けだシ」と読む。この読み注意。「思うに」という意味が最重要だが、ここでは「ところで・実は」程度の意味。

6 **有下能為二狗盗一者上**・12 **有下能為二鶏鳴一者上** ともに「一・二点」だけでなく「上・下点」も用いられている文であることに注意。「能」は「よク」と読み、可能を表す。「できる」という意味。

10 **方** 「まさニ」と読む。この読み注意。ここでは、「〜してはじめて・〜してから」という意味。

16 **而不レ及** 「而」は文頭にあるので、接続詞として訓読する。「しかシテ(しかうシテ)」と読み、ここでは「しかし」と逆接を表している。

17 **与二韓・魏一** 「与」は返読文字で「と」と読む。(→P.198)

▲函谷関古道の入口
両側に崖（がけ）がそそり立つ谷中にあり、まるで函（はこ）(箱)の中のような地形であることから「函谷関」の名がついた。

覚えよう！ 重要句法

使役 ③

▼孟嘗君使下人抵二昭王幸姫一求上レ解

訳 孟嘗君（もうしょうくん）は人を昭王（しょうおう）の寵愛（ちょうあい）している姫のもとに行かせ釈放を求めさせた

「A使ムBヲシテC（セ）」の形（↓P.230）ですが、C（使役の動作）が二つあります。孟嘗君は「人」に「抵昭王幸姫（＝昭王の幸姫の所へ行く）」「求解（＝釈放を求める）」という二つの動作をさせたのです。

このように**使役の動作が二つある場合、最初の動作は連用形（または「連用形＋て」）で読み、後の動作だけに「しむ」をつける**ことに注意。つまり、「人をして昭王の幸姫に抵（あた）りて解かんことを求めしむ」となります。

副詞

訓読の際に返読せず、後の述語を修飾している語を**副詞**といいます。同じ字が動詞や名詞として用いられるものも多いですが、副詞としては通常**決まった読み方**をするので、**読みをしっかり覚えておきましょう**。下段に本文中の副詞を挙げ、読み方と意味を載せておきます。

- ① 先ヅ　読 **まヅ**　意 まず・先に
- ⑦・① 以テ　読 **もっテ**　意 というわけで（接続詞的に用いる）
- ⑤ 蓋シ　読 **けだシ**　意 思うに・考えてみれば
- ⑤ 嘗テ　読 **かつテ**　意 以前
- ⑫・⑥ 能ク　読 **よク**　意 ～できる（可能の助動詞的に用いる）
- ⑧ 為ニ　読 **ためニ**　意 そのために・というわけで
- ⑩ 方ニ　読 **まさニ**　意 ちょうど
- ⑬ 尽ク　読 **ことごとク**　意 すべて
- ⑭ 遂ニ　読 **つひニ**　意 その結果・というわけで
- ⑮ 果タシテ　読 **はタシテ**　意 結局・案の定

練習問題

解答→p.298

秦昭王聞其賢、乃先納質於斉、以求見。至則止囚、欲殺之。孟嘗君使人抵昭王幸姫求解。姫曰、「願得君狐白裘。」蓋孟嘗君嘗以献昭王、無他裘矣。客有能為狗盗者。入秦蔵中、取裘以献姫。姫為言得釈。

即馳去、変姓名、夜半至函谷関。関法、鶏鳴方出客。恐秦王後悔、追之。客有能為鶏鳴者。鶏尽鳴。遂発伝。出食頃、追者果至。而不及。孟嘗君帰怨秦、与韓・魏伐之、入函谷関。秦割城以和。

問一 ——線部a～dの読みを送り仮名を補い、現代仮名遣いのひらがなでそれぞれ答えよ。

問二 ——線部①「使人抵昭王幸姫求解」は「人をして昭王の幸姫に抵りて解かんことを求めしむ」と読む。この読み方に従って訓点(返り点・送り仮名)を施せ。

使　人　抵　昭　王　幸　姫　求　解

問三 ——線部②「関法」とは具体的にどのような規則か、説明せよ。

問四 ——線部③「客有能為鶏鳴者」をすべてひらがな(歴史的仮名遣い)の書き下し文にせよ。

問五 この故事からできた故事成語を漢字四字で答えよ。

11 死せる諸葛 生ける仲達を走らす…『十八史略』

1 亮数挑司馬懿戦。2 懿不出。3 乃遺以巾幗婦人之服。4 亮使者至懿軍。5 懿問其寝食及事煩簡、而不及戎事。6 使者曰、「諸葛公、夙興夜寐、罰二十以上皆親覧。7 所噉食、不至数升。」8 懿告人曰、「食少事煩。9 其能久乎。」10 亮病篤。11 有大星、赤而芒。12 墜亮営中。13 未幾亮卒。14 長

書き下し文

1 亮 数司馬懿に戦ひを挑む。
諸葛亮は何度か司馬懿に戦いをしかけた。

2 懿 出でず。
懿は応戦しなかった。

3 乃ち遺るに巾幗婦人の服を以てす。
そこで（亮は懿の気弱さを皮肉って）婦人の髪飾りと衣服を贈った。

4 亮の使者 懿の軍に至る。
亮の使者が懿の軍に到着した。

5 懿 其の寝食及び事の煩簡を問ひて、戎事に及ばず。
懿は亮の睡眠や食事の様子、仕事の多忙さを尋ね、軍事については言及しなかった。

6 使者曰はく、「諸葛公、夙に興き夜に寐ね、罰二十以上は皆親ら覧る。
使者は答えた、「諸葛公は、朝早く起きて夜中に寝、杖で二十打つより重い刑罰は御自分でお決めになります。

7 噉食する所は、数升に至らず。」と。
食事は、ごく少量しか召し上がりません。」と。

8 懿 人に告げて曰はく、「食少なく事煩はし。
懿は側近にこう言った、「少食で仕事は忙しい。

9 其れ能く久しからんや。」と。
亮はどうして長生きできようか、いや、できない。」と。

10 亮 病篤し。
亮は（懿の想像したとおり）重病であった。

史楊儀、整軍還。⑮百姓奔告懿。
⑯懿追之。⑰姜維令儀反旗鳴鼓若将向懿。⑱懿不敢逼。⑲百姓為之諺曰、「死諸葛、走生仲達。」
⑳懿笑曰、「吾能料生、不能料死。」

注

＊亮＝蜀の軍師、諸葛亮のこと。字は孔明。「字」とは、元服のとき本名のほかにつける呼び名。
＊司馬懿＝魏の将軍。字は仲達。
＊巾幗＝婦人用の髪飾り。
＊煩簡＝忙しいかそうでないか。
＊而＝置き字なので読まない。⑪も同じ。
＊戎事＝軍事。
＊夙＝早朝。

＊罰二十＝杖で二十打つ罰。
＊所噉食＝食べること。食事。
＊升＝量の単位。ここでは〇・二リットルほどで、少量だということ。
＊芒＝尾。星が長く尾を引くこと。
＊長史＝丞相の下で役人を監督する官。
＊楊儀＝人名。諸葛亮の参謀役。⑰の「儀」も同じ。
＊姜維＝人名。蜀の将軍。

⑪大星有り、赤くして芒あり。
(空に)大きな星が現れ、赤く光って長く尾を引いた。
⑫亮の営中に墜つ。
(その星が)亮の陣中に落ちた。
⑬未だ幾ならずして亮卒す。
間もなく亮は亡くなった。
⑭長史楊儀、軍を整へて還る。
長史の楊儀は、軍勢をまとめて(蜀へ)引き上げようとした。
⑮百姓奔りて懿に告ぐ。
人々は急いで懿に告げた。
⑯懿之を追ふ。
懿は軍を追った。
⑰姜維儀をして旗を反し鼓を鳴らして将に懿に向かはんとするがごとくせしむ。
(蜀の将軍)姜維は楊儀に旗の方向を変えて太鼓を鳴らし今にも懿の軍に立ち向かうかのように見せかけさせた。
⑱懿敢へて逼らず。
懿は強いて攻め立てなかった。
⑲百姓之が為に諺して曰はく、「死せる諸葛、生ける仲達を走らす。」と。
人々はこのことから諺を作って言った、「死んだ諸葛亮が、生きている仲達(＝司馬懿)を敗走させた。」と。
⑳懿笑ひて曰はく、「吾能く生を料れども、死を料る能はず。」と。
懿は笑って言った、「私は生きている人間のことはわかるが、死んだ者のことはわからない。」と。

▲五丈原（ごじょうげん）

右にある大地が五丈原。ここに諸葛孔明が陣を置き、司馬仲達は下の平地に布陣した。

ひとくち鑑賞

好敵手として見事な駆け引きを演じた諸葛孔明（しょかつこうめい）（亮（りょう））と司馬仲達（しばちゅうたつ）（懿（い））のエピソードです。孔明が仲達を挑発すれば、仲達は冷静に孔明の状態を探り、互いに情報戦を繰り広げる様子は手に汗を握るものがありますね。最終的に、孔明は生前の策略によって、死後も仲達を惑わせるのですが、仲達もそれを苦笑しつつ認めたというところに、おもしろさと同時にすがすがしさも感じられます。

試験のポイント

❶ **数々** 「しばしば」と読む。この読み注意。「たびたび・何度か」という意味。

❸ **乃** 「すなはチ」と読み、「そこで」という意味。

❻ **親** 「みづから」と読み、「自分自身で」という意味。

❾ **能久乎** 「能」は「よク」と読み、可能を表す。「乎」はここでは反語の用法。「能く久しからんや」と読み、「どうして長生きできようか、いや、できない」と不可能を表す文になっている。

⑬ **未レ幾** 「未」は「いまダ～ず」と読み、否定を表す再読文字。（→P.199）「幾」は、「いくばく」と読み、「どのくらい」と数量や程度を問う疑問詞。ただし、ここでは「数日・数時間」の意味を表し、「未だ幾ならず」で「まもなく」という意味になる。

⑬ **卒** 「しゅつス」と読み、「死ぬ」こと。

⑮ **百姓** 「ひやくせい」と読み、「人々・人民」のこと。読み・意味ともに重要。

⑱ **不二敢逼一** 「敢」は「あヘテ」と読み、「不敢～」で「決して～しない」という意味。

⑲ **走** ここでは文脈から「走らす」と使役に読んでいる。「敗走させる」という意味。

覚えよう！ 重要句法

使役・比況 ⑰

▼姜維令㆓儀反㆑旗鳴㆑鼓若㆑将㆑向㆑懿

訳 姜維は楊儀に旗の方向を変えて太鼓を鳴らし今にも懿の軍に立ち向かうかのように見せかけさせた

この文には三つのポイントがあります。1「令」は使役、2「若」は比況、3「将」は「まさニ～(ントす)」と読む再読文字(→P.199)です。順に見ていきましょう。

1 姜維令㆓儀…若㆑～

訳 姜維は楊儀に…をして～のように(見せかけ)させた

「A令㆓B C㆒」の使役の形(→P.230)ですが、BとCとの間に「反㆑旗鳴㆑鼓」があることに注意しましょう。「令」は「しム」と読み、使役の助字です。

2・3 若㆑将㆑向㆑懿

訳 今にも懿の軍に立ち向かうかのように

「若」は「ごとシ」と読み、「～のようだ・～のように」と比況を表す返読文字。(→P.197)

これらを併せて「姜維儀をして旗を反し鼓を鳴らして将に懿に向かはんとするがごとくせしむ」と読みます。

可能 ⑳

▼吾能料㆑生、不㆑能㆑料㆑死

訳 私は生きている人間のことはわかるが、死んだ者のことはわからない

「能」は可能を表し、「～できる」と訳します。直前に否定の助動詞「不」があるかないかで読み方が異なるので注意しましょう。

能ク 「よク」と読みます。

能ク料㆑生ヲ → 能く生を料る

不㆑能ハ 「あたハず」と読みます。(→P.197)

不㆑能ハ料㆑死ヲ → 死を料る能はず

練習問題

解答→p.298

亮数挑司馬懿戦。懿不出。乃遺以巾幗婦人之服。亮使者至懿軍。懿問其寝食及事煩簡、而不及戎事。使者曰、「諸葛公、夙興夜寐、罰二十以上、皆親覧。所噉食、不至数升。」懿告人曰、「食少事煩。其能久乎。」亮病篤。有大星、赤而芒。墜亮営中。未幾亮卒。長史楊儀、整軍還。百姓奔告懿。懿追之。姜維令儀反旗鳴鼓若将向懿。懿不敢逼。百姓為之諺曰、「死諸葛、走生仲達。」懿笑曰、「吾能料生、不能料死。」

問一 ――線部a・bの読みを、送り仮名の必要なものは送り仮名を補い、歴史的仮名遣いのひらがなでそれぞれ答えよ。

問二 ――線部A「卒」、B「百姓」の意味をそれぞれ答えよ。

問三 ――線部①「其能久乎」を現代語訳せよ。

問四 ――線部②「未幾」、③「令儀反旗鳴鼓若将向懿」、④「能料生、不能料死」をそれぞれ書き下し文にせよ。

問五 次の各文は本文の内容に合致するか、しないか。合致するものには○、合致しないものには×で答えよ。

ア 諸葛亮は司馬懿の弱気な態度をもどかしく思い、司馬懿を挑発しようとした。

イ 司馬懿は諸葛亮の戦術や軍勢の様子はもちろん、生活状況まで細かく探った。

ウ 司馬懿は諸葛亮の体調がすぐれず、死が近いであろうことを予想していた。

エ 諸葛亮は死んでもなお、亡霊となって部下を操縦し、司馬懿に幻影を見せた。

オ 司馬懿は人々の言葉を疑い、諸葛亮の死を自らの目で確かめようとした。

12 鴻門の会…『史記』

①沛公旦日従百余騎、来見項王、至鴻門、謝曰、②「臣与将軍戮力而攻秦。③将軍戦河北、臣戦河南。④然不自意、能先入関破秦、得復見将軍於此。⑤今者、有小人之言、令将軍与臣有郤。」⑥項王曰、「此沛公左司馬曹無傷言之。⑦不然、籍何以至此。」

書き下し文

①沛公旦日百余騎を従へ、来りて項王に見えんとし、鴻門に至り、謝して曰はく、②「臣将軍と力を戮はせて秦を攻む。

沛公は、翌朝、百騎ほどを率いて、やって来て項王に面会しようとして、鴻門に至り、謝罪して言った、

「私は将軍と協力して秦を攻撃しました。

③将軍は河北に戦ひ、臣は河南に戦ふ。

将軍は河北で戦い、私は河南で戦いました。

④然れども自ら意はざりき、能く先づ関に入りて秦を破り、復た将軍に此に見ゆるを得んとは。

けれども自分でも思ってもみませんでした、(将軍より)先に武関に入って秦を破り、再び将軍とこうして面会することができようとは。

⑤今者、小人の言有り、将軍をして臣と郤有らしむ。」と。

今、つまらない者の密告があって、将軍を私と仲たがいさせようとしています。」と。

⑥項王曰はく、「此れ沛公の左司馬曹無傷 之を言へり。

項王は言った、「それはあなた(＝沛公)の左司馬曹無傷の言ったことだ。

⑦然らずんば、籍 何を以て此に至らん。」と。

そうでなくては、私はどうしてこのようなことをしただろうか。」と。

⑧項王即日因留沛公与飲。⑨項王・項伯東嚮坐、亜父南嚮坐。⑩亜父者范増也。⑪沛公北嚮坐、張良西嚮侍。⑫范増数目項王、挙所佩玉玦、以示之者三。⑬項王黙然不応。⑭范増起、出召項荘、謂曰、⑮「君王為人不忍。⑯若入前為寿。⑰寿畢請以剣舞、因撃沛公於坐、殺之。⑱不者、若属皆且為所虜。」⑲荘則入為寿。⑳寿畢曰、「君王与沛公飲。㉑軍中無以為楽。㉒請以剣舞。」㉓項

⑧項王 即日 因りて沛公を留めて与に飲す。
そこで項王はその日は沛公を引き止めて共に酒を飲んだ。

⑨項王・項伯 東嚮して坐し、亜父 南嚮して坐す。⑩亜父とは范増なり。
項王と項伯は東を向いて座り、亜父は南を向いて座った。
亜父とは范増のことである。

⑪沛公 北嚮して坐し、張良 西嚮して侍す。
沛公は北を向いて座り、張良は西を向いて控えていた。

⑫范増数々項王に目し、佩ぶる所の玉玦を挙げ、以て之に示す者三たびす。
范増は何度も項王に目配せして、腰につけた玉玦を持ち上げて、項王に三度(沛公暗殺の決断を)促した。

⑬項王 黙然として応ぜず。
項王は黙ったままで応じなかった。

⑭范増 起ち、出でて項荘を召し、謂ひて曰はく、
范増は席をはずし、外に出て項荘を呼び、言った、

⑮「君王 人と為り忍びず。
「君王は、人柄として残虐なことができない。

⑯若 入り前みて寿を為せ。
お前が宴席に入って(沛公に)杯を勧めて長寿を祈れ。

⑰寿畢はらば請ひて剣を以て舞ひ、因りて沛公を坐に撃ちて之を殺せ。
それが終わったら願い出て剣を手にして舞い、その機会に乗じて沛公をその場で刺し殺せ。

王曰、「諾。」㉔項荘抜剣、起舞。㉕項伯亦抜剣、起舞、常以身翼蔽沛公。㉖荘不得撃。

注

＊沛公＝漢の高祖、劉邦がまだ帝位につかない時の呼び名。

＊旦日＝翌朝。

＊項王＝秦末の武将、項羽。秦討伐の兵を挙げ、秦王を殺した後、沛公と天下を争った。

＊鴻門＝今の陝西省臨潼県東方の地名。

＊謝＝謝罪する。

＊而＝置き字なので読まない。④・⑰「於」も同じ。

＊関＝武関。関中への南の入口（関所）。「関中」とは、秦の都咸陽や前漢の都長安があった陝西省の渭水盆地の地域。

＊郤＝仲たがい。

＊左司馬＝軍事担当者。

＊曹無傷＝沛公の家来であったが、項王に寝返ろうとして密告した。

＊籍＝項王の名。

＊項伯＝項王の叔父。以前、劉邦の参謀張良に助けられたことがあり、張良に恩義を感じていた。この会見のお膳立てをしたのも項伯である。

＊東嚮＝東を向いて。最高位の席。「嚮」は、「向」のこと。（→P.262）

＊亜父＝范増を尊んだ呼称。父に次いで尊敬する人の意。

＊范増＝項王の参謀役。

＊張良＝沛公の参謀役。

＊目＝目で合図する。目配せする

＊佩＝腰につける。

＊玉玦＝環状で一部が欠けた形の飾り玉。「玦」は「決」に通じ、決断心を持つようにとの願いから腰に下げる。范増は項王に、沛公を殺す決断をするよう促している。

＊項荘＝項王のいとこ。

＊不忍＝残虐なことができない。「忍」は残忍の意。

⑱しからずんば、若が属 皆 且に虜とする所と為らんとす。」と。

さもないと、お前の一族は皆（沛公の）捕虜にされるだろう。」と。

⑲荘 則ち入りて寿を為す。

項荘はそこで宴席に入って（沛公に）長寿を祈った。

⑳寿畢はりて曰はく、「君王 沛公と飲す。

祈り終わって言った、「王は沛公と飲んでおられます。

㉑軍中以て楽しみを為す無し。

軍陣では楽しみごとをすることもできません。

㉒請ふ 剣を以て舞はん。」と。

どうか剣を手に舞わせてください。」と。

㉓項王曰はく、「諾。」と。

項王は言った、「よろしい。」と。

㉔項荘 剣を抜き、起ちて舞ふ。

項荘は剣を抜き、立ち上がって舞った。

㉕項伯も亦た剣を抜き、起ちて舞ひ、常に身を以て沛公を翼蔽す。

項伯も同様に剣を抜き、立ち上がって舞い、常に身をもって沛公を（項荘から）さえぎり守った。

㉖荘 撃つを得ず。

項荘は沛公を刺し殺すことができなかった。

＊為レ寿ヲ＝杯を勧めて長寿を祈ること。

＊属＝一族。

＊翼-蔽ス＝鳥が翼で雛をかばうようにして敵からさえぎり守ること。

出典解説　史記

前漢の司馬遷による歴史書。一三〇巻からなる。伝説時代から前漢の武帝までの歴史を紀伝体（人物を中心とした記述の方法）でつづったもの。正確な史実が生彩に富んだ文章で記されており、中国正史（皇帝が正式に認めた歴史書）の最高峰とされる。

▲ 人物相関図

ひとくち鑑賞

項王（項羽）と沛公（劉邦）はともに秦朝打倒の兵を挙げ、秦をめざして攻め上がりますが、沛公が先んじて関中に入ったことに項王は激怒します。沛公は項王に謝罪することを決意し、その和解のために開かれた宴が、「鴻門の会」です。項王側がその宴席で沛公の暗殺を計画していたため、緊迫感のある場面が展開されています。

作者紹介　司馬遷

前一四五？～前八六？年。父の司馬談の職を継いで太史令（史官の長）となり、父の遺命である歴史の著述にとりかかった。前九九年、匈奴との戦いに敗れた、友人李陵を弁護したため、武帝の怒りを買い宮刑（去勢の刑）を受ける。その当時の宮人として最大の恥辱を『史記』完成への執念に変え、執筆を続けた。

▲ 座席図

試験のポイント

❷ **臣** 第一人称。「私」という意味。自分を低めて言う。

❹ **不₂自意₁～** 「自ら意はざりき～」は、「自分でも思ってもみませんでした、～とは」という訳になり、倒置的に訓読したもの。

❹ **能** 「よク」と読み、可能を表す。「できる」という意味。

❹・㉖ **得** 「(～ヲ)う」と読み、可能を表す。ア行下二段活用動詞。「できる」という意味。「能」が「能力があってできる」という意味があるのに対して、「得」は「機会があってできる」という意味がある。

❺ **今者** 「いま」と読む。「者」は訓読しないので注意。(↓重要句法)

❺ **小人之言** 「つまらない者の密告」という意味。「小人」は「せうじん(しょう)」と読んで、「つまらない者」という意味。「君子(くんし)(=徳のある立派な人物)」(↓P. 280)の対義語。

❼ **不ㇾ然** 「しかラずンバ」と読み、「そうでなければ」という意味。仮定を表す。

❼ **何以～** 「なにヲもつテ」と読み、「どうして」という意味。ここでは反語の用法。

❽ **因** 「よりテ」と読み、前で述べたことを受けて「そこで・というわけで」という意味を表す。読みに注意。

❽ **与** ここは「ともニ」と読む。「と」と読む、返読文字の用法(↓P. 198)ではないので注意。

⓬ **数〻** 「しばしば」と読む。読みに注意。

⓯ **為ㇾ人** 「ひとトなリ」と読んで「人柄・性格」という意味。読み・意味ともに注意。

⓰ **若** 「なんぢ」と読み、「お前・お前たち」という意味。読みに注意。

⓲ **不者** 「しからずンバ」と読み、「そうでなければ」という意味。(↓重要句法) ❼「不ㇾ然」と同じ。この読み要注意。

⓲ **且** 「まさニ～(ント)す」と読む再読文字で「～だろう」という意味。(↓P. 199)

⓳ **則** 「すなはチ」と読み、ここでは「そこで」という意味。読みに注意。

㉒ **請** 「こフ～(ン)」と読み、「どうか～させてほしい」と願望を表す。(↓P. 224)

覚えよう！ 重要句法

使役 

▼令二将軍与レ臣有一レ郤

訳 将軍を私と仲たがいさせようとする

「A令ム二BヲシテC（セ）一」の使役の形（→P.230）で、Aが省略された形。「令」は「しム」と読む使役の助字です。

「与」はここでは「と」と読む、返読文字の用法となっています。（→P.198）

受身 18

▼為レ所レ虜

訳 捕虜にされる

「～ところトなル」と読み、「～される」と受身（うけみ）を表します。

為ル二Aノ所一トBスル

読 AのBする所と為る

意 AによってBされる

というのが、受身の基本形ですが、「為レ所レ虜」はこのAが省略された形なのです。

参考 項羽（こうう）と劉邦（りゅうほう）

「鴻門の会」で項王（項羽）と沛公（はいこう）（劉邦）は和解したが、秦（しん）を滅ぼしてしまうと、この二人が天下を争うことになる。二人を比較してみよう。

項羽は、秦に併合された六国の一つ楚（そ）の国の名将の子孫。激しい気性の持ち主で、プライドも高く、戦闘にも強い。しかし、政治的な決断力に乏しく、挫折（ざせつ）すると気が弱くなる。「鴻門の会」では、沛公の暗殺を決断できず、垓下（がいか）で四面楚歌するを聞いて動揺してしまう（→P.268）。そして、烏江（うこう）では舟があるのにプライドゆえに逃げようとせず、最後の戦いに赴き、昔なじみの前で、手柄を取らせてやろうと、自分の首をはねて死んだ。

劉邦は、農家の出身。戦闘は素人だが、親分肌で人望があり、部下をうまく使う。そして、臨機応変に決断し、決断したことは冷酷非情に、かつ迅速に実行した。項羽との戦いに勝利を収め、前二〇二年、劉邦は皇帝（漢の高祖）となるが、やがて諸侯に封じた功臣らを冷然と滅ぼしていくのである。

「者」の用法

「者」は物事を広く指して用いられる語で、「もの」と読む以外にもいくつかの読み方・用法があります。本文中の用例を確認しておきましょう。

▼今者 5

時を表す語に添えます。「者」そのものは訓読せず、「今者」でまとめて「いま」と読みます。同様のものに「昔者」があり、これもまとめて「むかし」と読みます。

▼亜父者 10

主格を表します。「は」と読みます。

▼示レ之者 12

動詞につけて、その動詞を体言化します。「こと」と読みます。

▼不者 18

とりあげる事柄を強めます。「不者」でまとめて「しからずンバ」と読み、仮定を表します。

◀鴻門の会跡地

練習問題

解答→p.298

沛公旦日従百余騎、来見項王、至鴻門、謝曰、「臣与将軍戮力而攻秦。将軍戦河北、臣戦河南。然不自意、能先入関破秦、得復見将軍於此。今者、有小人之言、令将軍与臣有郤。」項王曰、「此沛公左司馬曹無傷言之。不然、籍何以至此。」

項王即日因留沛公与飲。項王・項伯東嚮坐、亜父南嚮坐。亜父者范増也。沛公北嚮坐、張良西嚮侍。范増数目項王、挙所佩玉玦、以示之者三。項王黙然不応。

問一 ――線部a～eの読みを、送り仮名の必要なものは送り仮名を補い、歴史的仮名遣いのひらがなでそれぞれ答えよ。

問二 ――線部A「臣」、B「将軍」とはそれぞれ誰のことか。漢文中の名称で答えよ。

問三 ――線部C「小人」、D「為人」の意味をそれぞれ答えよ。

問四 ――線部ア、イの「与」の読みをそれぞれ答えよ。

問五 ――線部①「令将軍与臣有郤」について次の問いに答えよ。

(1) 書き下し文として最も適当なものを次から一つ選べ。

ア 将軍と臣とを郤有らしむ。
イ 将軍をして臣と郤有らしむ。
ウ 将軍とともに臣をして郤有らしむ。
エ 将軍をして臣に郤有らんことを与へしむ。

(2) 現代語訳せよ。

問六 ――線部②「何以至此」、⑥「請以剣舞」をそれぞれ現代語訳せよ。

問七 ――線部③「亜父者范増也」、④「示之者三」のそれぞれの「者」の読みに注意して、すべてひらがなの書き下し文にせよ。

問八 ――線部⑤「且為所虜」を書き下し文にし、現代語訳

范増起、出召項荘、謂曰、「君王為人不忍。若入前為寿。寿畢請以剣舞、因撃沛公於坐殺之。不者、若属皆且為所虜。」荘則入為寿。寿畢曰、「君王与沛公飲。軍中無以為楽。請以剣舞。」項王曰、「諾。」項荘抜剣、起舞。項伯亦抜剣、起舞、常以身翼蔽沛公。荘不得撃。

せよ。

問九 ══線部「数〻目項王、挙所佩玉玦、以示之者三」は、范増のどのような意図があらわれたものか。二十字程度で答えよ。

問十 次の各文は本文の内容に合致するか、しないか。合致するものには○、合致しないものには×で答えよ。

ア 沛公が鴻門までやって来たのは、項王に謝罪するためであった。

イ 沛公と項王は共に秦の打倒を目指していたが、沛公は項王よりも先に秦を破ることができた。

ウ 項王は信頼できる自分の部下が密告したから、沛公に対して激怒していた。

エ 沛公と項王は仲がよかったので、項王は沛公を殺すことができなかった。

オ 項荘と項伯とは二人とも沛公を殺そうとして、剣を持って舞った。

13 四面楚歌…『史記』

①項王軍壁垓下。②兵少、食尽。
③漢軍及諸侯兵、囲之数重。④
夜聞漢軍四面皆楚歌、項王乃
大驚曰、「漢皆已得楚乎。⑤是何
楚人之多也。」⑥項王則夜起飲
帳中。⑦有美人、名虞。⑧常幸従。
⑨駿馬、名騅。⑩常騎之。⑪於是
項王乃悲歌忼慨、自為詩曰、

書き下し文

①項王の軍　垓下に壁す。
項王の軍が、垓下の城壁に立てこもった。

②兵少なく、食尽く。
兵士が少なく、食料も尽きた。

③漢軍及び諸侯の兵、之を囲むこと数重なり。
漢軍と諸侯の兵士たちが、城壁を何重にも取り囲んだ。

④夜漢軍の四面　皆　楚歌するを聞き、項王乃ち大いに驚きて曰はく、「漢　皆　已に楚を得たるか。⑤是れ　何ぞ楚人の多きや。」と。
夜、漢軍が周囲で皆楚の歌を歌うのを聞き、項王はそこでたいそう驚いて言った、「漢軍はもう楚の国を手に入れてしまったのか。何とまあ(漢軍の中に)楚の国の人が多いことだなあ。」と。

⑥項王　則ち夜起ちて帳中に飲す。
項王はそこで夜中に起きてとばりの中で酒を飲んだ。

⑦美人有り、名は虞。⑧常に幸せられて従ふ。
美人がいて、名は虞。いつも寵愛されて一緒にいた。

⑨駿馬あり、名は騅。⑩常に之に騎る。
名馬がいて、名は騅。(項王は)いつもその馬に乗っていた。

⑪是に於いて項王　乃ち悲歌忼慨し、自ら詩を
そこで項王は、悲しげに歌い憤り嘆きながら、自分で詩を作っ

⑫ 力抜キレ山ヲ兮気蓋フレ世ヲ
⑬ 時不レ利アラ兮騅不レ逝カ
⑭ 騅ノ不ルレ逝カ兮可ベキ二奈イ何カンス一
⑮ 虞ヤ兮虞ヤ兮奈レ若ヲ何セント
⑯ 歌フコト数闋、美人和スレ之ニ。⑰ 項王泣
数行下ル。⑱ 左右皆泣、莫シ二能ク仰ギ視ルモノ一。

注
* 項王＝→P.261。
* 壁ス＝城壁の中に立てこもる。
* 垓下＝今の安徽省霊壁県の南東の地名。
* 漢軍＝沛公(→P.261)の率いる軍。
* 楚歌＝項王の出身地である楚の歌を歌う。
* 帳中＝とばりの中。
* 美人＝女官の身分の一つ。
* 幸ス＝寵愛する。ここでは文脈から「幸せらる」と受身の意を加えて解釈している。
* 駿馬＝足の速い馬。名馬。
* 悲歌忼慨ス＝悲しげに歌い、憤り嘆く。
* 数闋＝数回繰り返し。
* 和ス＝唱和する。

為りて曰はく、
て言った、
⑫ 力 山を抜き 気 世を蓋ふ
(私の)力は山を引き抜くほど強大で、気力はこの世を覆い尽くすほど充実している
⑬ 時 利あらず 騅 逝かず
(しかし)時勢は不利で騅も走ろうとしない
⑭ 騅の逝かざる 奈何すべき
騅が走らないのをどうすることができようか(いや、どうすることもできない)
⑮ 虞や虞や 若を奈何せん と。
虞よ、虞よ、お前をどうしてやればよいだろうか(いや、どうすることもできない)と。
⑯ 歌ふこと数闋、美人 之に和す。
数回繰り返して歌い、虞美人もそれに唱和した。
⑰ 項王 泣 数行 下る。
項王は幾筋もの涙を流した。
⑱ 左右 皆泣き、能く仰ぎ視るもの莫し。
そばに仕える者も皆泣き、頭を上げて(項王を)見ることのできる者はいなかった。

ひとくち鑑賞

「鴻門の会」で和解した項王(項羽)と沛公(劉邦)ですが、秦を滅ぼした後は激しく天下を争います。長期の転戦を経て、項王の軍は沛公の軍に追いつめられました。自軍を包囲した敵軍から、自分の故郷である楚の国の歌が聞こえてきたことから、項王はもはやこれまでと悲嘆し、愛人の虞と詩を唱和する、何とももの悲しい場面です。

試験のポイント

④・⑪ **乃** 「すなはチ」と読み、「そこで」という意味。ただし、⑪の「乃ち」は「於レ是」と意味が重なるので特に訳さないでよい。

④ **已** ここでは「すでニ」と読む副詞。この読み注意。

⑤ **楚人** 「そひと」と読む。この読み注意。「楚の国の人」という意味。

⑥ **則** 「すなはチ」と読み、ここでは「そして・そこで」という意味。

⑪ **於レ是** 「ここニおイテ」と読み、「そこで・こうして」という意味。読み・意味ともに注意。

⑫・⑬・⑭・⑮ **兮** 語調を整えるための置き字なので読まない。（→P.195）

⑭ **可** 「べシ」と読み、可能を表す。

⑮ **若** 「なんぢ」と読み、第二人称。「お前」という意味。読みに注意。

⑱ **左右** 「さいう（ゆ）」と読み、「そばに仕える家臣たち」という意味。この意味注意。

⑱ **莫** 「なシ」と読み、否定の意を表す。「無」と同じ。

⑱ **能** 「よク」と読み、可能を表す。「できる」という意味。

◀項王と虞美人（「項羽」安田靫彦筆）

参考　虞美人草（ぐびじんそう）

本文のように、詩を唱和した後、虞美人は項王の足手まといになることを避けて、自害する。項王がこよなく愛した虞の墓にはかれんな花が咲き、虞美人草と呼ばれたという。それは今、ヒナゲシの別名となっている。

また、この話からは二つの故事成語が生まれた。一つは項王が、四面からの楚の歌を聴き、「自分の周囲は皆敵である」と思ったことからできたもので、周囲皆が敵であることを意味する「四面楚歌」という成語。もう一つは項王の詩からできたもので、威勢がよく元気の盛んなことを意味する「抜山蓋世（ばつざんがいせい）」という成語である。

覚えよう！ 重要句法

疑問・反語・詠嘆

疑問・反語の形には、次のような三種類があります。

1 疑問詞を用いる。
2 疑問の助字を用いる。
3 疑問詞と疑問の助字を併用する。

反語というのは疑問が強くなったもので、疑問詞や疑問の助字があったら、疑問と反語のどちらの用法かを文脈から判断しなければなりません。（↓P.202）

また、疑問詞や疑問の助詞には詠嘆の用法もあります。疑問が疑いや問いかけを、反語が実質的には否定を表すのに対して、詠嘆は「〜だなあ」と感慨や驚きを表すもので、原則としてその語を除いても文自体の意味は変わりません。

▼漢皆已得レ楚乎 4

訳 漢軍はもう楚（そ）の国を手に入れてしまったのか

これは2の形。「乎」は「か」と読み、疑問を表す助字です。

▼何楚人多也 5

訳 何とまあ楚の国の人が多いことだなあ

「何（なん）ぞ楚人（そひと）の多（おほ）きや」と読み、3の疑問詞と疑問の助字を併用した形ですが、「楚人多」ということを詠嘆した文となっています。

▼可二奈何一 14

訳 どうすることができようか（いや、どうすることもできない）

これは1の形。疑問詞「奈何」は「いかん（セン）」と読み、「どうしようか」という意味。読み・意味とも重要。「如何」「若何」も同じです。

▼奈レ若何 15

訳 お前をどうしようか（いや、どうすることもできない）

これも1の形。ただし、「奈何」が目的語として「〜ヲ」と読む成分を伴う場合は、「奈レ若何」のように「奈」と「何」の間に目的語「若」を挟む形になります。読み方や返り点の付け方に注意しましょう。

「何如（何若・何奈）」の場合は、「いかん」と読み、「どうなるか・どのようか」という意味です。（↓P.222・225）

練習問題

解答→p.299

項王軍壁垓下。兵少、食尽。漢軍及諸侯兵、囲之数重。夜聞漢軍四面皆楚歌、項王[a]乃大驚曰、「漢皆[b]已得楚乎。是[①]何楚人之多也。」項王[c]則夜起飲帳中。有美人、名虞。常幸従。駿馬、名騅。常騎之。[A]於是項王乃悲歌忼慨、自為詩曰、

力抜山兮気蓋世
時不利兮騅不逝
騅不逝兮[②]可奈何
虞兮虞兮[③]奈若何

歌数闋、美人和之。項王泣数行下。[B]左右皆泣、[④]莫能仰視。

問一 ——線部a〜cの読みを送り仮名を補い、歴史的仮名遣いのひらがなでそれぞれ答えよ。

問二 ——線部A「於是」、B「左右」の意味をそれぞれ答えよ。

問三 ——線部①「何楚人之多也」、②「可奈何」を、それぞれすべてひらがな(歴史的仮名遣い)の書き下し文にし、現代語訳せよ。

問四 ——線部③「奈若何」に訓点(返り点・送り仮名)を施せ。

奈 若 何

問五 ——線部④「莫能仰視」を書き下し文にせよ。

問六 この文章からできた四字熟語を二つ答えよ。

14 雑説…『唐宋八家文読本』

①世有伯楽、然後有千里馬。②千里馬常有、而伯楽不常有。③故雖有名馬、祇辱於奴隷人之手、駢死於槽櫪之間、不以千里称也。④馬之千里者、一食或尽粟一石。⑤食馬者、不知其能千里而食也。⑥是馬也、雖有千里之能、食不飽、力不足、才美不外

書き下し文

①世に伯楽有りて、然る後に千里の馬有り。
世の中に伯楽〔＝名馬を見分ける鑑定家〕がいて、その後に一日に千里もの距離を走る名馬が発見されるのである。

②千里の馬は常に有れども、伯楽は常には有らず。
千里の馬はいつもいるのだが、伯楽はいつもいるとは限らない。

③故に名馬有りと雖も、祇だ奴隷人の手に辱められ、槽櫪の間に駢死して、千里を以て称せられざるなり。
だから名馬がいるとしても、ただ使用人の手によって粗末に扱われ、馬小屋の中で（普通の馬と）首を並べて死んでいき、千里の名馬としてたたえられることもないのである。

④馬の千里なる者は、一食に或いは粟一石を尽くす。
馬で千里も走るようなものは、一食で時には穀物一石を食べ尽くす。

⑤馬を食ふ者は、其の能の千里なるを知りて食はざるなり。
（だから）馬を飼う者は、その（馬の）能力が千里も走れるものだと知って（それにふさわしい）飼育をしないのである。

⑥是の馬や、千里の能有りと雖も、食飽かざれ
この馬は、千里を走る能力があるのに、食料が十分でないので、

見。⑦且欲与常馬等、不可得。⑧
安求其能千里也。⑨策之不以其道。⑩食之不能尽其材。⑪鳴之而不能通其意。⑫執策而臨之曰、「天下無馬。」⑬嗚呼、其真無馬邪、其真不知馬也。

注

＊伯楽＝馬の良し悪しを見事に見分ける鑑定人。
＊千里馬＝一日に千里もの距離を走る名馬。
＊奴隷人＝身分の低い人。使用人。
＊駢死＝首を並べて死ぬこと。「駢」は「馬が首を並べる」という意味。
＊於＝置き字なので読まない。
＊槽櫪之間＝馬小屋。「槽」「櫪」はともに飼いば桶のこと。
＊称＝たたえる。ここでは文脈から「称せらる」と受身に読む。
＊粟一石＝「粟」は穀物の総称。「石」は量の単位で、「一石」は約六十リットル。
＊也＝ここでは「や」と読み、上の語句を強める働きをする。
＊策＝鞭打つ。馬を調教すること。

ば、力足らずして、才の美外に見はれず。
力が出ないし、才能のすばらしさも表に現れない。

⑦且つ常馬と等しからんと欲するも、得べからず。
そのうえ普通の馬と同じようでありたいと望んでも、それもできない。

⑧安くんぞ其の能の千里なるを求めんや。
どうしてその馬に千里も走るような能力を求めることができようか、いや、求めることはできない。

⑨之を策うつに其の道を以てせず。
この馬を調教するにしてもそのような〔＝名馬を調教するにふさわしい〕やり方で行わない。

⑩之を食ふに其の材を尽くさしむる能はず。
この馬を飼うにしてもその才能を十分発揮させてやることができない。

⑪之に鳴けども其の意に通ずる能はず。
（その馬が）この飼い主に向かって鳴いてもその気持ちを理解してやることができない。

⑫策を執りて之に臨みて曰はく、「天下に馬無し。」と。
（それなのに飼い主は）鞭を持ってその馬に向かって言う、「この世に名馬はいない。」と。

⑬嗚呼、其れ真に馬無きか、其れ真に馬を知らざるか。
ああ、そもそも本当に名馬がいないのか、それとも本当は名馬に気づいていないのか。

唐宋八家文読本

三十巻からなる。「唐宋八大家」と称する、唐の韓愈・柳宗元、宋の欧陽脩・蘇洵・蘇軾・蘇轍・王安石・曾鞏の八人の文章を、清代の沈徳潛が撰したもの。収められた文章は、唐代におこり宋代に主流となった、古文への復古思想がよく表れている。この「雑説」の著者は韓愈。

ひとくち鑑賞

せっかくの名馬も、それを見分けてきちんと飼育する人物がいなければ名馬たり得ない、ということから、臣下の才能を見抜き登用する主君がいないためにすぐれた人材が見出されていない、という世相を暗に批判した文章です。末尾の感嘆文に筆者の思いがこもっています。

試験のポイント

❶ **然後** 「しかルのちニ」と読み、「その後で・～してはじめて」という意味。

❷・❺・⓫・⓬ **而** 接続の置き字。❷・⓫は直前に読む「有」「鳴」に送り仮名「ドモ」をつけ逆接で訳す。❺・⓬は直前に読む「知」「執」に送り仮名「テ」をつけて順接で訳す。(→P.194)

❸ **故** 「ゆゑニ」と読み、「だから」という意味。

❸・❻ **雖** 「～(ト)いへどモ」と読み、逆接を表す返読文字。(→P.198)

❸ **辱二於奴隷人之手一** 置き字の「於」が受身を表す助字として用いられている。「辱」に送り仮名として受身の助動詞「ラル」を付して「辱められ」と訓読する。

❼ **且** 「かツ」と読み、「そのうえ・また」という意味。「且」には「まさニ～(ント)す」と読む再読文字の用法(→P.199)もあるが、ここでは異なる。

❼ **欲下与二常馬一等上** 「欲」は「(～ント)ほっス」と読み、願望を表す。「与」は「と」と読む返読文字。(→P.198)

❼ **不レ可レ得** 「不可～」は「～べカラず」と読み、不可能を表す。「得」はア行下二段活用動詞の終止形で「う」と読む。「得べからず」で、「(それも)できない」という意味。

❿・⓫ **不レ能** 「あたハず」と読み、不可能を表す。この読み注意。

⓭ **嗚呼** 詠嘆を表す感動詞。「ああ」と読む。この読み注意。

⑬ **其真無レ馬邪、其真不レ知レ馬也** 「其レ～邪カ、其レ～也カ」で選択的な疑問表現。「いったい～か、それとも～か」と訳す。後者が筆者の考える答えであることが多い。

覚えよう！ 重要句法

部分否定 ②

▼ **伯楽不二常有一**

訳 伯楽（はくらく）はいつもいるとは限らない

動詞に否定の語と副詞がともに添えられている場合は、語順によって否定する内容が変わるので注意しましょう。否定の語が副詞の前にある場合は部分否定（↓P.202）になります。部分否定では、通常副詞の送り仮名を変えて読むことになっています。

不二常有一　読 つねニハあラズ　意 いつもあるとは限らない（部分否定）

常不レ有　読 つねニあラズ　意 いつもない（全部否定）

反語 ⑧

▼ **安求二其能千里一也**

訳 どうしてその馬に千里も走るような能力を求めることができようか、いや、求めることはできない。

「安（いづクンゾ）～也（ンや）」はここでは反語の用法です。「いづクンゾ～ンや」と読み、「どうして～か（いや、～ない）」と訳します。読み・意味とも注意。

「安」には「いづクニ（カ）」と読んで、場所を問う用法もあります。また、「悪」「焉」も「安」と同じように読むことができます。

練習問題

解答→p.299

世有伯楽、然後有千里馬。千里馬常有、而伯楽不常有。故雖有名馬、祇辱於奴隷人之手、駢死於槽櫪之間、不以千里称也。馬之千里者、一食或尽粟一石。食馬者、不知其能千里而食也。是馬也、雖有千里之能、食不飽、力不足、才美不外見。且欲与常馬等、不可得。安求其能千里也。策之不以其道。食之不能尽其材。鳴之而不能通其意。執策而臨之曰、「天下無馬。」嗚呼、其真無馬邪、其真不知馬也。

問一 ――線部a～cの読みを、送り仮名の必要なものは送り仮名を補い、歴史的仮名遣いのひらがなでそれぞれ答えよ。

問二 ――線部①「千里馬常有、而伯楽不常有」を書き下し文にし、現代語訳せよ。

問三 A「不常有」とB「常不有」との違いを次の形で説明せよ。

Aは［ア］否定で、Bは［イ］否定である。

問四 ――線部②「欲与常馬等、不可得」を書き下し文にせよ。

問五 ――線部③「安求其能千里也」を「其」の内容を明らかにして現代語訳せよ。

問六 ――線部④「其真無馬邪、其真不知馬也」とあるが、このことに対して筆者はどのような見解をもっていると考えられるか。三十字程度で答えよ。

問七 本文中の「伯楽」は何をたとえたものか。二十字程度で答えよ。

15 学びて時に之を習ふ他…『論語』

1

①子曰、「学而時習之、不亦説乎。②有朋自遠方来、不亦楽乎。③人不知而不慍、不亦君子乎。」

〈学而第一〉

2

①子曰、「吾十有五而志于学。②三十而立。③四十而不惑。④五十而知天命。⑤六十而耳順。⑥七十而従心所欲、不

書き下し文

1

①子曰はく、「学びて時に之を習ふ、亦た説ばしからずや。

孔子はおっしゃった、「学問をして機会あるごとに復習するのは、なんとうれしいことではないか。

②朋有り遠方より来たる、亦た楽しからずや。

同じ学問に志す人々が遠方から集まって来るのは、なんと楽しいことではないか。

③人知らずして慍らず、亦た君子ならずや。」と。

人が学徳を認めなくても怒らないのは、なんと君子らしい態度ではないか。」と。

2

①子曰はく、「吾十有五にして学に志す。

孔子はおっしゃった、「私は十五歳で学問に志した。

②三十にして立つ。

三十歳で基礎を確立した。

③四十にして惑はず。

四十歳で心の迷いがなくなった。

④五十にして天命を知る。

五十歳で天から与えられた使命を知った。

⑤六十にして耳順ふ。

六十歳で人の言うことが素直に理解できるようになった。

⑥七十にして心の欲する所に従へども、矩を踰

七十歳で自分のしたいように行動しても、道を踏み外すことは

踰矩。」

〈為政第二〉

3

❶子貢問政。❷子曰、「足食、足兵、民信之矣。」❸子貢曰、「必不得已而去、於斯三者何先。」❹曰、「去兵。」❺子貢曰、「必不得已而去、於斯二者、何先。」❻曰、「去食。❼自古皆有死。❽民無信不立。」

〈顔淵第十二〉

注

1 ＊子＝ここでは男子の尊称で、孔子を指す。
＊説＝「悦」と同じ意味で、「説ブ(よろこぶ)」の形容詞形。
＊朋＝友達。同士。共に学を志す仲間。

2 ＊十有五＝十と五で十五のこと。
＊立＝基礎を確立する。独り立ちする。
＊天命＝天から与えられた使命。(↓P.218)
＊耳順＝人の言うことが素直に理解できるようになる。
＊踰矩＝規範を踏み外す。

えず。」と。

なくなった。」と。

3

❶子貢政を問ふ。

子貢が政治について尋ねた。

❷子曰はく、「食を足し、兵を足し、民は之を信にす。」と。

孔子はおっしゃった、「食料を十分にし、軍備を充実させ、人民には信頼の心を持たせることだ。」と。

❸子貢曰はく、「必ず已むを得ずして去らば、斯の三者に於いて、何れを先にせん。」と。

子貢が言った、「どうしてもやむを得ずに除外するとしたら、この三つのうち、どれを先にしたらよいでしょうか。」と。

❹曰はく、「兵を去らん。」と。

(孔子は)おっしゃった、「軍備を除外しよう。」と。

❺子貢曰はく、「必ず已むを得ずして去らば、斯の二者に於いて、何れを先にせん。」と。

子貢が言った、「どうしてもやむを得ずに除外するとしたら、この(残った)二つのうち、どちらを先にしたらよいでしょうか。」と。

❻曰はく、「食を去らん。

(孔子が)おっしゃった、「食料を除外しよう。

❼古より皆死有り。

昔から(人は)みんな死ぬものだ。

❽民信無くんば立たず。」と。

人民に信頼の心がなければ世を処していくことができない。」と。

3 ＊子貢＝孔子の高弟（弟子の中で、特にすぐれた者）の名。
＊政＝政治。

＊足ス＝十分にする。豊かにする。
＊兵＝軍備。武力。
＊去ル＝取り去る。除く。

作者紹介 **孔子**

前五五一～前四七九年。春秋時代の思想家で、儒家の祖。姓は孔、名は丘、字が仲尼。魯の国の人。初め魯の国に仕え、大臣として手腕を発揮するが、君主をないがしろにする貴族勢力に失脚させられる。後に遊説の旅に出るが成功せず、晩年は子弟の教育に専念した。孔子は「仁（深い人間愛）」を最高のものとし、まず自己の修養に努めた後、人々を治めよ（修己・治人）と説いた。

ひとくち鑑賞

それぞれの文に、互いに修養研鑽し合える人間関係を重んじつつ、自己を確立し、信義の心をもって社会を運営していくべきだという、孔子の考えが表れています。学問・思索・為政に共通して、人として踏むべき「仁」を旨としていることがよくうかがえます。

論語

孔子の言行や門人との問答を集めたもの。成立年代は未詳だが、孔子の門人たちによってまとめられたとされる。四書（『大学』『中庸』『論語』『孟子』）の一つに数えられる。

試験のポイント

1

❶・❸ **而** 接続の置き字。❶は「テ」、❸は「シテ」を送り仮名として上の語につけているが、前後の内容から❶は順接、❸は逆接で訳す。2の❶～❻、3の❸・❺の「而」は「シテ」と送り仮名をつけて順接で訳す。（→P.194）

❷ **有レ朋自二遠方一来** 「自」は「より」と読む返読文字。（→P.198）この読み注意。ここでは場所の起点を表し、「～から」という意味。この部分「有下朋自二遠方一来上（朋遠方より来たる有り）」と読むこともある。

❸ **君子** 「くんし」と読んで、「徳のある立派な人物」という意味。対する語は「小人」。（→P.263）

2

❶ **于** 対象を表す置き字。（→P.194）

❶ **志二于学一**・❷ **而立**・❸ **不レ惑**・❹ **知二天命一**・

⑤ **耳順**・⑥ **従心** それぞれ、「志学(しがく)」で十五歳、「而立(じりつ)」で三十歳、「不惑(ふわく)」で四十歳、「知命(ちめい)」で五十歳、「耳順(じじゅん)」で六十歳、「従心(じゅうしん)」で七十歳を称するようになった。

[3]

② **矣** 断定・確認の意味を表す置き字。読まない。（↓P.195）

③・⑤ **不レ得レ已** 「已」はここでは「やム」と読む。「得(う)」はア行下二段活用動詞。「不レ得レ已」で「やムヲえず」と読む。

③・⑤ **何先** 「何」は「いづレ」と読む疑問詞。「どれを」と選択する。ここでは「先」の目的語になっているので、本来は「先」の後に置かれるところであるが、目的語が疑問詞の場合は倒置されて前にくる。

⑦ **自レ古** 「自」は「より」と読む返読文字（↓P.198）で、ここでは時間の起点を表し、「～から」という意味。「古」は「いにしへ」と読む。どちらの字の読みも注意。

覚えよう！ 重要句法

反語 [1] ①

▼不二亦説一乎

訳 なんとうれしいことではないか

「不二亦～一乎」は「まタ～ずや」と読み、「なんと～ではないか」と訳します。詠嘆の意味を含む反語形です。ただし、反語文に通常つけられる送り仮名「ン」はつけず、慣用的な読み方をします。読み方と訳し方のパターンをしっかり押さえておきましょう。

▲孔子廟(こうしびょう)の大成殿(たいせいでん)

練習問題

解答→p. 299

1

子曰、「学而時習之、不亦説乎。有朋自遠方来、不亦楽乎。人不知而不慍、不亦君子乎。」

〈学而第一〉

2

子曰、「吾十有五而志于学。三十而立。四十而不惑。五十而知天命。六十而耳順。七十而従心所欲、不踰矩。」

〈為政第二〉

1

問一　――線部A「子」とは誰のことか、答えよ。

問二　――線部B「君子」の意味を答えよ。

問三　――線部①「不亦説乎」を書き下し文にし、現代語訳せよ。

2

問一　――線部A「立」、B「耳順」の意味をそれぞれ答えよ。

問二　――線部①「吾十有五而志于学」を書き下し文にせよ。

問三　――線部②「従心所欲、不踰矩」を現代語訳せよ。

3

子貢問政。子曰、「足食、足兵、民信之矣。」子貢曰、「必不得已而去、於斯三者、何先。」曰、「去兵。」子貢曰、「必不得已而去、於斯二者、何先。」曰、「去食。自古皆有死。民無信不立。」

〈顔淵第十二〉

3

問一 ――線部A「政」、B「兵」の意味をそれぞれ答えよ。

問二 ――線部①「於斯三者、何先」を現代語訳せよ。

問三 ――線部②「斯二者」とは何と何を指しているか、漢文中の語で答えよ。

問四 ――線部③「自古皆有死」、④「民無信不立」を、それぞれすべてひらがな（歴史的仮名遣い）の書き下し文にせよ。

16 人皆人に忍びざるの心有り…『孟子』

1 孟子曰、「人皆有不忍人之心。2 先王有不忍人之心、斯有不忍人之政矣。3 以不忍人之心、行不忍人之政、治天下、可運之掌上。

4 所以謂人皆有不忍人之心者、今人乍見孺子将入於井、皆有怵惕惻隠之心。5 非所以内交於孺子之父母也。6 非所以

書き下し文

1 孟子曰はく、「人皆人に忍びざるの心有り。
孟子がおっしゃった、「人は皆他人の不幸に平気でいられない心を持っている。

2 先王人に忍びざるの心有れば、斯に人に忍びざるの政有り。
昔のすぐれた王は、他人の不幸に平気でいられない心を持っていたので、その結果他人の不幸を放っておかない政治を行った。

3 人に忍びざるの心を以て、人に忍びざるの政を行はば、天下を治むること、之を掌上に運らすべし。
他人の不幸に平気でいられない心で、他人の不幸を放っておかない政治を行うと、天下を治めることは、手のひらの上で物を転がすほど容易にできる。

4 人皆人に忍びざるの心有りと謂ふ所以の者は、今人乍ち孺子の将に井に入らんとするを見れば、皆怵惕惻隠の心有り。
人は皆他人の不幸に平気でいられない心を持っているという理由は、今誰かがふと幼い子供が井戸に落ちようとしているのを見ると、皆はっと驚きあわれみ痛ましく思う心を持つ。

要誉於郷党朋友也。⑦非悪其声而然也。

⑧由是観之、無惻隠之心、非人也。⑨無羞悪之心、非人也。⑩無辞譲之心、非人也。⑪無是非之心、非人也。

⑫惻隠之心、仁之端也。⑬羞悪之心、義之端也。⑭辞譲之心、礼之端也。⑮是非之心、智之端也。

⑯人之有是四端也、猶其有四体也。⑰有是四端、而自謂不能者、自賊者也。⑱謂其君不能者、

⑤交はりを孺子の父母に内るる所以に非ざるなり。
子供の両親と交際を持ちたいから(そう思うの)ではない。

⑥誉れを郷党朋友に要むる所以に非ざるなり。
故郷の人々や友人たちから良い評判を得ようとするからではない。

⑦其の声を悪みて然するに非ざるなり。
薄情だという悪評が立つのをいやがってそうするのではない。

⑧是に由りて之を観れば、惻隠の心無きは、人に非ざるなり。
以上のことから考えると、あわれみ痛ましく思う心がない者は、人間ではない。

⑨羞悪の心無きは、人に非ざるなり。
不善を恥じる心がない者は、人間ではない。

⑩辞譲の心無きは、人に非ざるなり。
へりくだり人を先にする心がない者は、人間ではない。

⑪是非の心無きは、人に非ざるなり。
正不正の判断をする心がない者は、人間ではない。

⑫惻隠の心は、仁の端なり。
あわれみ痛ましく思う心は、仁の糸口である。

⑬羞悪の心は、義の端なり。
不善を恥じる心は、義の糸口である。

⑭辞譲の心は、礼の端なり。
へりくだり人を先にする心は、礼の糸口である。

⑮是非の心は、智の端なり。
正不正の判断をする心は、智の糸口である。

賊其君者也。⑲凡有四端於我者、知皆拡而充之矣。⑳若火之始然、泉之始達。㉑苟能充之、足以保四海、苟不充之、不足以事父母。」

〈公孫丑・上〉

注

＊忍＝人の不幸にも平気でいること。
＊政＝政治。
＊掌＝手のひら。
＊孺子＝幼児。幼い子供。
＊於＝置き字なので読まない。❺・❻・⑲と❼・⑰・⑲「而」も同じ。
＊怵惕＝はっと驚くこと。
＊惻隠＝あわれみ痛ましく思うこと。

＊郷党＝故郷の人々。
＊羞悪＝不善を恥じ憎むこと。
＊辞譲＝へりくだり、人を先にすること。ゆずること。
＊端＝糸口。もとになるもの。
＊四体＝両手両足。
＊四海＝天下。世の中。

⑯人の是の四端有るや、猶ほ其の四体有るがごときなり。
人間にこの四つの糸口があるのは、ちょうど人間に両手両足があるのと同じようなものだ。

⑰是の四端有りて、自ら能はずと謂ふ者は、自ら賊ふ者なり。
この四つの糸口があるのに、自分で（仁義礼智にかなった行為をすることが）できないと言う者は、自分で自分を傷つける者である。

⑱其の君能はずと謂ふ者は、其の君を賊ふ者なり。
自分の主君は（仁義礼智にかなった行為をすることが）できないと言う者は、自分の主君を傷つける者である。

⑲凡そ我に四端有る者は、皆拡めて之を充たすを知る。
だいたい自分にその四つの糸口があるならば、誰でもそれを拡充しようと気づくものだ。

⑳火の始めて然え、泉の始めて達するがごとし。
火が燃え始め、泉が流れ出すのと同じようなものだ。

㉑苟くも能く之を充たさば、以て四海を保つに足り、苟くも之を充たさずんば、以て父母に事ふるに足らず。」と。
もしこの四つの糸口を充実していくことができたならば、十分に天下を治めていくことができるが、もしこの四つの糸口を充実していかないならば、父母に仕えることも満足にできない。」と。

作者紹介 孟子

前三七二？～前二八九？年。姓は孟、名は軻。字は子車（一説に子輿）。戦国時代の思想家で、孔子と同じ魯の国の人。孔子の死後百年ほどたって現れた儒家で、孔子の教えを広めることを自分の使命とした。孔子が唱えた「仁」にさらに「義」を加えた「仁義」によって治められる王道政治を主張し、「性善説（人の本性は善だとする説）」を説いた。

ひとくち鑑賞

孟子の思想の根底には、人間の本性は善であるという性善説があります。他人の不幸を見過ごしにできない心は、人が皆持っている自然な感情で、そうした心を大切に育んでいくべきだということを、たとえや対句を多用しながらも真っ向から説いている文章です。

試験のポイント

❷ **斯** 「ここニ」と読み、「その結果」という意味。

❷・⑲ **矣** 断定・確認の意味を表す置き字。読まない。（↓P.195）

❸ **可㆑運㆓之掌上㆒** 「可」は「ベシ」と読み、可能を表す。「手のひらの上で物を転がすことができる」という意味で、きわめて容易なことのたとえ。

❹・❺・❻ **所以** 「ゆゑん」と読み、「理由」という意味。読み・意味とも注意。

❹ **乍** 「たちまチ」と読み、「ふと・突然」という意味。

❹ **将** 「まさニ～(ント)す」と読み、「今にも～しようとする」という意味の再読文字。（↓P.199）

❺ **内㆓交於孺子之父母㆒** 「交ハリヲ内ル」で「交流を求める」という意味。これは、動詞＋目的語＋「於」＋補語の構文。❻の「要㆓誉於郷党朋友㆒」も同じ。

❼ **悪** 「にくム」と読む。この読み注意。「憎む・いやがる」という意味。

❼ **声** 「評判・うわさ」という意味。ここでは、「薄情だという悪評」のこと。

❽ **由㆑是観㆑之** 「これニよリテこれヲみレバ」と読み、「以上のことから考えると」という意味の慣用表現。

⑯ **有㆓是ノ四端㆒也**　ここでの「也」は「や」と読み、「人間にこの四つの糸口があるのは〜」と、主語を提示する働きをする。

⑯ **猶**　「なホ〜(ガ)ごとシ」と読み、「ちょうど〜のようだ」という意味の再読文字。(↓P.201)

⑰・⑱ **不㆑能**　「あたハず」と読み、不可能を表す。ここでは後に動詞が省略されているとみて、文脈に応じて解釈すると、「仁義礼智にかなった行為をすることができない」ということ。

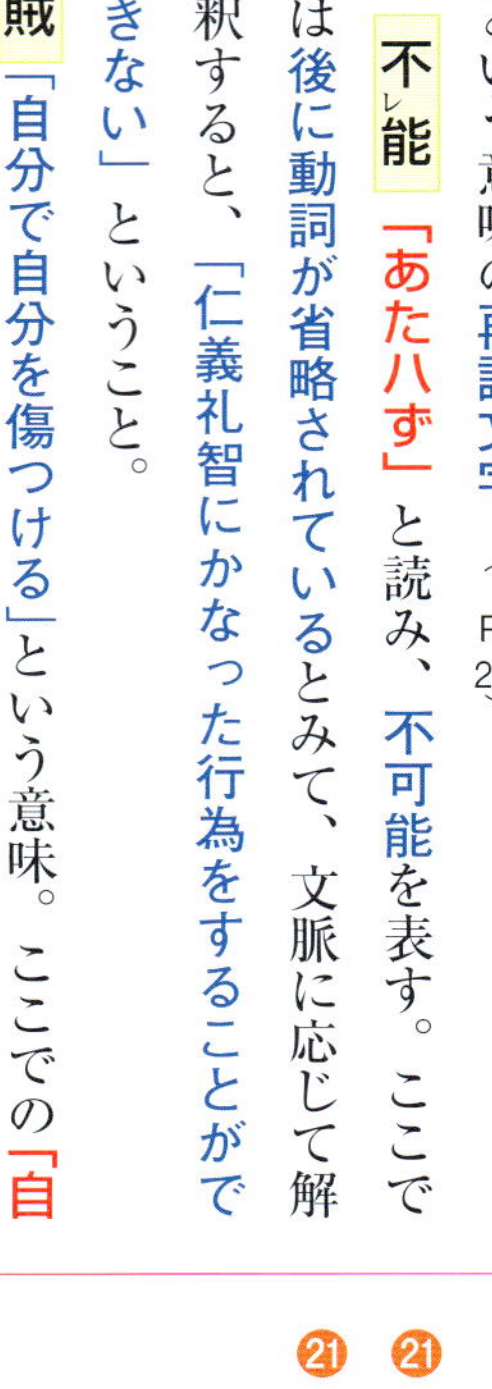

⑰ **自賊**　「自分で自分を傷つける」という意味。ここでの「自ら」は「自分で自分を」の意。

⑲ **凡**　「およソ」と読み、ここでは「だいたい・そもそも」という意味。

⑳ **若**　「ごとシ」と読み、「〜のようだ」という比況を表す返読文字。「如」も同様に用いる。(↓P.197)

㉑ **能**　「よク」と読み、可能を表す。

㉑ **事**　ここでは「つかフ」と読む動詞で、「仕える」という意味。この読み注意。

▲ 孟廟(もうびょう)の亜聖殿(あせいでん)

孟子を祭る建物。「亜聖」とは「聖人である孔子に次ぐ聖人」という意味。

覚えよう！ 重要句法

仮定

▼今人乍見三孺子将レ入二於井一 ④

訳 今誰かがふと幼い子供が井戸に落ちようとしているのを見ると

「今」は「いま」と読みますが、ここでは「現在」という時を表すのではなく、「今もし～としたら」と仮定を表しています。

▼苟能充レ之 ㉑

訳 もしこれを充実していくことができたならば

▼苟不レ充レ之 ㉑

訳 もしこれを充実していかないならば

「苟」は「いやしクモ」と読み、「もし～ならば」と仮定を表します。「苟くも」は「～ば」と呼応して、「苟くも能く之を充たさば」「苟くも之を充たさずんば」のようになります。この訓読を覚えておきましょう。

「仮定」の用法としては、「如」「若」（「もシ」と読む）も重要です。

参考 諸子百家

春秋戦国時代に活躍した学者や学派を「諸子百家」という。中でも重要なのは、儒家・道家・法家の三つ。これに墨家を合わせて覚えておこう。

儒家……孔子を祖とし、曾子・孟子・荀子らに続く。「仁」を重んじる。

道家……老子を祖とし、荘子・列子らに続く。「無為自然」の道を説く。

法家……荀子の性悪説を受け、商鞅・申不害らの説を総合して、韓非子が集大成した。法や刑罰によって厳重に統治されることを説く。

墨家……墨子の学派。兼愛（＝無差別平等の博愛）・非戦・節用（＝倹約）などを唱えた。

その他にも、名家・縦横家・兵家・陰陽家・農家などがあるが、特に覚える必要はない。

練習問題

解答→p.299

孟子曰、「人皆有不忍人之心。先王有不忍人之心、斯有不忍人之政矣。以不忍人之心、行不忍人之政、治天下可運之掌上。所以謂人皆有不忍人之心者、今人乍見孺子将入於井、皆有怵惕惻隠之心。非所以内交於孺子之父母也。非所以要誉於郷党朋友也。非悪其声而然也。由是観之、無惻隠之心、非人也。無羞悪之心、非人也。無辞譲之心、非人也。無是非之心、非人也。惻隠之心、仁之端也。羞悪之心、

問一 ——線部a〜eの読みを、送り仮名の必要なものは送り仮名を補い、現代仮名遣いのひらがなでそれぞれ答えよ。

問二 ===線部「運之掌上」とは、どのようなことのたとえか。十字以内で答えよ。

問三 ——線部①「今人乍見孺子将入於井」を現代語訳せよ。

問四 ——線部②「非悪其声而然也」について次の問いに答えよ。

(1) 訓点(返り点・送り仮名)を施せ。

非 悪 其 声 而 然 也

(2) すべてひらがなの書き下し文にせよ。

(3) 「其声」「然」の内容を明らかにして、現代語訳せよ。

問五 ——線部A「惻隠之心」と同じ内容を表している語句を漢文中から抜き出せ。

問六 ——線部B「羞悪」の「悪」と同じ意味の字を含むものを選べ。

ア 悪寒　イ 悪人　ウ 憎悪　エ 悪口

問七 ——線部③「猶其有四体也」を書き下し文にせよ。

問八 ——線部④「苟不充之、不足以事父母」を、「之」の内容を明らかにして現代語訳せよ。

問九 全体を二つに分けるとすると、後半はどこから始まる

義之端也。辞譲之心、礼之端也。
是非之心、智之端也。人之有是
四端也、③猶其有四体也。有是四
端、而自謂不能者、自賊者也。謂
其君不能者、賊其君者也。凡有
四端於我者、知皆拡而充之矣。
d若火之始然、泉之始達。e苟能充
之、足以保四海、④苟不充之、不足
以事父母。」

〈公孫丑・上〉

か。最初の四文字を書け。

問十 次の中から、本文の主旨に合うものをすべて選べ。

ア 誰でも人間の心には、他人の不幸に平気でいられない心がある。

イ 惻隠・羞悪・辞譲・是非の心は必ずしも誰もが持っているとは限らない。

ウ 天下を治めるためには、仁義礼智の糸口を拡充することが必要である。

エ 父母に仕えるためには、仁義礼智だけでは十分ではない。

練習問題の解答

4章 頻出古文の対策

① 児のそら寝…『宇治拾遺物語』（71ページ）

問一 さりとて、しいださむを待ちて寝ざらむもわろかりなむ／さだめておどろかさむずらむ／うれし／ただ一度にいらへむも、待ちけるかともぞ思ふ／いま一声呼ばれていらへむ／あなわびし／いま一度起こせかし

問二 1＝意志　2＝推量　3＝意志　**問三** 副詞「さだめて」＋サ行四段動詞「おどろかす」の未然形「おどろかさ」＋推量の助動詞「むず」の終止形「むず」＋現在推量の助動詞「らむ」の終止形「らむ」

問四 B＝返事する　D＝我慢する　H＝どうしようもない

問五 C＝待っていたのかと思うと困る　E＝起こし申し上げるな　F＝ああ困った　G＝もう一度起こしてくれよ

解説 問一「待ちけるか」は児が僧たちの気持ちを想像した部分。「ただ一度にいらへむも、『待ちけるか』ともぞ思ふ」という構造になっている。

② 絵仏師良秀…『宇治拾遺物語』（77ページ）

問一 1＝す／使役　2＝ず／打消　3＝り／存続　**問二** A＝そっくりそのまま　B＝驚きあきれるばかりだ　E＝長年（の間）　**問三** かうこそ燃えけれと、心得つるなり。（十七字）　**問四** D＝どうして、何かがとりつくだろうか、いや何もとりつくはずがない　G＝おまえたちこそ、たいした才能もおありにならないので、物を惜しみなさるのだ

問五 絵仏師として立派に仕事をして生活していくこと。（二十三字）

解説 問一 3＝受身などの助動詞「る」と勘違いしないように注意。問二 E＝「年齢」という意味ではないので注意。問三「せうとく（＝もうけもの）」をしたと喜んでいるのである。良秀にとってのもうけを考える。問五「仏」を「書く」ことについて良秀自身が繰り返し述べていることと、冒頭に「絵仏師良秀」と紹介されていることを確認しよう。

③ かぐや姫の生ひ立ち…『竹取物語』（83ページ）

問一 1＝ラ行変格活用／あり／連用形　2＝マ行上一段活用／見る／連体形　3＝ワ行上一段活用／ゐる／連用形　4＝カ行変格活用／来／連用形　5＝マ行四段活用／慰む／連用形　6＝カ行下二段活用／つく／未然形　7＝サ行変格活用／す／連用形　**問二** A＝断定の助動詞「なり」の連体形　B＝ラ行四段動詞「なる」の連用形　**問三** なるめり

問四 D＝かわいらしい　E＝次第に　F＝顔かたち　**問五** どうにかしてこのかぐや姫を我がものにしたい

解説 問一 3＝「じっとしている・座る」の意の「居る」。問二 A＝「〜である」の意。問四 F＝特に人の顔立ちを言う場合が多い。

④ 芥川…『伊勢物語』（88ページ）

問一 1＝ウ　2＝ア　5＝イ　**問二** 求婚し続けていたが

問三 露　**問四** 3＝エ　4＝ウ　**問五** 聞くことができなかった

問六 男の、女を死なせてしまったことを深く後悔する気持ち。

解説 問二「〜わたる」は「〜し続ける」の意。問四 4＝「なむ」は他への願望（あつらえ）を表す終動詞。問六「女が尋ねた時点で消えてしまったらよかったのになあ」と詠んでいるので、そのあとに女が化け物に食われてしまったことを嘆き、後悔している心情がうかがえる。

5 東下り…『伊勢物語』(96ページ)

問一 打消意志 問二 行こう 問三 かきつばたがたいそう美しく咲いている 問四 1＝イ 2＝ウ 問五 a＝枕詞 b＝序詞 c＝掛詞 d＝縁語 問六 このような道は、あなたはどうしておいでになるのか 問七 駿河なる宇津の山辺の 問八 E＝現実 F＝月末 問九 夏だというのに雪が降り積もっているから。(二十字) 問十 3＝イ 6＝ア 問十一 4＝ウ 5＝ア 問十二 イ

解説 問二 あとに「行きけり」と書かれている。 問四 1＝完了の助動詞「ぬ」の連用形「に」に接続し、あとの体言「つま」にかかっている。 問十 3は終止形、6は「鳥」にかかるので連体形。

6 筒井筒…『伊勢物語』(103ページ)

問一 1＝め 2＝べき 問二 親が女を他の男と結婚させようとするけれども、女は聞き入れないでいた 問三 女と一緒にどうしようもなく貧しい暮らしをしていられようか 問四 女の浮気心 問五 悪しと思へる気色もなくて、出だしやりけれ(ば) 問六 隠すな 問七 男が高安の女のもとへ通わなくなったということ。 問八 (1)＝けしき (2)＝せんざい (3)＝よわ (4)＝やまと

解説 問二 「聞かで」の「で」は前の動作や様子を打ち消してつなぐ助詞。 問五 男が妻の浮気心を疑うもととなった彼女の行動を指している。

7 雪のいと高う降りたるを…『枕草子』(108ページ)

問一 女房たちが、中宮定子のそばに、集まってお仕えしていること。 問二 B＝ア C＝イ D＝イ E＝ア 問三 添加 問四 (1)＝ふさわしい者であるようだ (2)＝作者(清少納言)が教養豊かで機知に富んでいること。 問五 (1)＝みこうし (2)＝すびつ (3)＝みす 問六 ウ

解説 問二 尊敬語が用いられている動作の主語は中宮定子。格子を上げさせ簾を上げたのは、中宮からの呼びかけに応えた作者の行動である。 問六 白居易(白楽天)の詩集『白氏文集』は、平安朝の貴族に好んで読まれ、教養ある人は収録の詩をすべて覚えているほどだったとされる。

8 ゆく河の流れ…『方丈記』(113ページ)

問一 水の泡 問二 前例 問三 絶えず変化していくということ。 問四 ウ・オ 問五 E＝露 F＝花 問六 (1)＝いらか (2)＝こぞ (3)＝あした 問七 無常

解説 問一 むなしく消えるもののたとえとされることが多い。 問三 人のありさまが、流れる河の水や、すぐに消える泡にたとえられている。 問五 花の上に露が置くので、「露」が「あるじ」、「花」が「すみか」。

9 つれづれなるままに…『徒然草』(115ページ)

問一 A＝することがなく退屈だ B＝つまらないこと 問二 書きつく 問三 結びの語＝ものぐるほしけれ 終止形＝ものぐるほし

解説 問三 形容詞の已然形は「～けれ」の形をとる。連用形接続の助動詞「けり」と勘違いしないように注意。

10 奥山に、猫またといふものありて…『徒然草』(120ページ)

問一 1＝エ 2＝ウ 3＝ア 問二 あるなる 問三 B＝うわさに聞いた猫また(が) C＝すぐに飛びつくやいなや 問四 D＝り／存続 E＝ぬ／完了 問五 a＝飼い犬 b＝猫また c＝法師

解説 問四 E＝四段活用動詞「入る」の連用形に接続しているので完了。問五 化け物が人を食うという噂が紹介されたうえで、それを聞いた法師のある夜の騒動が描かれ、最後の一文で事実が明かされている。

11 ある人、弓射ることを習ふに…『徒然草』(124ページ)

問一 後にもう一本矢があることをあてにして、初めに射る矢をおろそかにしてしまうから。問二 師匠の前で一本をおろそかにしようと思うだろうか、いや思わないだろう 問三 C＝念入りだ E＝難しい 問四 道を学する

解説 問一 次の文でそのように言う理由が説明されている。問二「おろか」は現代語の「愚か」とは限らないので注意。問四 すぐに実行せず、まだ先があると悠長に構えている態度を述べている部分を探す。

12 花は盛りに…『徒然草』(131ページ)

問一 A＝月はくまなき B＝たれこめて春の行方知らぬ D＝月の傾く 問二 C＝まさに咲きそうなころ E＝逢瀬をもたないで終わってしまったつらさ H＝情趣を解する心のあるような友がいればいいなあ 問三 1＝り 2＝む 問四 F＝嘆く G＝なつかしむ J＝風流心を持つ L＝じっと見つめる 問五 (1)＝身分が高く教養のある人(十一字) (2)＝片田舎の人 問六 よそながら見る

解説 問二 E＝「逢はで」の「で」は前の動作や様子を打ち消してつなぐ助詞、「やみにし」の「に」は完了の助動詞「ぬ」の連用形、「し」は過去の助動詞「き」の連体形。H＝「あらん」の「ん」は婉曲の助動詞。問三 2＝係助詞「こそ」の結びで已然形になっている。問五 人の価値は身分およびそれに伴う教養の度合いで計られていた。

13 丹波に出雲といふ所あり…『徒然草』(136ページ)

問一 A＝たくさん C＝連れて行く H＝知りたがる I＝年配で思慮分別がある L＝無駄だ 問二 B＝さあいらっしゃい D＝ああすばらしいなあ E＝深いわけがあるのだろう J＝少しうかがいたい 問三 獅子と狛犬が、背中を向けて、後ろ向きに立っていたこと。問四 同行の人々が、獅子と狛犬のめずらしい立ち方に気づいていなかったこと。問五 いたずらな子供たちが獅子と狛犬を後ろ向きにしたこと。問六 1＝エ 2＝イ 3＝ア 4＝ウ

解説 問二 E＝「ゆゑ」は「由緒・いわれ」の意。「あらん」の「ん」は推量の助動詞。J＝「承る」は「聞く」の謙譲語。問三 上人は獅子・狛犬の立ち方を見てこう思っている。問四 他の人が獅子・狛犬を気にも留めないことを指す。問五「さがなき童べどものつかまつりける」ことについて言っている。問六 1＝「に候ふ」で「でございます」という述語。2＝「奇怪なり」という一語の形容動詞。4＝四段活用動詞「なり」の連用形に接続しているので、完了の助動詞。

14 門出…『土佐日記』(140ページ)

問一 A＝伝聞推定／するという(書くという) B＝断定／するのである(書くのである) 問二 午後八時ごろ 問三 D＝数年来 F＝大声で騒ぐ 問四「なむ」を受ける動詞「思ふ」で文が終わらず、下に接続助詞「て」が付いて文が続くため、結びは消滅している(結びは流れている)。

解説 問二 十二支による時刻や方角の表し方については47ページを参照。

15 帰京…『土佐日記』(145ページ)

問一 A＝言いようがない D＝機会 F＝一部分(半分) G＝大声で騒ぐ
問二 B＝中垣はあるけれども E＝お礼はしようと思う H＝それでもまだもの足りないのであろうか 問三 家に預けたりつる人(九字)
問四 もし我が子に千年の寿命があれば、幼くして死別することはなかったということ。 問五 形容詞「とし」の連用形「とく」＋ラ行四段動詞「破る」の連用形「破り」＋完了の助動詞「つ」の未然形「て」＋意志の助動詞「む」の終止形「む」

解説 問二 E＝「こころざし」は、ここでは感謝の気持ちを示すお礼の品の意。「む」は意志の助動詞。H＝「なほ」は「やはり・それでも」という意味の副詞。「飽く」は「満足する・十分気が済む」の意。「や」は疑問の係助詞、「む」は推量の助動詞。 問三 筆者が「人」に「家」を「預け」たので、預かったのはその「人」。 問四 「見し人」はかつて生きていた我が子のこと。

16 祇園精舎…『平家物語』(148ページ)

問一 A＝万物は絶えず変化し生滅してとどまることがないということ B＝道理 問二 C＝り D＝ぬ F＝き 問三 滅びてしまった者たちである 問四 イ・ウ・エ・キ

解説 問二 C＝「おごれ」は四段活用動詞「おごる」の已然(命令)形。D＝「滅びぬ」は実質的には文末にあたる表現となっている。 問四 アの擬古文は、近世の文人が中古の文章を模して書いた文体のこと。

17 木曽の最期…『平家物語』(162ページ)

問一 1＝残りたる 2＝持ちて 3＝太くたくましきに 4＝捨ててけり
問二 A＝もし人の手にかかるならば自害をしようと思うので C＝ああ、よい敵がいればいいなあ G＝うわさにも聞いているだろう H＝傷も負わない 問三 最後の戦に女を連れていたと言われることは、武将としてふさわしくないということ。 問四 D＝義仲を励まし、武将にふさわしい最期を遂げさせたいという思い。 F＝義仲をいたわり、無謀な討ち死でなく自害を選ばせたいという思い。 問五 5＝ア 6＝ウ 7＝イ 問六 都で死ぬつもりであったということ。 問七 義仲が馬を鞭で打っても打っても馬は動かない。 問八 義仲にうまく自害を遂げさせるために戦ってきたのだが、その義仲が討たれた今となっては、戦う意味がないという思い。
問九 (1)＝ひたたれ (2)＝よろい (3)＝かぶと (4)＝たち (5)＝くら (6)＝ろうどう (7)＝めのとご (8)＝いりあい

解説 問二 C＝「よからう」の「う」は助動詞「む(ん)」がウ音便化したもの。G＝「つらん」の「つ」は完了(強意)の助動詞、「らん」は現在推量の助動詞。 問三 前の部分の「最後のいくさに、女を具せられたりけりなんど言はれんこと」がふさわしくないことだと言っている。 問四 D＝弱気な義仲に対して、それではいけないと鼓舞している。F＝義仲の疲れを認め、気遣っている。 問五 5は「思しめす」、6は「候ふ」、7は「つかまつる」が敬語。 問七 「打つ」の主語は義仲、「働かず」の主語は馬。

18 旅立ち…『奥の細道』(166ページ)

問一 イ 問二 春になって霞が立ちこめる空 問三 季語＝雛 季節＝春

解説 問一 ア・ウは「時間」と「人間」を異なる無関係なものとしている点が誤り。作者は生涯旅を続ける生き方をした古人に憧れて自分も旅をしようと思い立っているので、ウ・エの「死」についての記述は誤り。オは肝心な「旅」に関する思いが全く説明されていない。

19 平泉…『奥の細道』(171ページ)

問一 A＝一眠りの間の夢のようにはかなく消えて　B＝功名も一時のもので、今では草むらとなる　問二 ウ　問三 (1)＝や　(2)＝かな

問四 (1)＝卯の花　(2)＝五月雨

解説 問一 B＝「功名」はかつての一時期の様子、「草むらとなる」のは今の様子であることがわかるように言葉を補う。　問二 杜甫は唐代の代表的な詩人で、不遇な生涯などを詠んだ詩に共感する文人や隠者が多かったようである。

20 立石寺…『奥の細道』(174ページ)

問一 一度見ておくのがよいということ　問二 旧り(古り)

問三 (1)＝「蟬の声」という音声によって、「閑かさ」がより深く感じられることを表す。(三十六字)　(2)＝形がなく目に見えない「蟬の声」が「岩」にしみ込むと詠むことによって、情景の一体感を表す。(四十四字)

解説 問二 「降り」や「振り」も文法的には成立するが文意に合わない。

問三 一見矛盾する表現がかえって効果をあげているということ。

21 今は漕ぎ出でな…『万葉集』(179ページ)

問一 (1)＝四句切れ　(2)＝二句切れ・三句切れ　問二 A＝潮もよい具合になった　B＝干潟がないので　C＝照っている春の日

問三 1＝ラ行四段動詞「まかる」の未然形「まから」の活用語尾「ら」＋意志の助動詞「む」の終止形「む」　2＝現在推量の助動詞「らむ」の終止形「らむ」　問四 成立時代＝奈良時代　撰者＝大伴家持

袖ひちて…『古今和歌集』(183ページ)

問一 袖ひちてむすびし水／夏　(水の)凍れる(を)／冬　問二 A＝むなしく　B＝秋が来た　C＝見えないけれど　問三 ふる―「経る」と「降る」　ながめ―「眺め」と「長雨」　問四 夏　問五 ひさかたの―光

問六 や―らむ　ぞ―する　ぞ―ぬる　問七 成立時代＝平安時代　撰者＝紀貫之(紀友則・凡河内躬恒・壬生忠岑)

23 夕べは秋と…『新古今和歌集』(187ページ)

問一 夕暮れの風情は秋が最もすばらしいとする美意識。(二十三字)

問二 A＝涙を添えるな　B＝弱ると困る　問三 三夕の歌

問四 1＝強意の副助詞　2＝ダ行下二段活用動詞「出づ」の連体形の活用語尾の一部　3＝完了の助動詞「ぬ」の命令形

問五 成立時代＝鎌倉時代　撰者＝藤原定家(源通具・藤原有家・藤原家隆・藤原雅経・寂蓮)

6章 頻出漢文の対策

1 矛盾…『韓非子』(222ページ)

問一 読み＝そひと　意味＝楚の国の人　問二 b＝し　c＝いかん

問三 ①＝楯と矛とを鬻ぐ者有り。②＝能く陥すもの莫きなり。

問四 どんなものでも突き通さないものはない。(どんなものでも突き通す。)

問五 ア

解説 問三 ①＝「有〜」で「〜がある・いる」の意。②＝「莫〜」で「〜がない」の意。「也」は断定の助動詞「なり」。問四 「於物」は「あらゆる物に対して」の意。問五 イは前後に矛盾がなく筋道が通っている様子。ウは一見相反しているが根本では密接に結びついている様子。エは②を参照。

2 五十歩百歩…『孟子』(226ページ)

問一 a＝こたへていはく　b＝はしる　c＝あるいは　d＝すなはち　e＝のみ　問二 A＝よろい　B＝武器　問三 どうか戦いによって喩えさせてください。　問四 エ　問五 五十歩逃げた者(七字)　問六 大差ないこと。(七字)[似たりよったり。(八字)]

解説 問四 「以五十歩笑百歩、則何如」という問いかけに答えたものである。
問五 短い距離でも逃げたことに変わりはないということ。

3 虎の威を借る…『戦国策』(231ページ)

問一 a＝つひに　b＝おもへらく　問二 A＝百獣　B＝狐　C＝虎

問三 書き下し文＝天帝我をして百獣に長たらしむ。　現代語訳＝天帝が私を百獣の長にさせています。　問四 あなたが私のことを信じられないというならば、私はあなたのために前を歩きましょう。

問五 ①＝あなたは決して私を食べてはいけません。　④＝百獣が私を見ると、どうして逃げないことがありましょうか、いや、必ず逃げます。

問六 虎の威を借る・虎の威を借る狐

解説 問二 A＝前の「求」と同じ目的語。B＝主語の虎が一緒に行った相手なので狐を指している。C＝獣たちは虎が恐ろしいから逃げたのである。
問三 「長百獣」は「あらゆる獣に対して長である(長となる)」という解釈で断定の「たり」を付けて読む。

4 春暁…孟浩然

5 江雪…柳宗元(235ページ)

④ 問一 五言絶句　問二 暁を覚えず　問三 a＝あちらこちらで　b＝鳥のさえずり　c＝どれくらい　問四 寝床の中

⑤ 問一 五言絶句　問二 絶・滅・雪　問三 雪　問四 対句

解説 ④ 問二 助動詞・動詞・目的語の語順になっている。問三 b＝「啼」は鳥獣や虫が鳴くこと。
⑤ 問二 「―eツ」という音が共通している。問三 山で鳥が飛ばず道に人の足跡がないのは降雪のためだということ。

6 元二の安西に使ひするを送る…王維

7 黄鶴楼にて孟浩然の広陵に之くを送る…李白(240ページ)

⑥ 問一 七言絶句　問二 ①＝旅館　②＝古くからの友人　問三 a＝作者(王維)　b＝元二

⑦ 問一 楼・州・流　問二 a＝故人　b＝故人　c＝孤帆遠影　問三 ウ　問四 ただ長江が天の果てまで流れていくのが見えるだけだ

解説 ⑥ 問三 作者が友人の元二に酒を勧め、飲み干してくれと呼びかけている。
⑦ 問一 「―ウ」という音が共通している。問二 別れを告げて川を下って行くのは「故人(＝友人)」。青空の中で見えなくなっていくのは「孤帆遠影(＝一そうの舟が遠ざかる姿)」。

8 春望…杜甫（244ページ）

問一 五言律詩 問二 第一句と第二句・第三句と第四句・第五句と第六句 問三 深・心・金・簪 問四 書き下し文＝渾べて簪に勝へざらんと欲す 現代語訳＝もうすっかり私の白髪頭は冠を留めるかんざしも挿せなくなりそうだ 問五 松尾芭蕉・奥の細道

解説 問三「―in」という音が共通している。 問五 167ページを参照。

9 香炉峰下、新たに山居を卜し、草堂初めて成り、偶東壁に題す…白居易（248ページ）

問一 七言律詩 問二 a＝なほ b＝すなはち c＝なほ 問三 世俗の名利から逃れるにうってつけの場所 問四 故郷何ぞ独り長安に在るのみならんや 問五 エ 問六 イ

解説 問三 世俗の名利を離れて隠遁するのにふさわしい地を意味している。 問五 第七句に「心泰身寧」とあり、ゆったりと落ち着いた気持ちでいることがわかる。 問六 104ページを参照。

10 鶏鳴狗盗…『十八史略』（253ページ）

問一 a＝けだし b＝かつて c＝まさに d＝ことごとく 問二 使㆘人ヲシテ抵㆓リテ昭王ノ幸姫㆒ニ求㆖メ解カンコトヲ 問三 朝、鶏が鳴いてから（門を開いて）旅人を通すという規則。 問四 かくによくけいめいをなすものあり。 問五 鶏鳴狗盗

解説 問三 あとの「鶏鳴方出客」が具体的な規則の内容である。 問四「客」は「かく」と読む。 問五 この二人の食客の行動のように、つまらない策を弄することを喩える。ここでは、それがうまく役立ったと位置付けられている。

11 死せる諸葛 生ける仲達を走らす…『十八史略』（258ページ）

問一 a＝しばしば b＝みづから 問二 A＝死ぬ B＝人々（人民） 問三 どうして長生きできようか、いや、できない。 問四 ②＝未だ幾ならずして ③＝儀をして旗を反し鼓を鳴らして将に懿に向かはんとするがごとくせしむ。 ④＝能く生を料れども、死を料る能はず。 問五 ア＝○ イ＝× ウ＝○ エ＝× オ＝×

解説 問三「其」は「そもそも」といった程度の意味で語調を整える用法があり、疑問文や反語文を強調する副詞として置かれることがある。 問五 イは「戦術や軍勢の様子はもちろん」が誤り。エは「亡霊となって」「幻影を見せた」が誤り。オは「疑い」「確かめようとした」が誤り。

12 鴻門の会…『史記』（266・267ページ）

問一 a＝いま b＝よりて c＝なんぢ d＝すすみて e＝しからずんば 問二 A＝沛公 B＝項王 問三 C＝つまらない人物 D＝人柄（性格） 問四 ア＝と イ＝ともに 問五 (1)＝イ (2)＝将軍を私と仲たがいさせようとしています。 問六 ②＝どうしてこのようなことをしただろうか。（いや、しはしなかっただろう。） ⑥＝どうか剣を手に舞わせてください。 問七 ③＝あほとはほんぞうなり。 ④＝しめすことみたびす。 問八 書き下し文＝且に虜とする所と為らんとす。 現代語訳＝捕虜にされるだろう。（二十字） 問九 項王に沛公をこの場で殺すように促す意図。 問十 ア＝○ イ＝○ ウ＝× エ＝× オ＝×

解説 問二 B＝武将や主君を敬って言う二人称として用いられている。 問九 范増はその後、項荘に「殺之（＝沛公を殺せ）」と言っている。 問十 ウは「信頼できる自分の部下が密告した」が誤り。エは「仲が良かった」「殺すことができなかった」が誤り。オは「二人とも沛公を殺そうとして」が誤り。

13 四面楚歌（しめんそか）…『史記』（272ページ）

問一 a＝すなはち b＝すでに c＝すなはち 問二 A＝そこで（こうして） B＝そばに仕える家臣たち 問三 ①書き下し文＝なんぞそひとのおほきや。 現代語訳＝何とまあ楚の国の人が多いことだなあ。 ②書き下し文＝いかんすべき 現代語訳＝どうすることができようか（いや、どうすることもできない） 問四 奈レ 若ヲ 何セン(ト) 問五 能く仰ぎ視るもの莫し。 問六 四面楚歌・抜山蓋世

解説 問六 「四面楚歌」は敵に囲まれて孤立無援である様子、「抜山蓋世」は威勢がきわめて盛んな様子を表す。

14 雑説（ざつせつ）…『唐宋八家文読本（とうそうはっかぶんとくほん）』（277ページ）

問一 a＝いへども b＝かつ c＝ああ 問二 書き下し文＝千里の馬は常に有れども、伯楽は常には有らず。 現代語訳＝千里の馬はいつもいるのだが、伯楽はいつもいるとは限らない。 問三 ア＝部分 イ＝全部 問四 常馬と等しからんと欲するも、得べからず。 問五 どうしてその馬に千里も走るような能力を求めることができようか、いや、求めることはできない。 問六 名馬がいないのではなく、名馬を見抜くことができない。（二十六字） 問七 優秀な人材を見抜くことのできる君主。（十八字）

解説 問六 筆者の見解は「真無馬」ではなく「真不知馬」。 問七 この話に基づき、人の素質や能力を的確に見抜く指導者のことを「名伯楽」という。

15 学（まな）びて時（とき）に之（これ）を習（なら）ふ他…『論語（ろんご）』（282・283ページ）

1 問一 孔子 問二 徳のある立派な人物 問三 書き下し文＝亦た説ばしからずや。 現代語訳＝なんとうれしいことではないか。

2 問一 A＝基礎を確立する B＝人の言うことが素直に理解できるようになる 問二 吾十有五にして学に志す。 問三 自分のしたいように行動しても、道を踏み外すことはなくなった。

3 問一 A＝政治 B＝軍備 問二 この三つのうち、どれを先にしたらよいでしょうか。 問三 食と信 問四 ③＝いにしへよりみなしあり。④＝たみしんなくんばたたず。

解説 3 問二 「於」は対象などを表す語で、置き字であることも多いが、ここでは返り点が付いているので訓読する。 問三 孔子が初めに示した「食」「兵」「信」から「兵」を除いた二つ。 問四 ④の「―くんば」は形容詞型の活用語を仮定で用いる場合の読み方。

16 人（ひと）皆（みな）人（ひと）に忍（しの）びざるの心（こころ）有（あ）り…『孟子（まうし）』（290・291ページ）

問一 a＝ゆえん b＝たちまち c＝これによりてこれをみれば d＝ごとし e＝いやしくも 問二 きわめて容易なこと。（十字） 問三 今誰かがふと幼い子供が井戸に落ちようとしているのを見ると 問四 (1)＝非ザル下 悪ミテ二 其ノ 声ヲ一 而 然スルニ上 也 (2)＝そのせいをにくみてしかするにあらざるなり。 (3)＝薄情だという悪評が立つのをいやがって、子供が井戸に落ちそうなのをかわいそうに思うのではない。 問五 不忍人之心 問六 ウ 問七 猶ほ其の四体有るがごときなり。 問八 もしこの四つの糸口（仁義礼智の四つ）を充実していかないならば、父母に仕えることも満足にできない。 問九 由是観之 問十 ア・ウ

解説 問二 自分の掌に乗せて自由に動かすことができるようだということ。 問四 「而」は置き字。「其声」は前文をふまえて「自分の評判」といった意味でとる。「然」は本文中④の文の内容を指している。 問五 本文中①「人皆有不忍人之心」がほぼ同じ内容。 問六 ウは「憎む」の意の動詞、他は「悪い」という意味の形容詞。 問八 「之」は「仁」「義」「礼」「智」の四つを指す。 問九 以降は孟子の考察を述べた部分。 問十 「惻隠」は「仁」に、「羞悪」は「義」に、「辞譲」は「礼」に、「是非」は「智」に通じるもの。その四つは人が本来持っている性情で忠孝のために不可欠なものとされているので、イ・エは誤り。

さくいん

⦿書名・人名・学術語は現代仮名遣いによって配列し、それ以外の古語は歴史的仮名遣いによって配列した。

⦿色文字のページには、詳しい解説がある。

あ行

か行

さ行

ま行

や行

ら行

わ行

⑤

編著者紹介

桑原 聡(くわばら・さとし)

神戸大学文学部卒業。神戸大学文学研究科修士課程修了。駿台予備学校専任講師を経て、現在、大阪桐蔭中学校高等学校客員教諭。著書に『見て覚える頻出漢字』(駿台文庫)『古文単語熟語ターゲット270』『古文単語熟語ターゲット400』(以上旺文社)『東大の現代文』(教学社)『現代文要旨要約問題』(京都書房)などがある。

柳田 縁(やなぎだ・ゆかり)

大阪大学文学部卒業。駿台予備学校古文科講師。著書に『東大の古典』(教学社)がある。

本書を作るにあたって，次の方々に大変お世話になりました。

● **写真提供・協力** (数字は写真掲載ページ)

学習院大学日本語日本文学科(11) 神奈川県立金沢文庫(133) 北野天満宮(138) 京都国立博物館(106) 京都文化博物館(37) 宮内庁書陵部(80) 公益財団法人阪急文化財団(64・164・169) 公益財団法人陽明文庫(28) 高野山別格本山明王院(77) 国立国会図書館(29・81) 五島美術館(143) シーピーシー・フォト(198・207・213・215・216・237・238・243・246・251・256・265・281・288) 田中家(46) 中央公論新社(46) 東京国立博物館 Image:TNM Image Archives (43・45・54・70・92・105・123・158・185・233・270) 名古屋市蓬左文庫(117・127) (財)林原美術館(155) ピクスタ(189) 安田建一(270) 山寺観光協会(173) 大和文華館(85) 立石寺(173) DNPアートコミュニケーションズ

● **イラスト**

ふるはしひろみ よしのぶもとこ

● **編集協力**

大木富紀子 多湖奈央

シグマベスト

これでわかる古文・漢文

編著者 桑原 聡・柳田 縁

発行者 益井英郎

印刷所 NISSHA株式会社

発行所 株式会社 文 英 堂

〒601-8121 京都市南区上鳥羽大物町28

〒162-0832 東京都新宿区岩戸町17

(代表)03-3269-4231

●落丁・乱丁はおとりかえします。